CONTENTS

せんだいデザインリーグ2018
卒業設計日本一決定戦
Official Book

- 4 　大会趣旨
  「『日本一』にふさわしい議論の場を目指して」
  文：櫻井 一弥
- 6 　総評
  「ヒューマンとアンチヒューマン」
  文：青木 淳（審査員長）

FINALIST
ファイナリスト・入賞作品

日本一
- 8 　ID360「建築の生命化」
  渡辺 顕人　工学院大学

日本二
- 14 　ID168「建物語──物語の空間化」
  髙橋 万里江　東京都市大学

日本三
- 18 　ID036「住宅構法の詩学──The Poetics of Construction for industrialized houses made in 1970s」
  谷繁 玲央　東京大学

特別賞
- 22 　ID115「縁の下のまち──基礎から導く私有公用」
  平井 未央　日本女子大学
- 24 　ID227「モヤイの航海──塩から始まる島の未来」
  柳沼 明日香　日本大学

ファイナリスト5作品
- 26 　ID118「ファサードの転回による都市風景の再編計画」
  山口 大輝　近畿大学
- 27 　ID177「防災地区ターザン計画──吉阪隆正にみる「スキ」のある建築」
  櫻井 友美　千葉工業大学
- 28 　ID253「死離滅裂──死者と自然と生きる都市」
  松本 悠以　滋賀県立大学
- 29 　ID330「話クワッチィ」
  笹谷 匠生　関西大学
- 30 　ID363「嶽（ガク）──富士山をリノベーションする」
  山本 黎　明治大学

PROCESS
審査過程

PROCESS_1
- 32 　**Preliminary Round**
  予選
- 33 　予選投票集計結果
- 36 　ボーダーラインを浮沈した36作品
  コメント：佃 悠
- 39 　2018 予選の「いいね」
  コメント：予選審査員

Cover, pp1-3: Photos by Izuru Echigoya.
pp8-30: Photos by Toru Ito.
＊本書の出展作品の作品名は、登録時のものから出展時のものに変更した。
＊文中、表中の出展作品名は、一部、サブタイトルを省略している（本書114～143ページ「出展者・作品一覧」参照）。
＊文中、表中の（　）〈　〉内の3桁数字は出展作品のID番号。
＊SDL=せんだいデザインリーグ　卒業設計日本一決定戦。
＊smt=せんだいメディアテーク。

PROCESS_2
44 Semi-Final Round
セミファイナル

45 セミファイナル　作品選出結果

01_Group　グループ審査
46 グループ_1：赤松 佳珠子 + 辻 琢磨
48 グループ_2：磯 達雄 + 五十嵐 淳
50 グループ_3：門脇 耕三 + 中田 千彦
52 グループ_4：青木 淳(審査員長)

02_Discussion　ディスカッション審査
54 セミファイナル審査員プレゼンテーション
62 ファイナリスト選出のためのディスカッション
69 セミファイナル総評
　「よくできているか、問題を突きつけるか」
　文：青木 淳(審査員長)

PROCESS_3
70 Final Round
ファイナル(公開審査)

72 Prologue: Jury Comments on the Finalists
プロローグ：ファイナリスト選出過程についての審査員コメント

73 01_Presentation>>Q&A　プレゼンテーションと質疑応答

74 ID036「住宅構法の詩学──The Poetics of Construction for industrialized houses made in 1970s」
谷繁 玲央　東京大学

76 ID115「縁の下のまち──基礎から導く私有公用」
平井 未央　日本女子大学

78 ID118「ファサードの転回による都市風景の再編計画」
山口 大輝　近畿大学

80 ID168「建物語──物語の空間化」
髙橋 万里江　東京都市大学

82 ID177「防災地区ターザン計画──吉阪隆正にみる「スキ」のある建築」
櫻井 友美　千葉工業大学

84 ID227「モヤイの航海──塩から始まる島の未来」
柳沼 明日香　日本大学

86 ID253「死離滅裂──死者と自然と生きる都市」
松本 悠以　滋賀県立大学

88 ID330「話クヮッチィ」
笹谷 匠生　関西大学

90 ID360「建築の生命化」
渡辺 顕人　工学院大学

92 ID363「嶽(ガク)──富士山をリノベーションする」
山本 黎　明治大学

94 02_Final Discussion　ファイナル・ディスカッション

JURY
審査員紹介
ファイナル&セミファイナル審査員……それぞれの卒業設計
106 青木 淳(審査員長)「奇嬉怪快」
107 赤松 佳珠子「自由でいい」
　　磯 達雄「しっかりと取り組めなかった後悔」
108 五十嵐 淳「使う建物」
　　門脇 耕三「多様に開かれた建築への道」
109 辻 琢磨「誠実さで建築を語る」
　　中田 千彦「3.11と『せんだいデザインリーグ　卒業設計日本一決定戦』」

予選審査員
110 小野田 泰明／小杉 栄次郎／齋藤 和哉／櫻井 一弥／佃 悠
　　土岐 文乃／西澤 髙男／福屋 粧子／本江 正茂

112 Curator's View
「『建築』の新しいページをひらく」
文：清水 有

114 EXHIBITOR 2018
出展者・作品一覧　332作品

145 出展者名索引
147 学校名索引

148 APPENDIX
付篇

148 Exhibitors' Data　出展者データ2018
150 Finalist Q&A　ファイナリスト一問一答インタビュー
152 表裏一体──SDL連動特別企画
　　01──特別講評会企画「エスキス塾」
　　「本選との垣根が揺らいだエスキス塾」　文：五十嵐 太郎
　　02──「建築系ラジオ」連動トーク企画「建築学生サミット」
　　「『建築学生サミット』が開催された意義」　文：松田 達
155 Program　開催概要2018
156 関連企画やイベントに参加して
　　SDL2018をもっと楽しむ──仙台建築都市学生会議とは
158 Award Winners　過去の入賞作品 2003-2017

大会趣旨

「日本一」にふさわしい議論の場を目指して

櫻井 一弥
kazuya Sakurai

仙台建築都市学生会議アドバイザリーボード*1

■ 建築家vs.建築家としての議論の場

「せんだいデザインリーグ　卒業設計日本一決定戦」(以下、SDL)は、2018年の大会で16回目を迎えることとなった。節目となる10年目を超え、さらに15年を経過して、ある意味で安定期に入ったとも言えるだろう。出展数は、一時期500作品を超えていたが、数年前から300〜400作品程度に落ち着いている。最多期に比べれば確かに減少しているが、それでも北は北海道から南は沖縄まで、全国から300を超える作品が集まっていることは、SDLのイベントとしての強さ(底力)を物語っている。

その強さの源流となっているのが、ファイナリストと審査員との間に繰り広げられる議論である。大学における設計課題の講評会では、教員対学生という構図が必ず入り込み、教育的側面から評価されることが多いが、SDLでは、ファイナリストは1人の建築家として、審査員団を構成する一流の建築家たちと、自らが生み出した建築を巡って激しく議論する。単に投票ですぐれた作品を決定するのではなく、議論によって建築の可能性に鋭く肉薄し、時に票が割れたり、順位が入れ替わったりというストラグル(悪戦苦闘)を超えて日本一を決定するところにSDLの神髄がある。

Photo by Izuru Echigoya.

せんだいデザインリーグ2018
卒業設計日本一決定戦

不動の3原則

そうした議論の場を成り立たせるための3原則が、第1回から変わることなく守り続けられている。すなわち、「公平性」「公開性」「求心性」である。公平性とは、大学内での評価とは関係なく、誰でも個人として出展できること。公開性は、すべての議論と審査を、会場での公開審査と審査経過を記録したオフィシャルブックによって公開し、誰もが共有できること。そして求心性は、せんだいメディアテークというシンボリックな場において、一流の建築家を招いて審査する、というものだ。

この3原則によって議論の強度（信頼性）が担保されることにより、SDLは16年もの長きにわたって日本中の建築学生の目標となり、多くのドラマを生んできたと言える。大学で全く評価されなかったのに日本一に輝いたもの、逆に大学では受賞したのにSDLでは全く票が入らなかったもの。そもそも建物の用途も規模も敷地も全く異なる中から一番を決めるのだから、その時の審査員の、その場での議論によって評価の方向性が大きく変わるのは当然のことだ。建築の評価は常にそうした側面を持っているが、SDLではそれが顕著な形で顕れてくる。

課題を乗り越えながら議論の場を構築していく

冒頭に、年月としては安定期に入ったと述べたが、そのことによる功罪について、運営側は常に敏感であらねばならない。創成期のドタバタを経て、搬送の仕組みが整えられたり、ウェブサイトが構築されたりという進化がある一方で、運営システムの硬直化や、そもそもの意味を問いただすことなくマニュアル化していくことなど、課題が満載である。仙台建築都市学生会議[2]という学生団体が主催しているので、毎年メンバーが入れ替わることによる引継ぎのリスクもあるし、年に1回だけのイベントなので、ノウハウが蓄積されにくいこともある。

そうした課題に真摯に向き合い、解決しながら今後もSDLを継続していけることを願っている。一生に一度の卒業設計、そこに込められた想いやメッセージを闘わせ、「日本一」を決めるために熱い議論が繰り広げられる場の構築を目指して。

編註
＊1 仙台建築都市学生会議アドバイザリーボード：仙台建築都市学生会議（本書156ページ〜参照）と定期的に情報交換を行なう。また、仙台建築都市学生会議の関係する企画事業の運営に関して必要なアドバイスを行なう。UCLAの阿部仁史教授、秋田公立美術大学の小杉栄次郎准教授、東北大学大学院の五十嵐太郎教授、石田壽一教授、小野田泰明教授、本江正茂准教授、佃悠助教、土岐文乃助教、東北学院大学の櫻井一弥教授、東北芸術工科大学の竹内昌義教授、西澤高男准教授、馬場正尊准教授、東北工業大学の福屋粧子准教授、宮城大学の中田千彦教授、宮城学院女子大学の厳爽教授、近畿大学の堀口徹講師、建築家の齋藤和哉から構成される。
＊2 仙台建築都市学生会議：SDLをせんだいメディアテークと共催し、運営する学生団体。

総評

ヒューマンとアンチヒューマン

青木 淳
Jun Aoki
審査員長

Photo by Toru Ito.

窮屈な時代

2005年に審査員をやって以来13年ぶりの「せんだいデザインリーグ　卒業設計日本一決定戦」(以下、SDL)で、あらためて「窮屈」ということを考えさせられた。窮屈とは、がんじがらめのこと。閉じ込められている、縛られている、強いられていると感じること。

考えさせられたのは、この世の中が、間違いを許さず(不寛容)、正しさへの強迫観念で満ち(PC＝ポリティカル・コレクトネス)、ルールを絶対視し(コンプライアンス)、隙を許さなくなってきた(合目的性、合理性、効率性)ことと関係するだろう。私見であるが、日本でそういう種類の窮屈さがはっきりと始まったのはバブル崩壊の頃、つまり1990年くらいだったと思う。そして、もしこれが正しければ、今の学生はその窮屈さの中にずっぽりと浸かって成長してきたことになる。

人は、息する空気に無意識なものだ。しかし時に、その空気に違和感をもつ人が出てくる(ジョージ・オーウェル著『一九八四年』参照のこと)。その窮屈さから逃れようともがき、そのもがきが、何かをつくる動機となることがある。今回の審査員は、そういう人たちに希望を感じ、櫻井友美さん(177)や松本悠以さん(253)のプロジェクトを、その「建築」としての現実性や完成度の低ささえ「隙のなさへの批判としての隙」とポジティブ(好意的)に翻訳し、ファイナリストに選んだ。逆に、あまりにも「正しい」プロジェクトには厳しかったと思うし、いや、そういうプロジェクトはそもそも、会場に少なかったかもしれない。

「応用建築クライテリア」/「理論建築クライテリア」

建築には、現実に建設することを前提とした、良し悪しのクライテリア(判断基準)がある。その一方で、現実を括弧にくくった、あるいは現実の一歩か二歩前であえて立ち止まった思考実験としての、良し悪しのクライテリアがある。

「応用科学」/「理論科学」という言葉づかいにならって、前者を「応用建築クライテリア」、後者を「理論建築クライテリア」と呼ぶなら、「応用建築クライテリア」は、提案されたものが現実に建てられた時のことを想像しての判断基準だ。「理論建築クライテリア」は、それがいかに限定的な突破口であったにせよ、それが切り開くビジョンの先鋭さについての判断基準だ。

もちろん、この2つのクライテリアは完全には切り分けられず、頭の中で、この時と場合によって流動する「まだら」をなしている。建築家が実際の仕事をしている時にはどうしたって、「応用建築クライテリア」の比率が上がるし(そうでないと「仕事」にならない)、学生に接する時はその比率を下げるし(そうでないと強圧的な教育になる)、SDLのような機会だと、「理論建築クライテリア」の比率はかなり上がる。そして、そのことこそがSDLの存在意義だろう、と僕は思っている(そうでなければ、学内の講評会で十分だ)。

人間の脱・中心化

ということは、考えもクライテリアの「まだら」のかたちもそれぞれ異なる審査員が同じ見解に達するはずはなく(よって「日本一」という呼称はもちろん、すばらしいジョークなのだが)、審査員同士の「理論建築クライテリア」の側面での議論そのものがキモになるべきところ、その時間が全くとられていない現状の進行方式はぜひ改善してもらいたいところで、その議論がなされなかった以上、今回どんな「理論建築クライテリア」の議論だったか/議論があり得たかということについて、ここで報告すること自体、残念ながら、無理な話である。

それでもそれを承知で、個人的な感想として言えば、僕は、「人間」という項を自明のものとすることの「窮屈さ」を突きつけられた気がしている。人間は不変の存在ではなく、環境や道具によってつくられ、変わってしまう流動的な存在だ。その意味で、環境は人間と等価のエージェント(行為主体)であり、これまで疑われることのなかった「人間」をいったん括弧に入れ、環境の論理から考え直すところからやり直してみたいという欲求が、自分の中にも、またこの世の中にも、湧き始めていることを感じたのだった。

＊文中の( )内の3桁数字は、出展作品のID番号

| FINALIST | 日本一 | 360 | 渡辺 顕人　Kento Watanabe | 工学院大学　建築学部　建築デザイン学科 |

建築の生命化

人工的な生命体の中に建築のアクティビティ（活動）が入ることで、自然環境そのもののように自律的に移ろう建築を思考した。
アップデート、進化、情報空間、作品を通してデジタルデザインによる建築の可能性を考えたい。

審査講評　｜　人間が建築のためにある

形は、ズントーの「ブレゲンツ美術館」[*1]そっくりで、ただしその外皮が蠢き、まるで生き物のよう、というだけの作品である。一応、敷地の設定はあり、内部空間のデザインもあり、機能もギャラリーと設定されているものの、それらはおざなりと言っていいだろう。それゆえ、「応用建築クライテリア」（本書7ページ参照）から判断すれば、これは全く意味をなさないし、「理論建築クライテリア」から判断しても、少なくともプレゼンテーションで示された本人の考えは評価に値しない。これを「日本一」とすることに、審査員の中から強い反論があったのも当然である。

にもかかわらず結果的に「日本一」となったのは、その模型の実際に動いている姿が与える、得も言われぬ不気味さによってだろう。その動きは間歇的で、ぎこちなく、動くに際して模型の内側に仕込まれたモーターがうなりを上げていた。コードでノートパソコンとつながっているのも不恰好だった。ただし、それらがあいまって、障害を抱えた直方体の模型がペットのノートパソコンの手綱を握っているかのような印象を与えたのである。つまり、この模型には、人間のためにつくられる建築と全く逆方位にある、「建築のためにつくられる人間」をイメージさせる力があった。また、そうしたテーマ以外は今は括弧に入れて封印すべき、という強い意思を、本人の意図かどうかに関わりなく、強く発信してしまっていることにおいて、建築の問題に先鋭的に触れてしまったのである。

（青木 淳）

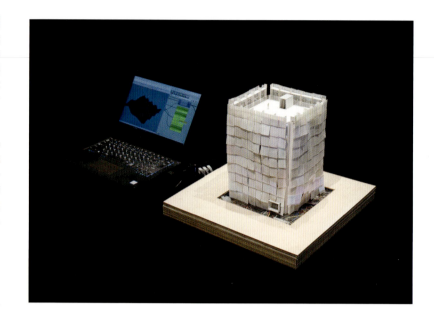

編註
*1　ブレゲンツ美術館：スイスの建築家ピーター・ズントー（Peter Zumthor）が設計したオーストリアのボーデン湖畔に建つ美術館（1997年）。直方体で、ガラスの壁4面が小さな長方形に分割された外観。

Autonomy/interactivity

これまで建築が動かなかったのは、純粋に技術的に困難であったからと考える。今回の提案では、ファサードを動かし、その変化が内外に影響することを目指した。各ファサード4枚のパネルが微妙に重なり合う中心点の内、10カ所をモーターで押し出すことで、豊かな曲面を生成している。押し出す距離は、シミュレーションのUVポイントの移動距離を、モーターの回転角度に置き換えて決定する。

曲面の動きは、環境音から異なるパターンで生成される。外界の音の変化をコンポーネントの変数として乱数を発生させることで、波の始点、周期、高さが無秩序的に変更されている。また、そのほか各種センサーを取り換え、プログラムを書き換えることで、建築が生物のように、環境とあらゆるインタラクティブな関係を築くことができる。Autonomy/Interactivityとは人工生命A-lifeの研究分野で生命の定義として重要視される要素である。

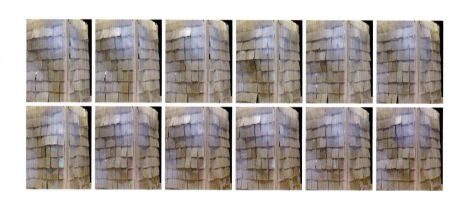

Ripple: Asin(x+y)

Shapes

この建築には特定の敷地は設定していない。用途、形態はそれぞれ、ユニバーサルに成立するであろう、ギャラリーと直方体を選択した。重要だったのは、生物的に動く建築をパヴィリオンやインスタレーションではなく、建築のアクティビティがしっかり収まった状態で提案することだった。
また、卒業設計というアンビルドの建築を設計する上で、特定の条件下でしか成立しない提案ではなく、建築の可能性を広げられる提案をしたかった。

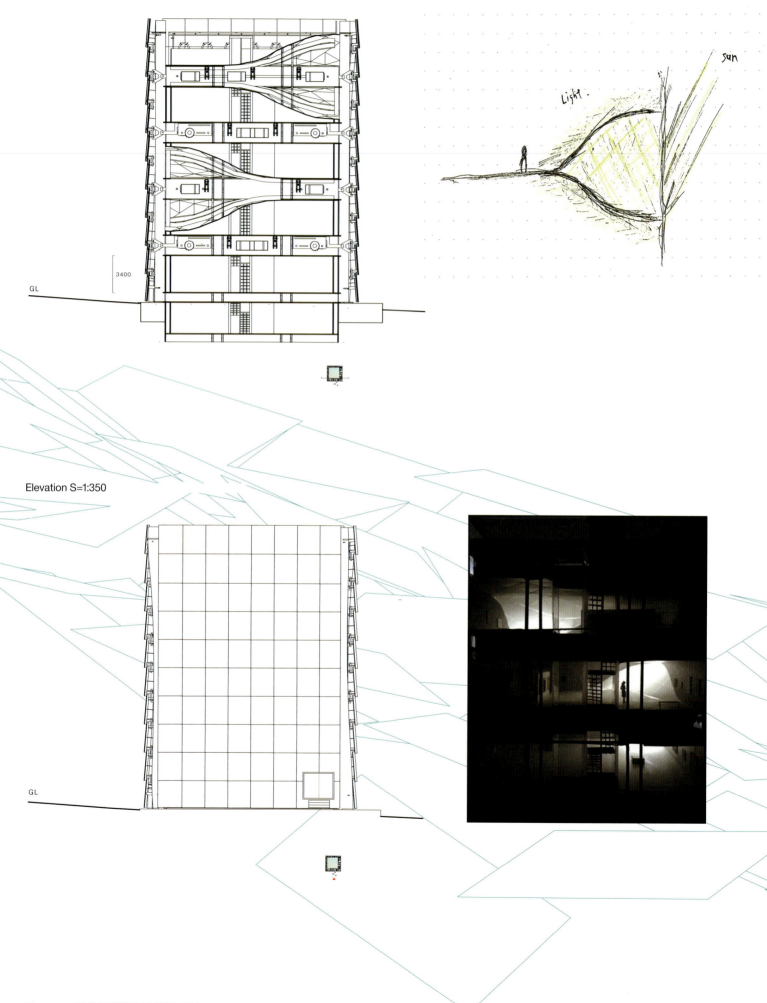

Plan S=1:350 ▶N   Unit: mm

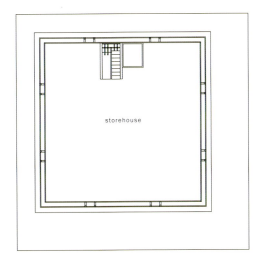
GL-1000

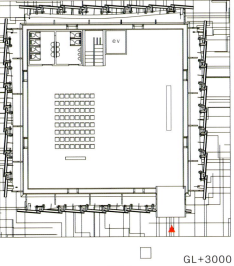
GL+3000

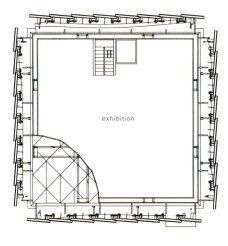
GL+8000

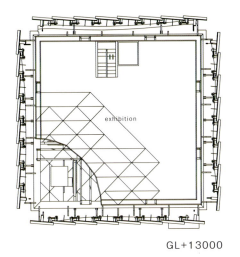
GL+13000

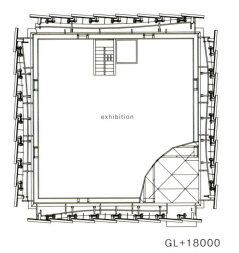
GL+18000

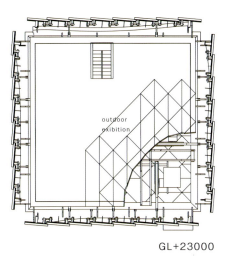
GL+23000

https://sites.google.com/view/knt-kinetic-kento/

13

| FINALIST | 日本二 | 168 | 髙橋 万里江 Marie Takahashi | 東京都市大学 工学部 建築学科 |

建物語──物語の空間化

『建物語』とは、人々が既存の童話を文面からだけでなく、五感を通して読むことのできるbibliotheque(図書館)である。
また、来訪者自らが童話の作者となり、新しい展開を紡ぎ出すこともできる。物語と建築の新しい共存の形を図る。

審査講評 | 「ことば」から生まれた詩的な建築

「ことば」は建築(空間)を生み、建築(空間)も、「ことば」を生む。「森のような」とか「雲のような」とか「山のような」など、今では死語に近い「ことば」だが、いろいろな空間への思考のキッカケになることは間違いないし、実際に多様な建築(空間)を生んだ。抽象的な「ことば」からは誤読の連続が生まれ、そこから導かれる建築(空間)もどんどんと枝分かれして広がり、想定もできなかったような建築が生まれる可能性に満ちている。
『建物語』がテーマとして扱ったのは「ことば」ではあるが、「ことばの集合体」である。つまり、文章。その中でも「物語」に限定している。「物語」は抽象的な「ことば」ではない。つまり抽象性に欠ける。よって多様化が難しい。
『建物語』では建築記号をつくり、記号空間まで設定している。これは「パヴィリオン」のような建築(空間)[=不自由な建築(空間)]となり、「森」のような建築(空間)[=多様性に満ちた建築(空間)]とは対極なのである。
僕は『建物語』を応募案の中で最も美しく詩的ですばらしい提案だと思っている。ただし、設計者が設定したモノたちにより、空間や体験がとても「不自由」になってしまっていることが残念である。「建築」は「遊園地」より「原っぱ」のような状態であるほうが、僕は楽しいと考える。(五十嵐 淳)

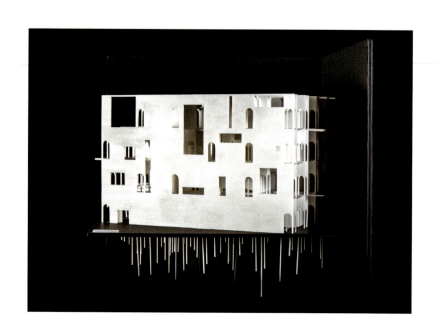

建物語の全体構成

人が本を読む時に行なう動作をもとに必要な空間を選定する。
記号空間は樹形図をもとに4.5m × 4.5mのダブルグリッド上に4層にして配置する。

1 ENTRANCE	2 α導入	3 31の機能空間	4 無記号空間・通路	5 EXIT
本を読むことにする	選んだ本の導入部分を読む	主人公に感情移入する	ページをめくる、一休み	本を読み終わり、回想する

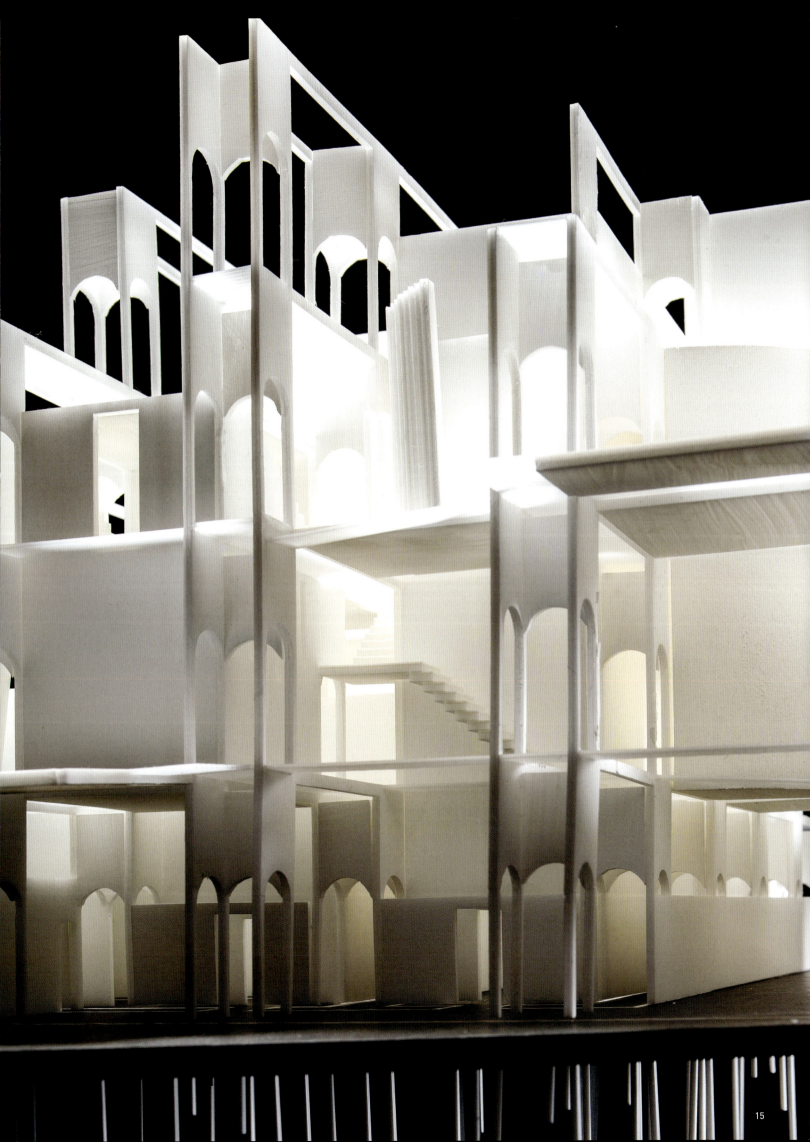

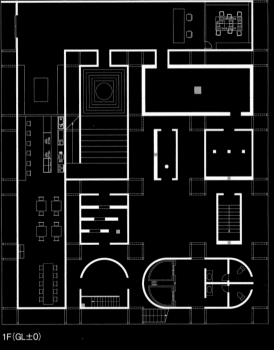

1F(GL±0)

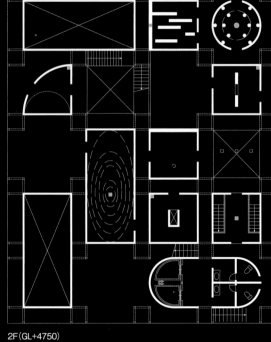

2F(GL+4750)

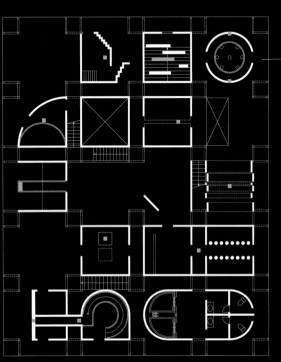

3F(GL+9500)

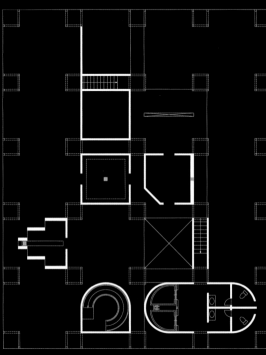

4F(GL+12500)

17

FINALIST | 日本三 | 036 | 谷繁 玲央 Reo Tanishige | 東京大学　工学部　建築学科

住宅構法の詩学――The Poetics of Construction for industrialized houses made in 1970s

昭和40年代半ば（1970年代）に造営された工業化住宅が並ぶ宅地。本提案は各々に閉じられたシステムを持つ工業化住宅を解体し、多様なエレメントと構法を即物的にコラージュすることで、「1世帯1住戸1構法」の図式に対抗する。

| 審査講評 | **住宅を交配可能な資源に転化**

戦後の日本では、プレファブリケーション（以下、プレファブ）[*1]を標榜する住宅メーカーが数多く設立され、それぞれが独自の構法を開発した。当初ベンチャー企業に過ぎなかった住宅メーカーは、またたく間に大企業へと変貌し、大量の住宅を生産するようになったため、それから半世紀が経った現代日本の住宅ストック[*2]の構法は、ある意味で混乱を極めているのであるが、提案者は、これらを強引に接合するシステムを考案し、プレファブ住宅のブリコラージュ[*3]を試みる。この鮮やかな一手により、混乱した日本の住宅の構法を、多様性を保ちながらもさまざまに交配可能の豊かな資源へと転化するのである。

プレゼンテーションで空間的な豊かさを安易に提示せず、システムの提案に留めたことも、プラットフォームの構築にこそ挑もうとする提案者の姿勢を強化するものであり、むしろ前向きに評価されるべきだろう。

しかし、であるのなら、この世界に響く新たな「詩学」とは何か。これが最後まで語られなかったことは惜しまれる。　　　　　　（門脇 耕三）

編註
*1　プレファブリケーション：あらかじめ工場などで製作した建築部品を建設現場で組み立て、現場の工程を省力化する建設方式。
*2　住宅ストック：建設された既存住宅のこと。中古住宅全般。
*3　ブリコラージュ：あり合わせの材料と道具を用いて、試行錯誤しながら新しいものを作ること。

18　SENDAI DESIGN LEAGUE 2018

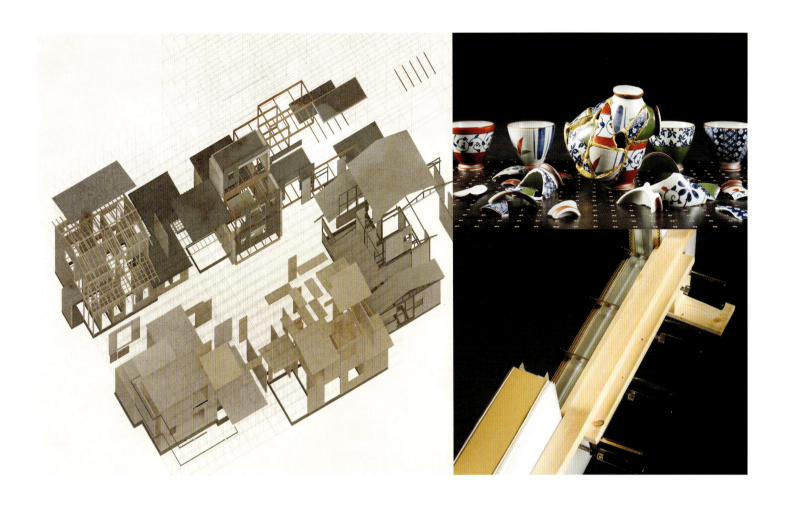

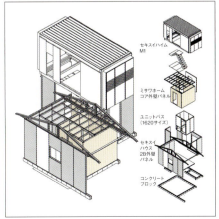
複数の構法を入れ子状に合体する。

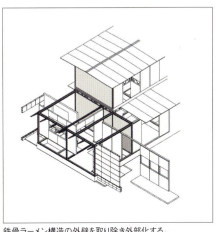
鉄骨ラーメン構造の外壁を取り除き外部化する。

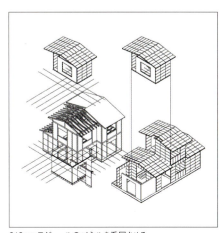
910mmモジュールのパネルを重層させる。

| FINALIST | 特別賞 | 115 | 平井 未央 Mio Hirai | 日本女子大学　家政学部　住居学科 |

縁の下のまち──基礎から導く私有公用

2004年の福井豪雨で被害を受けた住宅地。1階を剥がし、公共へと開放することで、「皆のものであり私のもの」という私有公用空間を実現する。
むき出しになった建物の基礎構造（以下、基礎）を設えのように見立てて、つなぐことで、基礎が街の基盤となっていく。

審査講評　基礎によるヒューマンスケールな魅力

この提案は、平成16年7月福井豪雨で多くの新築住宅が浸水被害に遭い、住民が減ってしまった新興住宅地を、建物の基礎構造（以下、基礎）を生かして私有地を公共空間として開放する（＝「私有公用」）ことで、再生しようとする提案である。

一見するとあまりリアリティのないおとぎ話のような提案に見える。しかし、基礎を新たな人々の生活を支える設えとして取り入れようとするアイディアは、浸水した過去を持つこの場所に立脚していると同時に、普遍的に建築が持ちながら、あまりアクティビティ（人々の活動）に関わってこなかった基礎を人間に近づけ、ヒューマンスケールの魅力をつくり出すことに成功している。ただ単に建物を外に開くというだけでなく、大地の延長としての基礎に徹底的にこだわり、人の居場所を構築していった提案は秀逸である。

この作品と日本一、日本二、日本三とを並べると、「建築とは人や街、社会と関わるものであるべきかどうか」という極めて重大な論点が、時間を理由に議論されなかったことに対して強い違和感を覚える。次年以降への問題提起として、しっかりと表明しておきたい。

（赤松 佳珠子）

洪水で60cmの浸水被害に遭った新興住宅地。

基礎を40cm上昇させ、全体を80cmの基礎に浸からせる。

柱の腐敗した根本を切断し、座屈長が短くなる。

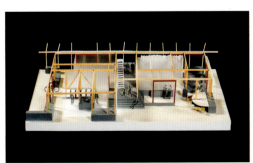

基礎は場所の用途や機能により
形を変化させる。

80cm以下の基礎には鉄骨フレームを
元の1/2スパンで挿入。
浸水した際の柱の腐敗を防ぐ。

たとえ住宅がなくなっても、
基礎が人の集まる場となる。

| FINALIST | 特別賞 | 227 | 柳沼 明日香 Asuka Yaginuma | 日本大学　工学部　建築学科 |

モヤイの航海——塩から始まる島の未来

現在、日本に421島ある有人離島の内、約9割が人口減少にあり、中には、近い将来、無人化が懸念される島も多い。
島々のネットワークにまで広がる塩を通した人々の営みを再考することで、塩田が織り成す建築の可能性を提案する。

審査講評 ｜ 多面的にレベルの高い秀作

伊豆七島でかつて盛んに営まれていた製塩の技術伝承と、定住人口の増加や観光産業の振興を、建築によって総合的に行なおうという作品。敷地には伊豆大島の元町港、波浮港、新島の新島港の3カ所が選ばれ、船の待合所、温泉、レストラン、ゲストハウスなどの施設が、製塩のための設備と組み合わせた形で提案されている。中でも目を引くのは、海水から塩を採る採かん装置を海に浮かべて、これを観光客が増大する夏季に宿泊施設にも利用するという浮遊建築。フラクタル*1なトラス構造*2の群れが海に浮かぶ情景は、詩的な雰囲気をたたえて美しい。

現状の問題をとらえてその解答を建築によって導こうとするアイディアとその手つき、天日製塩の技術について実際の製塩施設への見学も含めて行なったリサーチの方法、手描きのタッチを残した巧みなドローイングと繊細な模型の表現、いずれにおいてもレベルが高い卒業設計だ。しかし、その非の打ちどころのない優等生さが、逆に審査員に強く推す気持ちをためらわせたきらいはある。

（磯 達雄）

編註
*1　フラクタル：複雑な形状を同一の図形の組合せで表す数学的概念。図形の全体像と部分が相似になる。
*2　トラス構造：三角形の組合せで構成する構造方式。

| FINALIST | 118 | 山口 大輝 Daiki Yamaguchi | 近畿大学 建築学部 建築学科 |

ファサードの転回による都市風景の再編計画

大阪市福島特有の「雑多」な質を保ちながら、ストリートレベルで途切れている賑わいを垂直方向に延ばし、
新しい都市風景を提案する。

| 審査講評 | **都市環境における建築**

予選からセミファイナルの審査プロセスの中で、この作品については、都市環境において建築家がなすべきことの再定義だ、という議論が繰り返された。内部空間の計画、特に平面計画を考えることはもはや不要で、高効率を必須とする都市における合理的な設計のためには、ファサード（外壁面）を加工する行為のみが建築家に仕事として与えられ、建築家は建物の表層をどのように構築し、開示するかということでしか社会に関わり、責任を持つことができないという考え方を強く感じさせる提案として、この作品への評価は高かった。

しかしながらファイナルでは、ファサードをフォトモンタージュ的に加工し、すでに貼り付けられていた図柄を自在に再配置して特異な表情を生み出したい、という説明が中心で、先に審査員が予見し、期待していた建築家のあり方へのさらなる挑戦的な言及はなかったことが残念であった。

（中田 千彦）

26　SENDAI DESIGN LEAGUE 2018

| FINALIST | 177 | 櫻井 友美 Tomomi Sakurai | 千葉工業大学　工学部　建築都市環境学科 |

防災地区ターザン計画──吉阪隆正にみる「スキ」のある建築

近代の建築は合理的で機械のような姿をしている。ターザンが横切る街並みには、人々に愛される可能性があるスキ(隙)がある。
人のスキが入り込んだような「かたち」を生み出すことが、感情を持つ人間にとって必要不可欠な建築本来の姿だ。

審査講評 ｜ 現実を動かすユーモア

審査員の中での通称「ターザン」は、セミファイナルのグループ審査を終えた時点で、ディスカッション対象の35案には残っていなかった。誰かが「あれ、ターザンは？」と気づき、その言葉を合図にポートフォリオが本当にターザンのように颯爽と現れ、あれよあれよという間にファイナリストに残った。その登場シーンは鮮やかなものだった。
建築家の吉阪隆正に学び、隙(スキ)のある建築を目指すという提案は、東京の谷中に防災拠点を2カ所つくり、その間を「ターザン」で結ぶもの。非常時にはそのターザンで避難するという、防災を謳うには全く隙だらけの提案だった。
しかし、僕はこの提案を日本一に推した。これからの建築の方向が「隙のなさ」に向かっていくような気がして、息苦しさを感じていたからだ。自らの隙をさらけ出し、貴重なプレゼンテーション用パネルの半分ものスペースを建築物ではなくターザンで駆け抜ける子供のパース(描画)に充てるユーモアに、僕たちのリアリティを引っ張ってくれるような心意気と力強さを感じたのである。僕もこの提案を推すことによって自分の隙をさらけ出してみようと思わされたのである。　　　　(辻 琢磨)

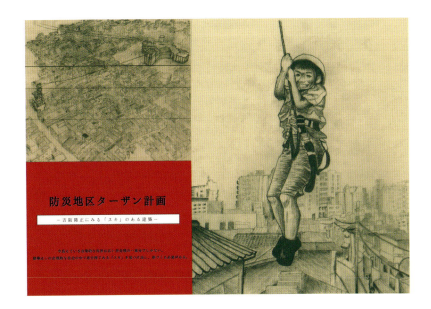

| FINALIST | 253 | 松本 悠以 Yui Matsumoto | 滋賀県立大学 環境科学部 環境建築デザイン学科

死離滅裂──死者と自然と生きる都市

土地の記憶を消してしまう建築の建て方は間違っている。これからの時代は自然に多くのものを還していくべきだ。
ゼロからではなく破壊から建築を生み出す。人々に自然の恐怖を、死の身近さをこの建築は教えてくれる。

審査講評 | 破壊的な問題作

ファイナリスト10作品の内、一番の問題作がこれだろう。東京の霞が関ビルディングを完膚なきまでにリノベーション（改修）したもの。敷地はかつて霞が関が入り江に面していたことを想起させるべく、地面が深く掘られて水辺となっており、掘削で排出された土がビルを半ば飲み込んでいる。内部は地下3階から地上36階まで各フロアが再設計され、そこに風力発電や太陽光発電などのエネルギー自給装置とともに、葬祭施設など死と再生の場がさまざまな形で設けられている。超高層ビルと原始生命体が合体した、キメラ[*1]のような巨大構築物は、廃墟であると同時に未来への希望を感じさせるものになっていて、模型とドローイングで示された姿は非常に魅力的に映った。

この設計に取り組んだ動機として、作者は現在の資本主義社会への違和感を表明し、自然と共生していた縄文時代への憧憬を語る。その感情は理解できるものの、大学の卒業設計としては、あまりにナイーブに過ぎる。魅力的な建築提案を支える論理や物語が十分に示されなかった点が残念だった。

（磯 達雄）

編註
*1 キメラ：ギリシャ神話に登場するライオンの頭、ヤギの胴、ヘビの尾を持った怪物。転じて、由来が異なる複数の部分から構成されたものを指す。

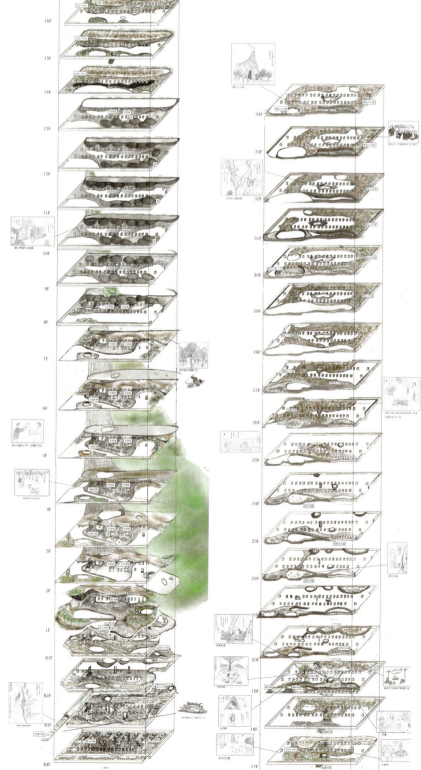

FINALIST | 330 | 笹谷 匠生 Takumi Sasatani | 関西大学 環境都市工学部 建築学科

話クワッチィ

場所を方言から知る。沖縄では、この思想が必要である。

審査講評 | 方言により場所性を顕在化

沖縄の方言から建築を組み立てようとする提案である。しかし、この提案はおそらく、他作品に見られた「言語を建築へと変換する」ことを試みるものではない。

言語は実世界から半分独立した体系で、だから実世界では起こらなかったことも描写できるのであるが、一方で、言語によって表現できることは限られている。だとすれば、言語の世界の外側にはもっと豊饒な世界が広がっているはずだ。多くの「言語系」の提案は、このジレンマに気づかないまま終わってしまうのであるが、この提案で試みられているのは、方言に含まれた場所の個性を顕在化させることであるという。つまり、言語を媒介としながらも、ここで操作されているのは、あくまで場所性なのであり、この提案は、言語の世界の外側に広がる豊かな世界とは、すなわち実世界にほかならないことを気づかせてくれるのである。

言語を実践的な建築設計の武器へと転化させている点は秀逸であるが、言語の大きな特性である文法に匹敵するような空間の操作規則の探求にまで迫れなかったことは弱点だろう。

（門脇 耕三）

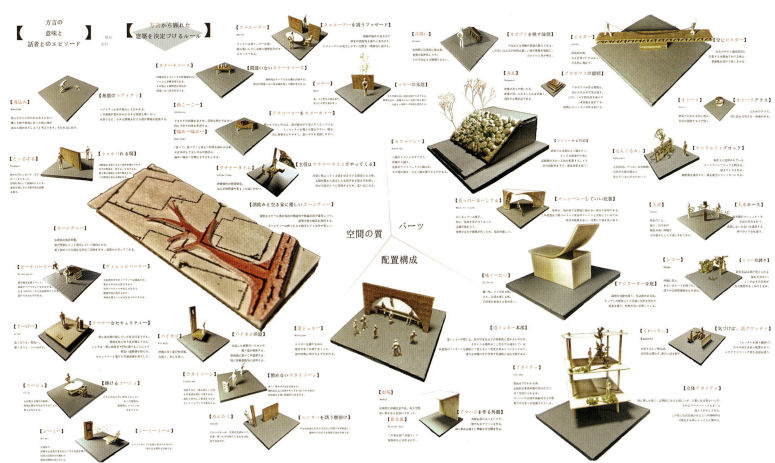

| FINALIST | 363 | 山本 黎 Rei Yamamoto | 明治大学 理工学部 建築学科 |

嶽（ガク）——富士山をリノベーションする

これは富士山のディテール（細部）から富士山全体を揺るがす物語である。

｜審査講評｜　部分から全体をとらえる意思

設計者として、この提案に最大の共感を持った。富士山をリノベーション（改修）すると豪語するが、その提案は複数の非常に小さな建物の新築である。気圧の変化や風の方向といった富士山の微気候の変化をディテール（建築細部）によって可視化し、そのディテールの揺らぎを富士山の認識の揺らぎに接続させるという、アクロバティックな環境教育装置の提案だ。地域の微細な差異に目を向け、部分を設計することで全体を変容させるという設計態度は、静岡県浜松での僕自身の実践に重なる。

しかし、この提案に部分を要請するクライアントはいないので、要求内容は捏造（ねつぞう）されなければならない。建築のプログラムは休憩スペースで、敷地は登山道の途中の数カ所。微気候を可視化し、そうして実現した提案全体の目的は、登山者の富士山への認識を変えるという非常に曖昧なものだった。

ただ変えればいいというわけではない。富士山をリノベーションすることでその存在をどの方向に揺るがしたいのか、という設計者の意思が問われる。その状況は自分にも重なって、背筋が伸びた。　　　　（辻 琢磨）

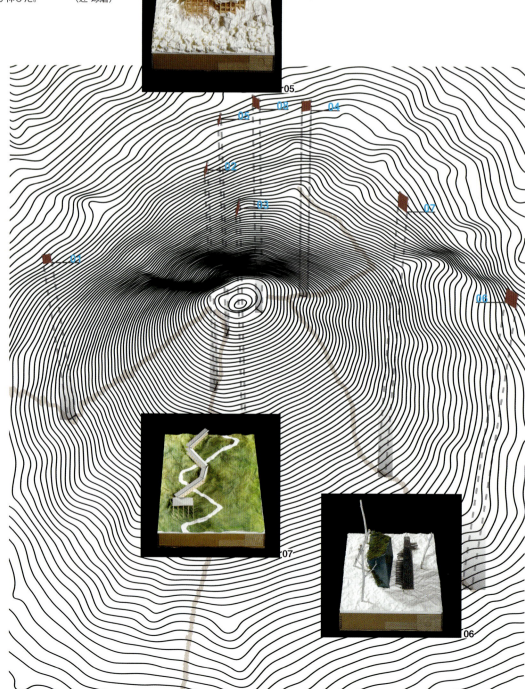

PROCESS
審査過程

PROCESS_1
Preliminary Round 予選

PROCESS_2
Semi-Final Round
01_Group
02_Discussion セミファイナル
グループ審査
ディスカッション審査
セミファイナル審査員プレゼンテーション
ファイナリスト選出のためのディスカッション

PROCESS_3
Final Round
01_Presentation>>Q&A
02_Final Discussion ファイナル（公開審査）
プレゼンテーションと質疑応答
ファイナル・ディスカッション

＊出展作品の概要については、本書114〜147ページ参照。

Model photos by Izuru Echigoya + Sendai Student Network of Architecture and Urbanism.
Photos except as noted by Toru Ito, Izuru Echigoya

PROCESS_1

Preliminary Round

予選

2018.03.03.AM
せんだいメディアテーク
5・6階ギャラリー

332→100

公開審査の前日に行なわれた予選審査により、全332の出展作品から、上位100作品をめどに、セミファイナルの審査対象となる作品が選出された。これらの予選通過作品が、通称「100選」だ。今年は、アドバイザリーボードにセミファイナルとファイナルの審査員5人が加わり、歴代最多、総勢14人の予選審査員となった。
審査員は、まず、展覧会場を各々に巡って審査し、それぞれ100票をめどに投票。学生スタッフは各審査員に割り当てられた色のシールを、作品の傍に備えた展示キャプション(作者名、作品名などを表示した札)に貼り付けていく。投票の集計結果をもとに、審査員全員でもう一度、会場を巡回し、1つ1つの作品を確認。得票がボーダーライン上にある作品については、より深い議論が重ねられた。判断に迷う作品は、一時保留として審査を進行。評価を大きく入れ替えながら、予選通過作品が選出されていった。続いて保留にしていた作品の再検討のため、審査員たちは数回に渡って会場内を巡回。すでに選出されていた作品と保留作品が入れ替わる場面もあり、最終的に、合計100の作品が「100選」となった。
展覧会場の該当作品には、目印の赤い花が付けられた。

予選審査員

五十嵐 淳　磯 達雄　小野田 泰明　門脇 耕三　小杉 栄次郎　齋藤 和哉　櫻井 一弥　佃 悠　辻 琢磨　土岐 文乃　中田 千彦　西澤 髙男　福屋 粧子　本江 正茂

予選投票集計結果

合計	ID	氏名	学校名
14	077	鮫島 卓臣	慶應義塾大学
14	168	髙橋 万里江	東京都市大学
14	211	鳥海 沙織	東京理科大学
14	316	吉川 新之佑	慶應義塾大学
13	249	木下 規海	慶應義塾大学
13	282	松井 裕作	日本大学
13	363	山本 黎	明治大学
12	118	山口 大輝	近畿大学
12	272	斉藤 知真	信州大学
12	360	渡辺 顕人	工学院大学
12	400	杉山 拓哉	千葉大学
11	012	豊 康範	九州産業大学
11	036	谷繁 玲央	東京大学
11	085	木村 慎太朗	日本大学
11	088	毛利 友紀野	立命館大学
11	094	岸田 淳之介	東京都市大学
11	109	森下 啓太朗	近畿大学
11	115	平井 未央	日本女子大学
11	131	西丸 健	芝浦工業大学
11	155	西本 光	金沢工業大学
11	171	黄 起範	日本大学
11	182	稲田 浩也	京都大学
11	364	三浦 健	京都大学
11	387	東瀬 由佳	東京都市大学
11	388	池田 匠	工学院大学
11	395	殿前 莉世	日本女子大学
10	005	平岡 和磨	信州大学
10	033	崎元 誠	九州大学
10	122	岩波 宏佳	新潟工科大学
10	135	加藤 颯斗	京都建築大学校
10	145	池田 光	日本大学
10	174	須藤 悠果	東北大学
10	243	福井 美瑳	富山大学
10	253	松本 悠以	滋賀県立大学
10	273	能村 嘉乃	京都工芸繊維大学
10	333	丸山 郁	愛知淑徳大学
10	347	原 寛貴	東京電機大学
9	001	越智 誠	神戸大学
9	019	伊藤 克敏	京都大学
9	080	小林 稜治	立命館大学
9	107	小室 昂久	日本大学
9	112	柴村 耀	京都工芸繊維大学
9	196	藤本 佳奈	明治大学
9	227	柳沼 明日香	日本大学
9	242	奈木 仁志	大同大学
9	317	鶴田 叡	東京都市大学
9	330	笹谷 匠生	関西大学
9	437	木村 太亮	東京大学
9	454	児玉 美友紀	芝浦工業大学
8	008	高木 駿輔	東京都市大学
8	031	住司 崚	東京都市大学
8	042	岡田 大樹	千葉工業大学
8	047	齋藤 裕	信州大学
8	052	齋藤 翔太	立命館大学
8	076	尾上 一輝	京都建築大学校
8	097	矢吹 拓也	神奈川大学
8	141	平松 建人	東北大学
8	178	植月 京甫	工学院大学
8	184	田中 俊平	東京造形大学
8	218	稲垣 知樹	法政大学
8	297	藤城 太一	名城大学
8	322	本田 偉大	日本大学
8	346	齋藤 嵩樹	東京電機大学
8	349	筒井 伸	信州大学
8	355	加藤 嵩貴 / 大山 周吾	早稲田大学
8	378	深津 聡	明治大学
8	385	丸山 泰平	法政大学
8	414	加賀 精一	京都大学
8	427	岡倉 慎乃輔	金沢工業大学
8	455	中村 圭佑	日本大学
7	016	白石 雄也	近畿大学
7	025	福留 愛	熊本大学
7	027	勝山 滉太	東京理科大学
7	061	中林 顕斗	大阪市立大学
7	082	日下 あすか	工学院大学
7	087	井上 雅也	神戸芸術工科大学
7	134	中村 篤志	千葉工業大学
7	144	楊 翌呈	東京理科大学
7	177	櫻井 友美	千葉工業大学
7	187	江頭 樹 / 阿南 朱音 / 柳生 千晶	早稲田大学
7	188	粟野 創	関東学院大学
7	198	鈴木 由貴	東京理科大学
7	199	岡本 結里子	芝浦工業大学
7	207	北沢 汐瀬	日本大学
7	231	朝永 詩織	大阪工業大学
7	277	井嶋 裕子	桑沢デザイン研究所
7	310	中村 靖怡	芝浦工業大学
7	361	百武 天 / 大木 玲奈 / 路 越	早稲田大学
7	394	海本 芳希	大阪市立大学
7	425	濱田 叶帆	京都大学
6	004	小嶋 一耀	慶應義塾大学
6	009	楊 光耀	東京大学
6	022	二上 和也	東京大学
6	037	高藤 友穂	近畿大学
6	078	近藤 太郎	千葉大学
6	083	新井 育実	千葉大学
6	096	前田 佳乃	東京理科大学
6	101	外山 純輝	日本大学
6	105	三浦 恭輔	日本大学
6	113	石井 亨和	東京電機大学
6	175	河合 容子	関西大学
6	193	塩真 光	九州産業大学
6	213	細浪 哲也	立命館大学
6	250	渡辺 琢哉	東北工業大学
6	303	山本 帆南	名城大学
6	306	大杉 亮介	千葉大学
6	311	石井 康平	千葉大学
6	435	前田 真里	名城大学
5	020	三澤 葉月	千葉大学
5	032	大岡 彩佳	東京理科大学
5	074	菊池 文江	法政大学
5	079	梅本 晟司	近畿大学
5	153	寺田 晃	近畿大学
5	164	小池 正夫	芝浦工業大学
5	179	谷越 楓	東北大学
5	190	泉本 淳一	大阪大学
5	212	葛西 瑞季	昭和女子大学
5	216	加藤 弦生	北海学園大学
5	220	金井 里佳	九州大学
5	226	矢尾 彩夏 / 木内 星良 / 鈴木 奈実	早稲田大学
5	239	細谷 メリエル	京都造形芸術大学
5	244	小西 隆仁	千葉大学
5	268	筒井 魁汰	東京都市大学
5	286	工藤 滉大	芝浦工業大学
5	299	石井 結実	慶應義塾大学
5	309	汪 芸佳	慶應義塾大学
5	365	太田 孝一郎	東京理科大学
5	377	山本 生馬	東京電機大学
5	391	長谷 光	東京藝術大学
5	392	青山 実樹	東京電機大学
5	431	中西 亮介	東京大学
5	436	中田 晃子	東北芸術工科大学
5	444	伊藤 誉	名古屋工業大学
5	450	藤生 貴子	東京大学
5	456	宮崎 昂太	立命館大学
4	017	竹國 亮太	近畿大学
4	021	本田 圭	東北大学
4	023	江口 哉子	奈良女子大学
4	029	内貴 美侑	立命館大学
4	070	松浦 航大	東京都市大学
4	108	江端 木環	大阪大学
4	121	有田 一貴	信州大学
4	127	吉田 亜矢	近畿大学
4	132	杉浦 豪	芝浦工業大学
4	137	山田 清香	東京理科大学

凡例　＊ ■ は、予選通過(100選)。＊0票の作品は、未掲載。

合計	ID	氏名	学校名	五十嵐	磯	小野田	門脇	小杉	齋藤	櫻井	佃	辻	土岐	中田	西澤	福屋	本江
4	185	近藤 まいこ	九州大学		●			●			●						●
4	191	畦上 駿斗	大阪大学		●	●				●						●	
4	197	岡部 敬太	千葉工業大学	●				●					●				●
4	200	青木 希	工学院大学	●				●	●								●
4	224	福田 晴也	日本大学					●				●	●			●	
4	236	山口 裕太郎	東京工業大学	●	●				●				●				
4	269	北村 政尚	大阪大学									●	●	●	●		
4	285	長家 徹	九州産業大学		●			●			●	●					
4	291	巽 祐一	慶應義塾大学					●	●		●			●			
4	293	河野 祐輝	芝浦工業大学			●	●			●						●	
4	320	盛田 瑠依	東京理科大学						●					●	●		●
4	321	樋渡 聖	近畿大学					●	●		●		●				
4	332	中島 生幸	九州大学			●		●	●								●
4	393	小山 竜二	東京電機大学			●		●				●	●				
4	419	山本 圭太 / 菅野 颯馬 / 薮下 玲央	早稲田大学		●			●	●								●
4	429	石沢 英希	金沢工業大学			●				●	●		●				
4	439	高山 三佳	奈良女子大学	●			●		●				●				
4	448	樋口 圭太	名古屋大学		●	●			●				●				
4	457	吉川 紳	京都工芸繊維大学	●	●				●				●				
3	002	橋詰 隼弥	京都大学					●	●			●					
3	014	遠西 裕也	東京都市大学			●			●			●					
3	015	工藤 崇史	近畿大学						●	●		●					
3	030	米倉 良輔	神戸大学					●	●		●						
3	044	井出 彩乃	武蔵野美術大学			●			●				●				
3	046	立石 愛理沙	大阪市立大学							●			●	●			
3	059	山道 峻介	東京都市大学	●										●	●		
3	089	芳賀 耕介	東北芸術工科大学									●	●	●			
3	098	大竹 俊	東京都市大学							●				●	●		
3	120	大沼 謙太郎	日本大学										●	●	●		
3	129	今埜 歩	東京理科大学					●	●			●					
3	136	鈴木 麻夕	東京理科大学					●	●	●							
3	138	堀場 陸	芝浦工業大学							●	●	●					
3	139	堺 由輝	東京工業大学			●			●	●							
3	159	一條 武寛	東北工業大学			●			●	●							
3	208	湯川 洸平	首都大学東京				●		●			●					
3	215	西田 安里 / 渡邉 陽介	早稲田大学	●			●		●								
3	230	中野 美咲	大阪市立大学	●							●	●					
3	233	有吉 泰洋	東京理科大学							●	●	●					
3	237	川島 達也	首都大学東京		●				●			●					
3	290	大井 彩有里	芝浦工業大学	●					●							●	
3	308	瀬下 友貴	東京理科大学							●	●	●					
3	331	島田 広之	大阪市立大学		●	●				●							
3	337	橋元 一成	東京都市大学							●	●			●			
3	384	湊崎 由香	東京藝術大学			●					●					●	
3	389	井上 和樹	福井大学				●			●						●	
3	408	多田 翔哉	京都大学			●			●				●				
3	410	丹 紀子	宮城大学					●	●			●					
3	413	小坂 知世	京都大学					●	●						●		
3	438	坂梨 桃子	法政大学					●	●			●					
3	440	成富 悠夏	奈良女子大学			●			●			●					
2	013	田中 千江里	近畿大学						●	●							
2	018	平岡 崇士	近畿大学							●		●					
2	039	伊勢 尚史	東北大学						●	●							
2	045	長谷川 清人	琉球大学							●						●	
2	049	鏡 亮太	名古屋市立大学					●			●						
2	060	小谷 春花 / 吉川 大輔 / 後藤 夕希奈	早稲田大学	●							●						
2	067	板部 玲子	日本女子大学							●							●
2	072	矢田 寛	東京都市大学										●	●			
2	075	星野 智美	日本大学					●			●						
2	086	柴田 樹人	名古屋大学					●				●					
2	090	三浦 桃子	芝浦工業大学									●				●	
2	095	田頭 佑子	大阪大学													●	●
2	104	川田 夏実	東京都市大学						●								●
2	166	一里山 健	大阪大学				●	●									
2	170	梶谷 紗世子	東京都市大学								●			●			
2	172	伊藤 翼	東北学院大学					●		●							
2	202	安田 茉友子	立命館大学					●		●							
2	214	堀金 照平	東北工業大学						●			●					
2	247	大野 翔馬	工学院大学					●				●					
2	258	齋藤 秀	東北工業大学					●							●		
2	289	髙岡 遥樹	日本福祉大学		●										●		

合計	ID	氏名	学校名	五十嵐	磯	小野田	門脇	小杉	齋藤	櫻井	佃	辻	土岐	中田	西澤	福屋	本江
2	298	吉村 孝基	大阪大学			●		●									
2	338	木下 義浩	東京理科大学							●						●	
2	342	本野 晴也	愛知淑徳大学							●						●	
2	359	鈴木 貴晴	慶應義塾大学						●							●	
2	369	齋藤 隼 / 斉吉 大河 / 小嶋 諒生	早稲田大学	●								●					
2	375	高橋 遼平	東京理科大学							●						●	
2	382	矢島 俊紀	東京電機大学	●												●	
2	404	高橋 あかね	京都大学		●			●									
2	428	中村 諒	東京理科大学					●				●					
2	442	稲見 雄太	東京電機大学						●			●					
1	011	島田 悠太	東京都市大学											●			
1	048	猪川 健太	東海大学												●		
1	055	菱川 吾朗	京都大学						●								
1	056	岩田 昇也	日本工業大学					●									
1	057	小比類巻 洋太	東北工業大学													●	
1	058	横田 笑華	東北工業大学												●		
1	065	林 和典	大阪大学											●			
1	066	後藤 眞皓	大阪大学											●			
1	068	井岡 晃人	大阪市立大学											●			
1	102	林 泰宏	京都大学												●		
1	111	櫻本 敦士	工学院大学						●								
1	125	原田 伊織	九州大学						●								
1	128	百家 祐生	九州大学						●								
1	133	岸 晴香	芝浦工業大学					●									
1	143	馬鳥 夏美	神奈川大学												●		
1	147	河畑 淳子 / 根本 悠希 / 生井 俊輝	早稲田大学				●										
1	150	内山 大輝	神奈川大学											●			
1	152	角田 悠衣	京都大学					●									
1	161	都築 澪	東京理科大学						●								
1	165	椛嶋 優太	工学院大学										●				
1	167	下田 彩加	日本女子大学	●													
1	173	小池 真央	千葉大学											●			
1	186	田渕 輝	島根大学				●										
1	201	田中 勇気	立命館大学												●		
1	203	小泉 菜摘	芝浦工業大学										●				
1	217	澤田 悠生	東京理科大学												●		
1	219	藤山 翔己	日本大学									●					
1	223	姫野 滉一朗	東京理科大学											●			
1	238	長根 乃愛	東京大学										●				
1	246	杉本 晴香	工学院大学				●										
1	254	酒井 禄也	信州大学		●												
1	256	西村 陽太郎	東京工業大学							●							
1	265	奥山 晃平	東北大学												●		
1	280	谷浦 脩斗	北海学園大学											●			
1	284	遠藤 大輔	名古屋工業大学											●			
1	287	小野 裕介	慶應義塾大学								●						
1	288	金田 駿也	首都大学東京										●				
1	294	杉谷 剛弘	名城大学											●			
1	301	熊村 祐季子	昭和女子大学	●													
1	302	入部 寛	東京理科大学											●			
1	323	畑崎 萌笑	関西大学												●		
1	348	川村 修平	東京理科大学											●			
1	351	鈴木 康平	青山製図専門学校											●			
1	352	松本 健太郎	信州大学		●												
1	356	内藤 杏美	武庫川女子大学								●						
1	383	田中 一輝	大阪大学										●				
1	390	吉田 聖	東京大学													●	
1	401	塩原 拓	日本福祉大学		●												
1	422	青木 茂久	ICSカレッジオブアーツ												●		
1	432	松川 真子	宮城大学												●		
1	443	吉田 夏稀	名古屋工業大学												●		
1	449	吉田 穂波	北海道大学			●											
1400		投票総数		100	100	100	100	100	100	100	100	100	100	100	100	100	100

凡例 ＊ ▢は、予選通過（100選）。 ＊0票の作品は、未掲載。

少得票(5票以下)で予選通過
14作品

179[5票]空間のコーディネート
布を構成する「織る」「編む」という方法から着想して導き出した、床と壁の配置のパターン化と全体構成のルールにより建築の設計を試みている。シェアハウスというプログラムへの対応の不十分さや、示された方法論に判然としない部分があるため少票だった。しかし、新しい手法の開発を目指す提案であり、それがある程度達成されて、オリジナリティのある方法が提示されている点が評価され、予選を通過。

190[5票]「ひとり」空間の創造──自己-他者の境界を表出させて意識の上に建築する
都市で発生する「ひとり」という状態に対して、他者を意識し自己を内省する空間の試み。私的な感情を「内なる他者」として、それぞれの感情に対応する空間をつくっている。個々の提案がオブジェの域を出ないようにも見え、評価は分かれたが、本人の美学を完遂させ、美しい造形を生み出している点は純粋に評価に値するということで、100選へ。

216[5票]STOMACH COMPLEX
札幌市の繁華街に建つ、複合施設と映画館の計画。低層部分は周囲の街並みに溶け込むような何の変哲もないビルだが、ふと見上げると胃袋のような造形が上層階を占める。単なる造形操作に見え少票だった。しかし、ひとつながりになった異形の映写空間内を、鑑賞者は自由に行き来できる。造形のオリジナリティに加えて、街並みへの対応や映写空間への提案など多層的に提案されている点が評価され、100選へ。セミファイナルのディスカッション審査まで進んだ。

226[5票]いままでのまち　これからのいえ
商店街の中に高齢者ケアのためのさまざまな施設を埋め込み、日常生活の延長としてのリハビリテーションを実現させようとする案。空間的な新しさはそれほど感じられなかったため少票だった。しかし、高齢者が人口の多数を占め、介護や認知症の問題が日常化する日本の超高齢社会における福祉環境への新しい提案としてのリアリティが評価され、予選を通過した。

239[5票]阿佐ヶ谷住宅再計画案
建築家、前川國男によるテラスハウスで有名な東京の阿佐ヶ谷住宅の実際の建替え案に対し、これまでの豊かなコモンズ(住民共有の屋外空間)が喪失していることを問題視し、その再生を試みた提案。結局は以前の豊かな環境を超える提案にはなっていないのでは、ということで賛否はあったが、周辺の軸線などを設計に取り入れ、都市的なスケールから検討している点が評価され、100選へ。

268[5票]和風解体新書
モダニズム*1建築を代表するサヴォア邸、ファンズワース邸、落水荘に「和風」の要素を持ち込み解体する。サヴォア邸を畳敷きにしたり、ファンズワース邸に和小屋の屋根を架けたり、落水荘に建具を入れたり、それぞれの操作は些細なものであるため、本気でやっているのか、批評性を持つのか、と審査員の評価は分かれ、議論を呼んだ。最終的に卒業設計としてのオリジナリティが評価され、100選へ。

286[5票]残響がこだまする──人々の対話を機能とする建築
青森県弘前市の街の中から、雪かきのように、複数人で行なう手間が必要で、それによって人間同士のつながりを導くような要素を抽出。その要素をもとに、人と人の対話を生み出すような空間を目指し、最終的に

ボーダーラインを浮沈した36作品

審査員は総勢14人。歴代最多だった2017年の人数を更新し、多方面からの評価が反映される反面、昨年以上に票が分散した。投票後の審査員全員での巡回審査では、得票の多い作品に疑問が呈されたり、逆に得票の少ない作品に強い推挙の声が上がったりする。こうした意見をもとに再検討を経て、予選を通過する「100選」が決まる。
今年のボーダーラインも昨年同様、5票から6票の間だったが、評価は大きく入れ替わり、11票で落選する作品がある一方、3票で予選を通過する作品もあり、高得票作品の落選が目立った。以下、当落線上にあった作品の明暗について審査員がコメントする。

佃 悠(予選審査員)

凡例:ID番号[票数]作品名

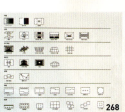    

駅舎という形で統合している。各部分の寸法には配慮が見られるが、構成された全体はちぐはぐに見えたため少票だったが、視点のオリジナリティとていねいなリサーチから意欲作として評価され、予選を通過。

309[5票]空白を紡ぐ街上都市
高さ制限から容積率制限への法規制の変化によって既存不適格建築物*2となり、建替えがままならず、不揃いな高さで林立する東京、銀座のビル群の上層部を活用する提案。地上52mから下の部分に布状の構造体を折り込むように配置し、ビル間の動線とすることで、ビル群の新たな一体性を生み出している。非現実的な提案で少票だったが、既存ビルに巻きつくような造形の新しさが評価され、100選へ。

365[5票]台風の目──地方中心市街地における新たな公共インフラストラクチャーの提案
衰退する地方都市の中心市街地を敷地とし、スクラップ・アンド・ビルドの建築*3ではなく、更新性のある公共施設を計画する提案。はじめに準備した土台となる「メインストラクチャー」と、あとから機能を可変的に付加することができる「サブストラクチャー」により構成している。一見して提案の新しさが読み取りにくく、少票だったが、地方都市の現状を鑑みると、この提案のリアリティは高く、実現の可能性の高い点が評価された。セミファイナルのディスカッション審査まで進んだ。

391[5票]Patch them on the new road！──東京都都市計画道路上における空き地の利活用と新しい街並みの提案
長い時間がかかる都市計画道路建設工事現場の周囲に現れる空き地に着目し、街並みと道路が一体感を持つような仮設複合ユニットと移動式劇場を作る提案。通常のように完成までの間、フェンスで囲って誰も使えない塩漬けの空間とするのではなく、その時間を生かして、新たな街並みをつくろうとしている。時間軸の各フェーズにおいてどのような方法で設計が行なわれたのかが、図面では把握しにくく、少票だったが、空間だけではなく時間を設計しようとする試みが評価され、予選を通過。

392[5票]大山詣、再。
神奈川県にある霊山大山を詣でる風習と、それにより発達した旅館街。近年衰退しつつある、この街の再生を目指し、人生の節目で大山に訪れる機会を提案するとともに、新しい商店などを持ち込むことで現代版の大山詣でを実現しようとする作品。ていねいな敷地調査に基づき、山中の数ヶ所に計画の核となる建築を設計している。高低差のある敷地の特性をよく読み取り、敷地と建物との関係に十分な配慮のあることが評価され、予選を通過。

023[4票]北千住の創造性
東京、北千住の再開発地に大学のイノベーションセンターを持ち込み、古くからある高密度の街の中に賑わいが波及する場を設ける提案。北千住という高密度な場所に低密度な建物を提案しており、一見して敷地との関係がわかりにくいため、票が集まらなかった。実際、それについて議論もあったが、空間を媒体としながら、街に賑わいを生むという提案内容は評価できるとして選出された。

457[4票]MIYAZU Well-being Base ⇔ Sights Gallery──宮津の活性化に向けて地域の人と考えること
ていねいに積み重ねた地域の人たちからの聞取りをもとに、新しい公共施設を作ろうとする提案。住民の包括的な福祉拠点に観光客も訪れるギャラリーを併設し、地域内、地域と外部、地域と自然との間に新しい関係をつくり出そうとしている。一見しただけでは、普通の複合施設のように見えるため、票が集まらなかったが、リサーチをていねいに提案につなげている点が最終的に評価され、予選を通過した。

136[3票]出会いの犬築──アニマルシェルターの設計
犬のシェルターの提案。普通のペット共生建築に見えるため少数票だった。人間が使うことを想定したよくある空間に見えるが、犬だけが通れる空間を建物内に張り巡らせることで、日常性の二重化を設計しているようにも見える。今年は、動物や機械など、対象が人以外の建築をテーマにした提案が散見されたが、この作品は、従来のエゴイスティックな人間中心主義に対する提案を、現実的な空間として実現した点が、評価された。

編註
*1　モダニズム：産業革命以降、19世紀以前の様式建築を否定し、新たな社会にふさわしいものを求めて生まれた建築の考え方や様式。工業生産による材料を使った機能的、合理的な造形理念に基づく建築が生まれた。ル・コルビュジエ設計のサヴォア邸、ミース・ファン・デル・ローエ設計のファンズワース邸、F.R.ライト設計の落水荘はその代表的建築。
*2　既存不適格建築物：建築時点では合法に建てられたものの、その後の法改正などにより、現行法に対して不適格部分が生じた建築物。増築や建替えをする際には、原則、法令に適合するよう建築しなければならない。
*3　スクラップ・アンド・ビルドの建築：老朽化した建物を取り壊して、新しい建物に建て替える方法。使い捨ての更新方法の建築。

高得票（6票以上）で予選未通過　22作品

387[11票]pray──都市に潜む教会
横浜市の寿町にある空き地や駐車場などを統合した敷地での教会の提案。造形的な表現に主眼が置かれ、室内の空間性の高さが感じられたため、票を集めた。しかし、敷地に社会的な課題を見出しているにもかかわらず、提案から造形以上に内容の広がりを感じられなかった点が評価を落とした。建築を通して周囲の課題にどう対峙しているか、までを示せるとよかった。

005[10票]取り壊される地方商店街にスタジアムを挿入する──寺家町商店街再生計画
再開発のために取り壊される予定の商店街にスタジアムを創出し、街の新たな賑わいを生み出そうとする提案。中心部を芝生とし、その周囲に建物の一部をスタンドにした店舗を建設している。問題設定とアイディアのよさにより票を集めたが、突き詰めれば「客席を作る」提案に終始しているだけであり、評価を落とした。周囲の環境や既存の建物の状況を踏まえた多層的な提案があるとよかった。

135[10票]時の印
人口流出の波を受ける島根県の山間地域を敷地とした結婚式場の提案。大きくて美しい模型が目を引き、その造形力から票を集めた。しかし、敷地のもつ課題に対して建築がどのように答えているのかを提示していない点や、図式的に建物を構築しようとする設計方法が前時代的である点などが議論となり、100選とはならなかった。

001[9票]ぶどう荘──ぶどうの下に集まって棲む。
ニュータウン開発に取り残された敷地で、高齢化や後継者不足により今後の継続が危ぶまれるブドウ園を持続的なものとして計画しようとする提案。多様な構成の家族が居住する住まいを塔状に構成し、各建物をつなぐワイヤーを利用してブドウを育てる。プログラムをていねいに検討しており、構造や環境への配慮も見られ、票を集めた。しかし、既視感のある造形で全体をまとめてしまった点を強く問題視する声があり、選出とならなかった。

042[8票]まちに重なる等高線──農と場のマウントスケープ
地形によって行為が促されることや何らかの行為を人に促す環境をマウントスケープと称し、そのような環境を生み出そうとする提案。具体的には、学校だった敷地に残土を入手して「山」を作り、アグリカルチャー・センターを作る。一部は校舎の構造体を利用しているようだが、敷地全体に分散する建築群はどのようなルールで配置されているのか、それが作者の標榜する「マウントスケープ」をどのように実現しているのかが

判明せず、評価を落とした。そこまで踏み込んで提案できるとよかった。

346[8票]野島掩体壕博物館──山に刻まれた戦争遺産は再生する
戦争の負の遺産として残された、日常風景に溶け込むこともない掩体壕（えんたいごう）を保存し、戦争の記憶継承のための博物館を計画する提案。大きな模型が目をひき、票を集めた。戦争の体験型ミュージアムの提案は近年の出展作に多いが、そもそもこのような提案自体の是非を問う声があった。さらに、この作品は、光と壁だけで空間をつくろうとしているが、光を使うにしても、もっと多様な提案ができるのではないか、ということで評価を落とした。

355[8票]新宿ゴールデン街保存計画
戦後に形成され、今なお当時の面影を残す東京、新宿のゴールデン街の保存・更新計画。複雑な利権関係を整理する提案と、ゴールデン街を地下街延長計画と関連づけることで持続性を持たせ、防災面からの解決策も提案しようとする意欲作で、票を集めた。しかし、大掛かりな仕掛けを用いてバラック的なものを再生させる意味に対して疑問が上がり、共感が得られず、落選となった。

016[7票]ハレの櫓──集う仮設舞台装置的建築
愛媛県新居浜市に実在する祭を未来に受け継ぐための櫓の提案。目を引く模型で票を集めた。しかし、個々の櫓自体の設計練度が十分でないこと、櫓の造形自体に既視感があることなどが指摘され、100選とはならなかった。ディテール（細部）まで考慮してていねいに設計し、将来にわたって祭を受け継ぐための新しい提案が空間的にも示されているとよかった。

061[7票]TRINITY──建築による地形の再構築
臨海部に建つ美術館の計画。現代美術館の代名詞とも言えるホワイトキューブに異を唱え、建築の内部に地形を作るようにレベル差のある床面とし、展示室やシアターなどを兼ねる部屋が分散配置されている。造形力が感じられて票を集めた。しかし、形態造形の手法に既視感がある点と、大空間の設計で重要な屋根の架構を省略して設計している点が、評価を下げた。

134[7票]都市の血管
東京の日本橋周辺の首都高速道路の再利用計画。今回の出展作に多数見られた、土木構造物に対してどう対峙するかという提案の1つ。模型や図面がていねいに作られており、票を集めた。しかし、高架道路を活用する提案としては、ハイライン*4など、既存の事例を超える新しいアイディアが見られないことや、日本橋という歴史があり、東京の顔とも言える場所にふさわしい空間となっているとは言えないのではないか、という議論があり、選出されなかった。

199[7票]触楽浄土──肌理のフロッタージュによる記憶の集積・千住柳原の高齢者施設

通常の福祉施設に多い、全体的にフラット(平滑)な物質で構成された空間への問題提起。施設利用者の触覚に訴える壁の肌理に着目し、地域のさまざまな場所のフロッタージュ*5による壁と、壁や床のレベル操作により新しい老人ホームを計画しようとする作品。「触覚に訴える」という目のつけどころはよく、票を集めたが、結局、内容が壁紙の提案でしかない、ということで評価を落とした。触覚の世界を扱うのであれば、各部の寸法と結び付いた、より深い内容の提案が可能だったのではないか。

277[7票]0.15の境界

東京の北品川にある京浜急行の線路と住宅街に挟まれた細長い三角形の敷地に、通過する電車から見える風景から東京の原風景を再構築しようとする提案。路地や袋小路、原風景、電車などさまざまな言葉が並ぶが、それが最終的にどのように空間として統合され建築化されているのかが不明なこと、また、敷地や壁とプログラムとの関係が不明瞭なことから、選出には至らなかった。

394[7票]小さなベクトルの交流──大都市におけるOSの形成

歩行者主導の空間の実験として、近年開発が進む大阪の「うめきた」敷地内に待合空間をつくる計画。しかし、ランドスケープ的(地形と一体的)な提案にも関わらず、用いる空間の言語は、レベル差、素材、光といった人間の身体寸法に近いものや抽象性の高いものに留まっていたため、巨大な構築物として作られた空間に説得力が感じられなかった。加えて、プログラムに対する空間の必然性にも共感が得られなかった。

425[7票]がらんどう

東京の谷底地形の最下部にコールテン鋼を二重に巻いた構造物を置き、金属板の間にできる空間に保育施設を設ける提案。独自の表現で票を集めた。ミヒャエル・エンデ著『モモ』からのインスピレーションを示唆しているものの、建築形態と物語の関係が判然とせず、『モモ』であることによる空間の帰結に共感できなかった。『モモ』自体のおもしろさにも太刀打ちできていないのではないかという声もあった。

078[6票]Art Harbor──造船所跡地の再編

アートで街興しを目指す大阪市住之江区北加賀にある造船所跡地のドックを活用して、展示施設とアーティストの活動空間を設ける提案。臨海部とアートを人々にとってより身近なものとすることを目指している。ドックに設けられた展示施設の空間には可能性が感じられ票を集めたが、展示施設と活動施設を異なる造形にした意図が不明な点や、近年、増加しているドックを活用する出展作の中で、際立った特徴が感じられなかった点が評価を落とした。

083[6票]圕──余白のためのプロトコル

人が「居る」ための空間として、街中(まちなか)に図書館を組み込み、結果的に、図書館的な居心地のよさを持つ街にしていくという計画。抽象的な概念を検討して、デザインのプロトタイプ33を作り出し、それをもとに5カ所に空間を設計している。リサーチ結果をもとに空間として設計する過程はダイアグラム(図式)的な操作の延長に過ぎず、実際には心地よい空間になってないのではないか、という意見があり、選出とはならなかった。

096[6票]bit wall city──広告の舞台と消費者が出会うとき

東京、渋谷のスクランブル交差点に面して建つオフィス・商業複合施設の提案。床面積ではなく広告面積を賃料の基準とし、下層は小規模なショップ、上階にいくほど大きな広告へ資金を投じられる企業の入居を想定している。広告面の大きさの変化で外観の形態も変わる、とする点には工夫が見られ票を集めたが、以前から繰り返し提案される、都市部における広告を媒体とした建築提案との違いが判然とせず、選出とはならなかった。

101[6票]拝啓○○様. ──時に囲まれたあなたの居場所

埼玉県の川越が対象地。伝統的な街並みの残る観光地としての需要が高まり、地域住民の生活が脇に追いやられてしまった街を、住民の生活環境として再興するために、街区内に住民のための施設を建設する計画。地域に住む多くの人の声を拾い、写真日記という手法を用いてそれぞれが持つイメージを分析した部分が評価された。しかし、分析結果をもとに設計するための方法論が示されていないため、リサーチから建築への展開が見えず、選出とはならなかった。

105[6票]史記祭の遊歩道──インポートされた長崎文化

長崎の祭を中心とする歴史や文化を継承していくための文化施設。大きな帯状の造形が重なり合う形態は目を引き票を集めたが、建築として現出させるに至ったアイディアが提示されておらず、評価を下げた。プランやプログラムの具体的な検討、提案した構造方式を可能にするエンジニアリングの提案があるとよかった。

113[6票]Runway──街の高揚

陸上自衛隊立川駐屯地の滑走路に隣接して大きな屋根の架かった半屋外空間を設けることで、単なる大きな空き地として街の中に存在する滑走路を日常的に役立つ公共空間として活用する提案。敷地選定の着眼点はよく票を集めた。しかし、滑走路との関係が最重要なポイントになるはずだが、提案された建築の敷地は滑走路に一部接するだけで、空間的な相互関係の弱い点が評価を下げた。提案には可能性があっただけに残念だった。

175[6票]揺蕩う、余白の時間──書にもとづく流動的建築

書道の永字八法*6をもとに、8つの形の要素をもつ形態となるように立ち上げた壁を分散配置して、全体の空間を構成している。しかし、形態操作や平面計画のダイアグラム(図式)的な検討に終始しており、プラン(平面計画)の検討が不十分な点と、光の操作をテーマとして挙げているにもかかわらず、屋根の形態や素材の検討が見られない点で、評価を落とした。

435[6票]やさかガッコウ──縮小する町で最後まで存続するガッコウの提案

過疎の集落で廃校となった小学校を復活させることで、再度、街のシンボルとなるような建築を作ろうという提案。集落を分断するように横切る線路上に建築を建てることで、線路の両側の集落をつなぐ役割も果たす。荒唐無稽な提案ながら、プランニングをしっかり検討しているように見受けられたため票が集まった。しかし、実際には、長いだけの建築空間に過ぎず、集落との関係についても、単につないだだけではないか、という指摘があり、評価を下げた。建築と集落をつないだことにより発生する効果にまで言及できるとよかった。

編註
*4 ハイライン:アメリカ合衆国ニューヨーク市で、廃止されたニューヨーク・セントラル鉄道の支線の高架部分を転用して建設された線形の都市公園(2009年)。
*5 フロッタージュ(frottage):表面が凸凹した物の上に紙を置き、上から鉛筆などで擦って表面の模様を写し取る技法やこの技法で制作された作品。シュールレアリスム独特の技法。
*6 永字八法:漢字の「永」に含まれ、すべての文字に応用できる、書の基礎となる8種の運筆法。点、横画、縦画、跳ね、短横画、左へのはらい、左への短いはらい、右へのはらい、の8種。

2018 予選の「いいね」

セミファイナル、ファイナルの審査員を除いた予選審査員に、予選の投票を終えた後、今年の出展作品の中で気になった作品を3つずつ、投票とは無関係に挙げてもらった。2018年の出展作品の傾向と審査に対する予選審査員それぞれの視座がうかがえる。

＊SDL＝せんだいデザインリーグ 卒業設計日本一決定戦

小野田 泰明

モダニズムのこれから

▪全体の感想：プレゼンテーション（模型、図面、パネル）
SDLのような場があることで、出展者たちの表現は年々うまくなっている。サーベイ（調査）をしっかりやって、街（提案建築の周辺）のスタディ模型を作り、そこに木質系の造形物を端正に埋め込んだ低層系の作品が多かった。その中に昨年まで少なかった、荒唐無稽とも言える雄々しい模型が散見されたのは印象に残った。こうした学生ならではの作品とまじめな作品が、いいバランスで見られたのが今年の特徴かもしれない。

▪3作品を選んだ理由：
現代の建築が模索する「モダニズム*1のその後」や、レジェンド（記念碑的建築）として歴史化した建物を次の時代を背負う我々はどう扱うべきか、という問題に加えて、モダニズムが積み残した問題に取り組んだ3作品を選択した。それぞれのアプローチが興味深い。

033 﨑元 誠　九州大学
かつて神殿だった上物たちへ
モダニズム建築を再生して、ていねいに現代社会の中で位置づけようとする姿勢を評価した。歴史的建造物として知られ、周囲に対して閉じられていた九州大学の大講義室を、中外反転の発想で、人々が自由に出入りできるパブリックな場所として再生。屋上に残されたレンガ建築は、人々の懐かしい記憶とともに建物自体の歴史的価値を象徴している。

097 矢吹 拓也　神奈川大学
INTERMEDIAR SPACE
——現実空間と仮想空間を繋げる媒介空間の提案
我々は、バーチャルとリアルの空間を揺れ動きながら生活しているが、双方の空間は交わることがない。バーチャルな空間が拡大し、リアルな空間以上に価値を持つようになったモダニズム以降の時代をどうやって生きるか、を模索し、「希望の建築」を提案。モダニズムが積み残した問題をまじめに解こうとしている点を評価した。

253 松本 悠以　滋賀県立大学
死離滅裂——死者と自然と生きる都市
雄々しくて、荒唐無稽な作品の最も極端な例。近代の超高層建築をどう始末するかという課題に対し、有名な超高層建築を玩具のように扱ってパロディ化し、巨大な墓場、鎮魂のミュージアムとして提示している。少々やりすぎの感はあるが、モダニズムがすでに歴史化したという状況に敏感に反応し、シニカルな提案をしている点が学生らしくておもしろい。

編註
＊1　モダニズム：本書37ページ編註1参照。

033

097

253

Photos except as noted by Toru Ito, Izuru Echigoya.

小杉 栄次郎

造形的な魅力

■全体の感想：技術（設備、環境、エネルギー）
設備や環境をテーマにした作品は少なかった。技術的な分野にまで踏み込んだ提案も見られたものの、踏み込み方の甘さが目立った。提案するなら、もっときちんとリサーチをしてほしい。浅い知識をもとに提案するぐらいなら、他の得意な部分でもっとがんばってほしい。

■3作品を選んだ理由：
全体的にまちづくりや都市計画的な視点からの提案が多く、造形や意匠の面から見ると寂しかった。それで、造形的な魅力を出そうとしている作品を選んだ。やはり、建築には、気持ちいい、居心地がいい、恰好いい、という点が重要だ。

385 丸山 泰平　法政大学
3+1町家──地方中心市街地における町家の再編
町家の作り方のアイディアとして、リアリティがある秀作。町家の建て込んだ街区の再生計画として、家4軒を3軒+1軒と考え、1軒分を共用スペースにする提案だ。従来は仕切りでしかなかった住戸の境界に幅をもたせることで、境界部分が通り抜けられる路や共有スペースになる。造形のレベルが高く、いろいろな住まい方が容易に想像でき、住んでみたいと思った。システムの提案としてすぐれているので、「僕だったら、こうしたい」と他の人に考えさせてくれる。

387 東瀬 由佳　東京都市大学
pray──都市に潜む教会
やや物足りない面はあるものの、街の中で虫食い状に空き地になった場所に、人々の集まる場所をほどよいスケール感で挿入する提案。小さいながらよく考えていて、造形面でもがんばっている。手法に既視感はあるものの、3道接道の多方向に人々が通り抜けられるようになった空間の居心地のよさ、空間的な魅力が想像できる。作者が好きなことをやったんだな、という点でも好感を持った。

456 宮﨑 昂太　立命館大学
**瑞雪のクレバス
──雪の堆積場をキャンバスとしたアートプレイス**
ランドスケープ（地形や自然）と建築を上手に組み合わせ、北海道の大地に美しい景観を生み出した提案。雪景色が美しいだろうと想像した。デザインの詰めは甘いが、自分のコントロールできる範囲でランドスケープと建築を一体的にデザインしているところに好感を持った。ただし、アートプレイスなら、どんな建築でも成り立つ。形態と連動するプログラムを選定して、設計してほしかった。

385

387

456

齋藤 和哉

価値の転換

■全体の感想：ビルディングタイプと敷地選択
大規模開発的な作品は減り、ここ数年は小規模な建築をあるシステムに紐付け、それを地域に展開していくネットワーク型の作品が増えている。また、東日本大震災から7年が経ったためか、震災復興系の作品は影を潜め、学生の被災地への関心の低下をヒシヒシと感じざるを得ない。しかし、日本列島を毎年のように見舞う自然災害をテーマにする作品がなくなることはなく、そうした作品が力強いメッセージを発信しているようにも思えた。

■3作品を選んだ理由：
日常的に存在する現象や物たち。それらを通常と異なる角度からとらえることで、従来の価値を転換させようとしている3作品を選んだ。常に疑問を持ち、思考し続けること。その行為こそが我々が創造的であるための唯一の方法だと思っている。

115 平井 未央　日本女子大学
縁の下のまち──基礎から導く私有公用
平成16年7月福井豪雨で床上浸水の被害を受けた住宅地を再構築するため、地域全体で住戸の基礎構造（＝1階／以下、基礎）を開放し、地域住民をはじめとするみんなでそのスペースを共有しようという作品。普段は隠れてしまうが、建築のベースである基礎の可能性を積極的に追い求めているところを評価した。しかし、せっかくアクリルパイプという新しい要素を手に入れながら、従来型の壁や屋根などに置き換えるだけで、建築的概念の更新につながっていないのが残念だった。

310 中村 靖怡　芝浦工業大学
となりのミニダム
雨水を構造体に貯水し可視化させることで、東京都墨田区の木造住宅密集地域における防災意識を高めようとする作品。地上貯水槽＝アクリルパイプが建築を支える構造であり、熱環境を調整する設備にも兼ねるという考え方がおもしろい。しかし、せっかくアクリルパイプという新しい要素を手に入れながら、従来型の壁や屋根などに置き換えるだけで、建築的概念の更新につながっていないのが残念だった。

363 山本 黎　明治大学
嶽──富士山をリノベーションする
目に見えない独特な気候の変化を8個の建築を通して顕在化させ、登山者に富士山をより知ってもらうという作品。微細な気候状況を読み解いた上で、1つ1つていねいに設計し、建築の可能性を広げようとしている姿勢に心ひかれた。ただし、それらをつくることで富士山全体がどうなるのかを、もっと明確に描くことが必要だった。

115

310

363

櫻井 一弥

作者のメッセージ性

- 全体の感想：技術(構造、規模、材料)
新しい技術に対して敏感に反応し、柔軟に受け取る作者の度量の大きさを感じる作品が多くなっている。AI(人工知能)や自動運転技術などを取り入れた作品の中には「建築を変えていく」という自負と説得力を持つものもあった。

- 3作品を選んだ理由：
人が普段考えないようなテーマを発見して取り組んでいるもの、利用する人の生活が変わる可能性を感じられるものなど、作者のメッセージが聞こえてくるような作品を選んだ。

008 高木 駿輔　東京都市大学
稲田石切山脈──採石場跡地の崖に建つ建築
茨城県の稲田石採石場跡地で、「投入堂」のように崖に建物を挿入している。模型を見ると、切り立った崖地と建物の構成、形態に美しさを感じる。建物を石切り場にはめ込んだだけとは言え、産業遺産としての魅力を最大限に引き出し、驚くような光景をつくり出している。

045 長谷川 清人　琉球大学
お墓の終着点──「無縁仏」となる墓石の行方
使われなくなった墓石をどうするか、という課題に取り組んだ提案。墓地や斎場などを扱う場合、死をテーマに取り上げた作品が多い中、単刀直入に無縁仏になった墓石の問題に向き合う作者の姿勢に驚きつつも、興味を感じた。設計したのは墓石を破壊する施設である。「不謹慎」という謗りは免れないが、「放置された墓石をどうにかしたい」という思いに基づいた結果として評価。

218 稲垣 知樹　法政大学
Park(ing) city
──建築の自動走行化による駐「者」場の提案
建築が動き「駐車」ではなく「駐者」する。作品名は、アーキグラム*2の『Walking City』を彷彿とさせるが、彼らの取り上げた都市や街ではなく屋台のようなユニットが自走して、人が待つ「駐者場」にやって来るという提案だ。人が居住するために土地や建物を取得するのではなく、必要な建物が人のところへ来るという発想は、従来の動産、不動産所有の意識を解体している。近未来に実現可能と思われる提案に先見の明を感じた。

編註
*2　アーキグラム：1960〜70年代イギリスで活動した前衛建築家グループ。仮想プロジェクトを雑誌『アーキグラム』など紙媒体を中心に発表した。グラフィカルな表現は、さまざまなメディアに影響を与え続けている。

008

045

218

佃 悠

個から建築を考える

- 全体の感想：空間のつくりかた
グリッド(格子状の基準線)を使うなど単調でわかりやすい、オーソドックスな手法から発想している空間提案が多かった。また、既視感のある空間を提示した作品が多く、新しい空間形態や体験を模索する作品が少なかったのは残念だった。

- 3作品を選んだ理由：
個から建築を考えている3作品を選んだ。高齢者や若者の単身者を取り上げ、個人と公の関係について将来像を含めて提案している住宅2作品と、個の身体的な部分に着目し、個と自然との向き合い方に取り組んだ1作品である。

244 小西 隆仁　千葉大学
コの器──個と孤の社会×まちを纏う器
1人暮らしの高齢者が増加する下町を敷地とし、彼らが今後もそこで住み続けていくために、血縁のない新しい家族と場所を共有する街を提案。塀や植栽などの街の要素を住宅と一緒に計画し、街に対して開いた「個」のあり方を考える。周辺に他の家族の住処を配すなど、血縁のない家族とのつながり方を再考し、新たな異世代ミックスの暮らしにどう建築が関われるかを模索。また、増改築により将来にわたって人々が住み続けられる、という住宅の可能性を提示したところを評価した。

361 百武 天、大木 玲奈、路越　早稲田大学
心象の庭
都心に暮らす単身の若者向け集合住宅の提案。随所に屋外空間を挟んだ配置計画で、個人間の距離感を調整する。単なる記号としての庭ではなく、風や光に関するシミュレーションをもとに、居心地のよい庭を具体的に提案しているところがよい。建具などで、他人との距離のとり方も具体的に検討している。今の学生たちが感じている、都市に単身で住まう時の心地よい他人との距離感のリアルなモデルができているのではないか。

395 殿前 莉世　日本女子大学
堆積の器──身体や時間のものさしとなる建築
地形全体を考えたランドスケープ的な提案。円形の公園に作ったさまざまな段差が空間の区切りとなり、人が座ったり、コンサート会場になったり、多様な場所を提供する。自分の身体に基づく感覚や寸法をもとに、他人や自然とのつながり方や距離のとり方を考え、自分自身と他人やまわりの環境との関係をつくり直している。「段差」を使った単純な操作だけで、ダイナミックな空間と体験を提案しているところを評価した。水や土木計画を含めた提案には無理をしたものが多いが、無理のない設計になっているところがよい。

244

361

395

41

土岐 文乃

明確な課題と解決策

■ 全体の感想：造形の傾向
東日本大震災後は、集落や景観など環境に関わる提案が多くなった。こうした提案は、社会的な視点を持つという意味で評価できる一方、環境面に寄り過ぎるあまり建築自体の存在感が弱いという傾向が否めなかった。しかし今年は、複雑で密度の高い、建築にしっかり取り組んだ作品が増えた印象だ。空間をきちんと見せようという意識の高さも感じられる。ただし、建築の持つ批評性が何に対して向けられているのか、が曖昧な作品が多いのは残念。テーマが明確で、他者が共感できる提案の増加を期待したい。

■ 3作品を選んだ理由：
それぞれテーマは違うが、いずれも何を問題としてその解決策を提案しているかが明確な作品を選択した。建物としておもしろくても、他者が共感できる作品でなければ意味はない。それぞれのテーマに沿った空間表現ができている作品を選んだ。

077 鮫島 卓臣　慶應義塾大学
蟲の塔
東京、銀座の一角に昆虫を呼び戻そうという衝撃的な作品。人工的に環境をつくってもすぐに昆虫が集まるわけではなく、生態系を完成するには段階を踏むことが必要なため、「蟲の塔」完成までのプロセスを5年ごとに提示している。単なる空想的な理想空間としてではなく、銀座という都市化された空間の中に高密度に作り込まれた一局集中の異空間としてクリティカル（批評的）に見せている点を評価した。

155 西本 光　金沢工業大学
治具ノ家
特徴的な建築からサンプリング（採集）した要素を組み合わせて空間をつくるという手法は珍しくないが、この作品は北海道、東京、金沢の3つの住宅を並べて地域による違いをわかりやすく見せている点を評価した。同じ1つの箱型の家をベースとして、それぞれの地方特有の建築的な操作を加えて、家を作る。できた家を並べると、これだけ大きな違いがあることを率直に表現している。

320 盛田 瑠依　東京理科大学
私たちの居場所
なだらかな斜面が広がるランドスケープ的な（地形と一体になった）墓地。既存の地形や樹木をそのまま生かし、木々を縫うように、墓を安置した建物を配置し、来訪者は公園を巡りながら、墓に参る。コンパクトな墓は、格子状に仕切ったさまざまな高さの壁（棚）に、それぞれ安置され、その壁に囲まれるように人々の集う空間がある。暗いイメージになりやすい墓地を公園のような明るい空間として提案している点に好感を持った。

077

155

320

西澤 高男

提案の背景とアプローチ

■ 全体の感想：材料や色彩、デザイン性
建物を完成させる設計でない提案を中心に、従来の木、鉄、コンクリートなどの材料を前提としない仕様が増えているように感じた。その反面、廃材の活用、新素材の開発、CO_2排出コントロールなど、環境マネジメント*3の運用につながるような提案があり、環境問題に対する建築家の職能に踏み込んだ着眼点に、意識の高さを感じさせられた。

■ 3作品を選んだ理由：
提案の背景となる環境や状況をどのようにとらえて建築にアプローチしているか、という観点から、発想やテーマを上手に空間に昇華できたもの、リアルな視点があるもの、さらに「したたかさ」が感じられるものを選んだ。

089 芳賀 耕介　東北芸術工科大学
うつろうもの──衰退するまちに寄り添う建築
衰退していく住宅地の姿の描写。建物を「移ろうもの」「虚ろうもの」「映ろうもの」としてとらえている。そこには時間の流れが秘める詩的な美しさ、衰退し消失する家並みの風景がある。人口減少や空き家問題を扱った提案は多くあるが、この作品は問題解決ではなく情景描写に徹しているところを評価した。現在の状況変化と未来の姿をリアルに描いている。

171 黄 起範　日本大学
塵海の廻都──海洋ごみで成長する洋上都市の提案
建築素材として、海洋汚染の原因である廃プラスチックに着目しているところが興味深い。廃プラスチックを素材にした建築は新しい発見と言える。廃材を利用した建設工事は、環境問題を可視化しながら解決できるのではないかという期待につながる。洋上都市の実現に向けて、作者はさまざまな調査、検証を繰り返す。そのプロセスには、乗り越えるべきさまざまな問題が待ち受けているが、素直に応援したい魅力がある。

282 松井 裕作　日本大学
解体の庭──家の集合体から部屋の集合体へ
既存の住宅自体を素材として、解体や改修により部屋同士の新しい関係をつくり出す。模型を見ると、空間のつながり方から新しい居住形態がイメージできる。大工と住人が直接やり取りしながら改修工事をするDIY的手法は、実現すれば楽しそうだ。安全面への配慮が必要だが、居住しながら進める工事は、古いようで新しい可能性に富む提案。

編註
*3 環境マネジメント：企業などが自主的に環境保全に関する取組みを進めるにあたり、環境に関する方針や目標を自ら設定し、これらの達成に向けて取り組んでいくこと。

089

171

282

福屋 粧子

周辺状況を反映

- 全体の感想：課題の設定や問題点の抽出の仕方
現代の社会問題に取り組んだ作品は増えているものの、周辺の地域や状況と切り離された建築単体の提案が多い。

- 3作品を選んだ理由：
周辺の状況をしっかり読み解いて、それを設計に反映している3作品を選んだ。

009 楊 光耀　東京大学
復刻都市
高速道路の建設現場で発見された遺跡群という、都市では忘れ去られた場所を対象にした提案。建築計画の前段階の問題に着目し、発掘と土木計画的な解決方法を読み解きながら、遺跡発掘から高速道路ができるまでのプロセス自体をデザインしているところに興味を持った。棚の上下に並べた模型展示は、時間の流れをわかりやすく見せ、現場を訪れた気持ちにさせてくれる。土木計画を含めた提案は巨大スケールになりやすいが、この作品は手触り感があり、遺跡と現代建築との時間を超えたコラボを提案している点がよい。

118 山口 大輝　近畿大学
ファサードの転回による都市風景の再編計画
建物の内部ではなく、俯瞰した視点で都市の風景のデザインを考えた作品。大阪の福島の景観のおもしろさは、建物の1階のファサード（建物の外壁面）がテナントの入替りなどで移り変わることにあるという観点で、街のファサードを丹念に記録した。1階ファサードのデザインを上階や左右隣に展開することで、この街の特徴を増幅させたいという提案だ。今あるものを組み替えるだけでおもしろいものになる、という視点を評価した。

330 笹谷 匠生　関西大学
話クワッチィ
場所性を示す沖縄の方言をもとに空間を設計した作品。パネルがよい。文化を考えて建築を設計する姿勢を評価した。たとえば、沖縄方言の「オトウリ＝回し飲み、がぶ飲み」には、「オトウリ」をする場所を設計する、というように、それぞれの言葉に応じた空間を設計し、それを組み合わせて配置した住宅を作り上げた。沖縄の方言をしっかりリサーチして収集している点も高評価。方言には、確かに地域性が宿っている。

009

118

330

本江 正茂

動物とのつながり方

- 全体の感想：イベントとしての評価
応募総数は例年並みをキープしており、変わらずにみなさんが情熱をもって参加していることを喜ばしく思う。イベントの準備についても、運営側の仕事の精度や効率は毎年、着実に上がっている。現状維持だけでなく、さらなる改善を進めている点を評価したい。学生団体が主催する先駆的な試みとして始まったSDLも今年で16年、一般市民にもおもしろく見てもらえる貴重なイベントとして定着してきたという手ごたえを感じている。

- 3作品を選んだ理由：
通常、建築は人間のためのものだが、犬や鹿などその対象を拡張したりずらしたりしている作品を選んだ。高齢者や子供、ハンディキャップのある人など、包摂的な社会に必要な空間像を考える上で必要なトレーニングだと考える。

136 鈴木 麻夕　東京理科大学
出会いの犬築──アニマルシェルターの設計
動物の中でも、とりわけ人と共生してきた歴史の長い犬を対象として、その習性や特性に応じた空間を検討している。対象が猫だとしたら、高い所に登るなど、また動きが異なってくるだろう。ドッグランにつながる犬専用の通路など、犬の動線や視点から、都市空間の中で犬と人間がどう共存していくかに取り組んでいる点がおもしろい。

198 鈴木 由貴　東京理科大学
まちの○○寺──白金台の子供・犬寺
犬と子供の寺。昔ほどパブリックスペース（公共空間）としての役割を果たさなくなった寺の境内を、住民同士がつながる出会いの場所にしようというアイディア。犬や子供が介在すると、見知らぬ人同士のコミュニケーションが促進される。空間的な道具立てだけでなく、子供を対象にした空間づくりが今日的な課題につながり評価できる。

272 斉藤 知真　信州大学
6話の狩猟物語
狩猟のための空間。近年、これまでうまく棲み分けられてきた動物と人間の領域の関係が単純ではなくなり、野生動物と文明都市社会の接点をつくる必要が出てきた。建築による解答として提示された、領域を隔てるシシ垣**と狩猟施設の融合という視点が鮮やか。綿密に考えられた鹿肉の処理スペースなども秀逸で、よく練られた建築も評価できる。

編註
*4　シシ垣：古来より山林と農地の間に石や土などで築かれた、害獣の進入を防ぐ垣。西日本に多い。

136

198

272

43

PROCESS_2

Semi-Final Round

セミファイナル

01_ Group
グループ審査

02_ Discussion
ディスカッション審査

100→37→10

2018.03.04.AM
せんだいメディアテーク
5・6階ギャラリー、6階バックヤード

セミファイナル審査では、午後の公開審査(ファイナル)のステージに立つ10組を選ぶ。2016年より審査方法が変更され、グループ審査とディスカッション審査の2段階を経て、ファイナリストを選出することになった。また、セミファイナルとファイナルは同じ審査員が務める。
最初のグループ審査では、6人の審査員を2人ずつに分けた3グループと審査員長、計4グループに分かれて審査する。先の3グループは、前日の予選を通過した100作品(100選)を3分割し、それぞれ1/3ずつの作品を分担して審査し、各50作品を選出。各グループごとの選出作品には、上から松竹梅の3段階で評価が付けられる。審査員長は、予選通過作品を中心にすべてを審査し、10作品をめやすに選出する。
審査員4グループは、それぞれアテンドする学生スタッフと担当アドバイザリーボードの案内で、せんだいメディアテークの5・6階に分かれた展覧会場内を巡回。担当する作品を確認しながら審査を進めた。作品選出を終えた審査員は、昼食の時間を利用して、アテンドする学生スタッフの案内で担当以外の出展作品をすべて一通り確認した。
全グループの選出作品の集計がまとまると、6階バックヤードで、セミファイナル最終審査過程であるディスカッション審査が始まった。まずは各グループごとに選出作品のプレゼンテーション。続くディスカッションでは、床に並んだポートフォリオを囲み、司会が審査員たちに話題に上った作品のポートフォリオを見せながら審査が進む。この様子が市場のセリを思わせることから、「セリ」と呼ばれる。今年は、各グループが選出した計35作品に、各審査員による追加推薦の2作品を加えた合計37作品を対象に、全審査員での審議を経て、ファイナリスト10作品が選出された。

01_グループ審査
グループ_1:赤松 佳珠子 + 辻 琢磨
グループ_2:磯 達雄 + 五十嵐 淳
グループ_3:門脇 耕三 + 中田 千彦
グループ_4:青木 淳(審査員長)

02_ディスカッション審査

セミファイナル審査員

青木 淳(審査員長)　赤松 佳珠子　磯 達雄　五十嵐 淳　門脇 耕三　辻 琢磨　中田 千彦
司会:本江 正茂

＊アドバイザリーボード＝本書5ページ編註1参照。
Model photos by Izuru Echigoya + Sendai Student Network of Architecture and Urbanism.
Photos except as noted by Toru Ito, Izuru Echigoya.

表1 セミファイナル 作品選出結果

予選得票	ID	氏名	学校名	松 赤松・辻	松 磯・五十嵐	松 門脇・中田	竹 赤松・辻	竹 磯・五十嵐	竹 門脇・中田	梅 赤松・辻	梅 磯・五十嵐	梅 門脇・中田	青木	追加推薦
14	077	鮫島 卓臣	慶應義塾大学	●									▲	
14	168	髙橋 万里江	東京都市大学									●	▲	
14	211	鳥海 沙織	東京理科大学		●									
14	316	吉川 新之佑	慶應義塾大学											
13	249	木下 規海	慶應義塾大学											
13	282	松井 裕作	日本大学					●						
13	363	山本 黎	明治大学						●					
12	118	山口 大輝	近畿大学			●								
12	272	斉藤 知真	信州大学											
12	360	渡辺 顕人	工学院大学						●				▲	
12	400	杉山 拓哉	千葉大学											
11	012	豊 康範	九州産業大学					●					▲	
11	036	谷繁 玲央	東京大学	●									▲	
11	085	木村 愼太朗	日本大学											
11	088	毛利 友紀野	立命館大学						●					
11	094	岸本 淳之介	東京都市大学						●					
11	109	森下 啓太朗	近畿大学											
11	115	平井 未央	日本女子大学					●						
11	131	西丸 健	芝浦工業大学										▲	
11	155	西本 光	金沢工業大学						●					
11	171	黄 起範	日本大学	●										
11	182	稲田 浩也	京都大学											
11	364	三浦 健	京都大学											
11	388	池田 匠	工学院大学											
11	395	殿前 莉世	日本女子大学										●	
10	033	崎元 誠	九州大学										●	
10	122	岩波 宏佳	新潟工科大学					●						
10	145	池田 光	日本大学				●							
10	174	須藤 悠square	東北大学									●	▲	
10	243	福井 美瑛	富山大学											
10	253	松本 悠以★	滋賀県立大学											◆
10	273	能村 嘉乃	京都工芸繊維大学											
10	333	丸山 郁	愛知淑徳大学											
10	347	原 寛貴	東京電機大学											
9	019	伊藤 克敏	京都大学											
9	080	小林 稜治	立命館大学											
9	107	小室 昂久	日本大学											
9	112	紫村 耀	京都工芸繊維大学						●					
9	196	藤本 佳奈	明治大学										●	
9	227	柳沼 明日香	日本大学	●										
9	242	奈木 仁志	大同大学		●									
9	317	鶴田 叡	東京都市大学											
9	330	笹谷 匠生	関西大学				●							
9	437	木村 太亮	東京大学											
9	454	児玉 美友紀	芝浦工業大学					●						
8	008	高木 駿輔	東京都市大学											
8	031	住司 峻	東京都市大学											
8	047	齋藤 裕	信州大学		●									
8	052	齋藤 翔太	立命館大学											
8	076	尾上 一輝	京都建築大学校											
8	097	矢吹 拓也	神奈川大学											
8	141	平松 建人	東北大学											
8	178	植月 京甫	工学院大学											
8	184	田中 俊平	東京造形大学											
8	218	稲垣 知樹	法政大学											
8	297	藤城 太一	名城大学										●	
8	322	本田 偉大	日本大学					●						
8	349	筒井 伸	信州大学					●						
8	378	深津 聡	明治大学											
8	385	丸山 泰平	法政大学											
8	414	加賀 精一	京都大学											
8	427	岡倉 愼乃輔	金沢工業大学											
8	455	中村 圭佑	日本大学											
7	025	福留 愛	熊本大学											
7	027	勝山 滉太	東京理科大学											
7	082	日下 あすか	工学院大学											
7	087	井上 雅也	神戸芸術工科大学											
7	144	楊 翊呈	東京理科大学											
7	177	櫻井 友美★	千葉工業大学											◆

予選得票	ID	氏名	学校名	松 赤松・辻	松 磯・五十嵐	松 門脇・中田	竹 赤松・辻	竹 磯・五十嵐	竹 門脇・中田	梅 赤松・辻	梅 磯・五十嵐	梅 門脇・中田	青木	追加推薦
7	187	江頭 樹 / 阿南 朱音 / 柳生 千晶	早稲田大学											
7	188	粟野 創	関東学院大学											
7	198	鈴木 由貴	東京理科大学											
7	207	北沢 汐瀬	日本大学											
7	231	朝永 詩織	大阪工業大学								●			
7	310	中村 靖怡	芝浦工業大学											
7	361	百武 天 / 大木 玲奈 / 路越	早稲田大学											
6	004	小嶋 一耀	慶應義塾大学											
6	009	楊 光耀	東京大学					●					▲	
6	022	二上 和也	東京大学											
6	037	髙藤 友穂	近畿大学								●			
6	193	塩真 光	九州産業大学											
6	213	細浪 哲也	立命館大学											
6	250	渡辺 琢哉	東北工業大学											
6	303	山本 帆南	名城大学											
6	306	大杉 亮介	千葉大学											
6	311	石井 康平	千葉大学											
5	179	谷越 楓	東北大学											
5	190	泉本 淳一	大阪大学											
5	216	加藤 弦生	北海学園大学					●						
5	226	矢尾 彩夏 / 木内 星良 / 鈴木 奈実	早稲田大学											
5	239	細谷 メリエル	京都造形芸術大学											
5	268	筒井 魁汰	東京都市大学											
5	286	工藤 滉大	芝浦工業大学											
5	309	汪 芸佳	慶應義塾大学											
5	365	太田 孝一郎	東京理科大学									●		
5	391	長谷 光	東京藝術大学											
5	392	青山 実樹	東京電機大学											
4	023	江口 哉子	奈良女子大学											
4	457	吉川 紳	京都工芸繊維大学											
3	136	鈴木 麻夕	東京理科大学											
5	212	葛西 瑞季★	昭和女子大学										●	

				3	3	3	3	4	4	4	3	3	11	2
合計作品数				9			11			10			5*1	
ディスカッション審査対象作品数				37										

凡例：
* ░欄は赤松・辻グループの担当34作品
* ▓欄は磯・五十嵐グループの担当33作品
* ▒欄は門脇・中田グループの担当33作品
* ▨欄は青木審査員長の審査作品
* ●はグループ審査の選出作品
* ▲は担当グループと重複して、青木審査員長が選出した作品
* 青色の氏名は、グループ審査でディスカッション審査に選出された35作品
* 氏名★は、予選未通過ながら、グループ審査でディスカッション審査に選出された作品
* 氏名★は、グループ審査で選外ながら、審査員の追加推薦によりディスカッション審査の対象となった2作品
* ◆ID177は、小野田予選審査員ほかによる追加推薦
* ◆ID253は、門脇審査員による追加推薦
* ▮ID▮は、ディスカッション審査でファイナリストに選出された作品
* ▮ID▮は、ディスカッション審査で補欠に選出された作品
* 青木審査員長は、予選通過作品（100選）を中心に全作品を審査し、10作品をめやすに選出
* その他の各グループの担当作品は、予選の得票の多い順に、3グループに振り分ける方法で決められた
* 赤松・辻グループは34作品、磯・五十嵐グループは33作品、門脇・中田グループは33作品を担当
* 各グループごとに10作品ずつ選出し、評価の高い順に松竹梅の3段階に分けられた
* *1：青木審査員長の選出作品から、他グループとの重複作品を除いた単独選出作品数の合計

PROCESS_2 Semi-Final Round 01_Group [グループ審査]

[グループ_1] 赤松 佳珠子 + 辻 琢磨

審査員：赤松 佳珠子、辻 琢磨
アテンド：西澤 高男（アドバイザリーボード、予選審査員）

表2　セミファイナル　グループ審査　作品選出結果：赤松・辻グループ

松	竹	梅	ID	氏名	作品名
●			036	谷繁 玲央	住宅構法の詩学
●			077	鮫島 卓臣	蟲の塔
●			227	柳沼 明日香	モヤイの航海
	●		145	池田 光	19000m²の記念碑
	●		330	笹谷 匠生	話クワッチィ
	●		349	筒井 伸	漁村スラムノ築キカタ
		●	094	岸田 淳之介	pando
		●	131	西丸 健	成長の城
		●	360	渡辺 顕人	建築の生命化
		●	363	山本 黎	嶽
			008	高木 駿輔	稲田石砂山脈
			022	二上 和也	記憶の暴走と都市の裏のバザール
			025	福留 愛	窓の宇宙
			052	齋藤 翔太	大和巡礼
			087	井上 雅也	Building at the Time of recession After 2020
			107	小室 昴久	烈風のマディーナ
			136	鈴木 麻夕	出会いの犬築
			141	平松 建人	記憶の地勢図
			182	稲田 浩也	ほんやら洞
			187	江頭 樹／阿南 朱音／柳生 千晶	共生への架橋
			190	泉本 淳一	「ひとり」空間の創造
			207	北沢 汐瀬	失明した文明
			213	細浪 哲也	回天する余白
			218	稲垣 知樹	Park(ing) city
			239	細谷 メリエル	阿佐ヶ谷住宅再計画案
			253	松本 悠以	死離滅裂
			306	大杉 亮介	相対する指標
			309	汪 芸佳	空白を紡ぐ街上都市
			316	吉川 新之佑	家具と建築のあいだ
			347	原 寛貴	浦賀再賑
			361	百武 天／大木 玲奈／路 越	心象の庭
			392	青山 実樹	大山詣、再。
			395	殿前 莉世	堆積の器
			414	加賀 精一	西成る
3	3	4			
	10				合計作品数

＊文中と表中の作品名はサブタイトルを省略　＊文中の（　）内の3桁数字は出展作品のID番号

グループ審査　審査経過
——空間が設計できているのか。あるいは……。
西澤 高男

34作品から10作品を選出するこのグループの担当には特徴の際立った作品がたくさんあり、絞り込むのが難しい審査であった。審査の中では、空間を設計できているかどうかが、常に問われ続けた。一方で、社会に対し興味深い切り口を持っている作品も選出候補となった。前日の予選審査に参加していた辻審査員が、セミファイナルから参加の赤松審査員に作品概要を的確かつ簡潔に伝えながら審査は進んだ。

まず工業化住宅の調査を経て構法に踏み込んだ提案をした独自性が評価され、選出されたのが、『住宅構法の詩学』(036)。仕組みの違うユニットを相互に緩くつなぐ提案は、それぞれに閉じたシステムが並立してきた社会に対する批判とも受け取れる。

『モヤイの航海』(227)は、ていねいにつくり込んだ詩的でかつ土着的な空間と島々をつなぐ物語の展開が魅力的で、辻審査員が強く推した。

今年は非人間を対象とする出展作品が数多く見られたが、『蟲の塔』(077)はその中で最も完成度が高く、緑化した建築空間としても、時間軸を持った提案としても評価され、以上の3作品を最も推す作品「松」とした。

また、人格を持った他者としての建築をどう考えるか。『建築の生命化』(360)は、建築空間としては疑問が残るものの、自律した建築の試みとして興味深く「梅」として選出された。この後のディスカッション審査で、非・人間中心主義的な建築として『蟲の塔』(077)との比較で議論され、ファイナルでは最後まで物議を醸した作品となった。

形状決定に至るプロセスに光るものがあった作品としては、『話クワッチィ』(330)と『漁村スラムノ築キカタ』(349)が挙げられる。前者はポートフォリオをよく読み込むと提案の良さが伝わってくる作品で、言語に対する人類学的な考察が興味深く、言語から建築モチーフへの変換もうまい。後者はリサーチとその形態が理知的に整理され、論文としてもおもしろそうな内容だったが、できた空間はやはりスラムの再編に過ぎず、空間的、社会的に何かを解決しているのかどうかに疑問が残った。

『19000m²の記念碑』(145)は、柱の疎密で構成した印象的な空間が魅力だが、良くも悪くもこの場所で完結してしまっている点が気になった。上記3作品を次位に推す「竹」とした。

『成長の城』(131)は、居住ユニットの平面計画が少しばかり堅苦しく、子供の居場所としては疑問が残ったが、プログラムと都市の中における配置計画の良さを評価し「梅」として選出。

そして、残り2作品を選ぶのに、候補に残ったのは3作品。近年の出展作の傾向として、何らかのルールを自ら設定し、それに沿って形態を決定づけていくというゲーム的な作品が多いが、『嶽（ガク）』(363)は自らの閉じたルールに終始せず、外の世界に開かれた印象があった。そもそもこの建築は必要なのか、という議論はあったが、特異な現象をとらえて顕在化し「富士山をリノベーションする」という気概を買って選出。『pando』(094)は、提案された塔につくられた画一的な空間が不評だったが、都市の中の見えざる広大な地下空間を地上にマッピングしたスケール感の大きさが魅力的で選出され、これで全10作品が決まった（表2参照）。『烈風のマディーナ』(107)は上記2作品と枠を争ったが、場所の特性をどのように読み込んでいるかに疑問が残り、惜しくも選外となった。

その他、『家具と建築のあいだ』(316)は、ダイアグラム（図式）を示した模型が一同を引きつけたが、建築に落とし込んだところでその魅力が削がれてしまっていて、敷地のある提案として建築を作りきる可能性もあったのではないかと惜しまれた。そして、最後まで議論を呼んだ作品が『死離滅裂』(253)だった。既存の文明の枠組みに対して一石を投じる興味深い提案ではあったが、設計自体の内容が薄くて物語の提示に留まっている点に、特に赤松審査員が疑問を呈し、選出されなかった。しかし、そのインパクトから、他の審査員の推薦による復活の可能性を予想し、ポートフォリオをそっとセミファイナル会場の脇に用意しておいたことを付け加えておく。

松▶036

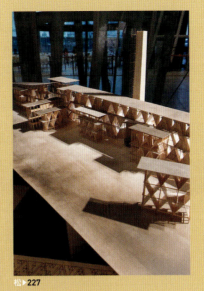
松▶227

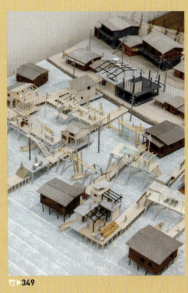
竹▶349

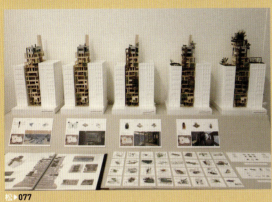
松▶077

竹▶145

Group_1 Akamatsu+Tsuji

梅▶094

梅▶363

竹▶330

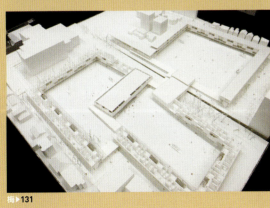
梅▶131

梅▶360

PROCESS_2 Semi-Final Round 01_Group [グループ審査]

[グループ_2] 磯 達雄 + 五十嵐 淳

審査員：磯 達雄、五十嵐 淳
アテンド：福屋 粧子（アドバイザリーボード、予選審査員）

表3 セミファイナル　グループ審査　作品選出結果：磯・五十嵐グループ

松	竹	梅	ID	氏名	作品名
●			047	齋藤 裕	MoSA, Omachi
●			171	黄 起範	塵海の廻都
●			211	鳥海 沙織	「私」という家
	●		009	楊 光耀	復刻都市
	●		012	豊 康範	「往復業」のワークプレイス
	●		282	松井 裕作	解体の庭
	●		322	本田 偉大	アジアンタウン構想
		●	115	平井 未央	縁の下のまち
		●	122	岩波 宏佳	日常の間隙を縫う
		●	454	児玉 美友紀	ずれてゆく
			080	小林 稜治	淀ノ大花会
			082	日下 あすか	消えた海と町
			088	毛利 友紀野	滲出するアクティビティ
			097	矢吹 拓也	INTERMEDIAR SPACE
			177	櫻井 友美	防災地区ターザン計画
			179	谷越 楓	空間のコーディネート
			184	田中 俊平	Plant Plant Plant
			193	塩真 光	影の領域
			196	藤本 佳奈	「間にある都市」の表現方法について
			198	鈴木 由貴	まちの○○寺
			226	矢尾 彩夏 木内 星良 鈴木 奈実	いままでのまち　これからのいえ
			243	福井 美瑳	知と地の巡環
			272	斉藤 知真	6話の狩猟物語
			286	工藤 渓大	残郷がこだまする
			303	山本 帆南	町に咲く産業の塔
			310	中村 靖怡	となりのミニダム
			317	鶴田 叡	SPACE for SPACE
			333	丸山 郁	壁間の棲家
			378	深津 聡	情報過多の時代を生き抜くために
			388	池田 匠	記憶の継承
			391	長谷 光	Patch them on the new road!
			455	中村 圭佑	境界に芽吹く町
			457	吉川 紳	MIYAZU Well-being Base ⇔ Sights Gallery
3	4	3			
	10			合計作品数	

＊文中と表中の作品名はサブタイトルを省略　＊文中の（　）内の3桁数字は出展作品のID番号

グループ審査　審査経過
——空間を伝える手触り感のある表現

福屋 粧子

このグループは33作品から10作品を選出する。審査員の2人は前日の予選審査から参加したため、予選通過作品（100選）にどのような作品があるかを把握した状態でのセミファイナル・グループ審査となった。すでに基礎情報が審査員の頭に入っていることで、深い読み込みによる審査が可能となり、審査員同士で各作品について解説し合うことで予選時にはわからなかったような細かい点まで確認できた。

はじめにざっと会場内の33作品を巡り、その後、じっくり3周回り直す審査を経て、それぞれキャラクターの異なる10作品に絞り込んでいった。

最初に1周を回った時点で、(080)(082)(097)(177)(179)(184)(198)(226)(243)(272)(286)(303)(310)(333)(378)(388)(455)(457)を選外とし、15作品まで絞り込んだ。

五十嵐審査員が強く推薦したのは『「私」という家』(211)。「私性の空間化」をコンセプト・ドローイングと繊細な模型で表現していた。一方、磯審査員が特に推したのは『MoSA, Omachi(通称、1人ビエンナーレ)』(047)。広大な街全体を対象として、野外にアート作品や建築を計画することで、地域の魅力を外に伝えていく作品だ。構想だけなら似たような出展作は掃いて捨てるほどあるが、鳥瞰ドローイングにより、その広大さと作り込みの繊細さが伝わる独自の表現に、磯審査員は「未来のスター」と言い切った。どちらも手触り感のある表現で、空間の魅力を伝えている。

その他、技術的な観点からの提案として(171)、ウシと共存する環境建築(012)、アジアからの移民のための集合住宅＋交流施設(322)、住宅基礎を活用した密度の高いリノベーション（改修）提案(115)、自宅での介護者の心のケアとしてのリノベーション提案(122)、減築によりボイド（余白）をつくり出す公共空間の提案(454)が、プレゼンテーションの表現と提案内容の密度の高さから、(009)が土木構築物と遺跡を共存させるプロセス提案として、(282)が6棟の家を解体しながら土間と大屋根でつなぐ、コミュニティの生活空間の実感のある提案として、選出10作品に入った。選出作品を再度見直し、評価の高いものから順に「松」「竹」「梅」に振り分けられた（表3参照）。

惜しくも選外になったのが、(088)(193)(196)(317)(391)である。このレベルの作品になると甲乙つけがたく、当落はある意味で、審査員との巡り合わせで決まる面があるのは否めない。しかし、グループ審査での深い議論の内容や各審査員が作品を評価した観点が、セミファイナルのディスカッション審査での多角的な視点からの議論につながっている。

ちなみにこのグループでは、ファイナリストになった『防災地区ターザン計画（通称、ターザン）』(177)を選出していない。何段階もの審査と審査員による代読や解読を経る場合、メインコンセプトの中に説明しにくい事項があると、不利に働くという一例だろう。

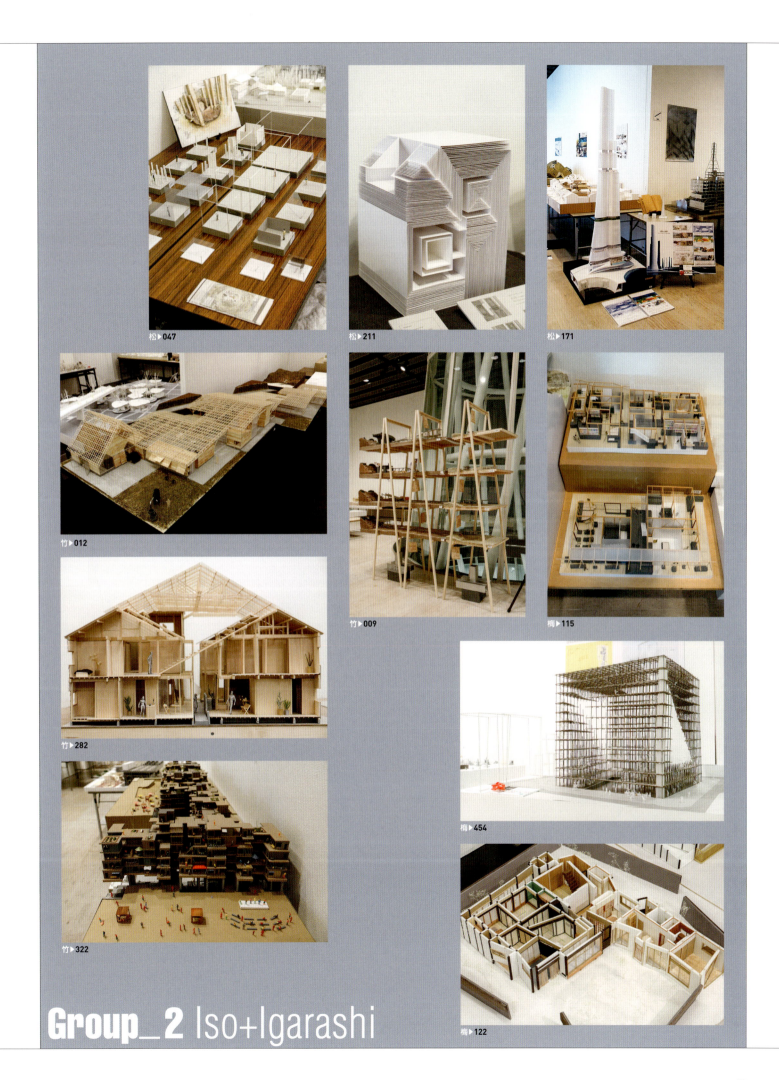

Group_2 Iso+Igarashi

PROCESS_2 Semi-Final Round 01_Group [グループ審査]

[グループ_3] 門脇 耕三 + 中田 千彦

審査員：門脇 耕三、中田 千彦
アテンド：佃 悠、土岐 文乃（アドバイザリーボード、予選審査員）

表4　セミファイナル　グループ審査　作品選出結果：門脇・中田グループ

松	竹	梅	ID	氏名	作品名
●			118	山口 大輝	ファサードの転回による都市風景の再編計画
●			216	加藤 弦生	STOMACH COMPLEX
●			242	奈木 仁志	キメラ建築の生成
	●		037	髙藤 友穂	都市路地の快楽
	●		112	紫村 耀	ダツヒャッカテン　脱百貨店
	●		155	西本 光	治具ノ家
	●		231	朝永 詩織	この世は舞台であり、人はみなその役者にすぎない
		●	168	髙橋 万里江	建物語
		●	174	須藤 悠果	トライポフォビアが考える集合体建築
		●	365	太田 孝一郎	台風の目
			004	小嶋 一耀	URBAN WEAVER
			019	伊藤 克敏	OBIGUMO
			023	江口 哉子	北千住の創造性
			027	勝山 滉太	水と人の間に
			031	住司 峻	前途の走馬灯
			033	﨑元 誠	かつて神殿だった上物たちへ
			076	尾上 一輝	栞
			085	木村 愼太朗	理想への干渉
			109	森下 啓太朗	鮮明化する役割
			144	楊 翌呈	時を編む巨塔
			178	植月 京甫	CINEMACAVE
			188	栗野 創	家跡の町
			249	木下 規海	都市に残る酒蔵
			250	渡辺 琢哉	身体投影夢幻遊戯
			268	筒井 魁汰	和風解体新書
			273	能村 嘉乃	継鐘の小径
			297	藤城 秀一	無宗教の肖像
			311	石井 康平	振る舞いを紡ぐ
			364	三浦 健	祀りのために　　pour la fête
			385	丸山 泰平	3+1町家
			400	杉山 拓哉	41番目の坂
			427	岡倉 慎乃輔	街の接続詞
			437	木村 太亮	Out of Frame
3	4	3			
	10			合計作品数	

＊文中と表中の作品名はサブタイトルを省略　　＊文中の（　）内の3桁数字は出展作品のID番号

グループ審査　審査経過

──批評性と新しい手法

佃 悠 + 土岐 文乃

このグループでは、33作品の中から10作品を選出した。門脇審査員、中田審査員はいずれも前日に予選の審査員を務めていたため、出展作品への理解度は高かった。担当作品を巡回する中で、各作品へ非常に明解なコメントをしながら、続くディスカッション審査にふさわしい作品を選出していった。

まず、意欲作として高い評価を受けたのは、『都市路地の快楽』(037)、『ダツヒャッカテン　脱百貨店』(112)、『ファサードの転回による都市風景の再編計画』(118)、『治具ノ家』(155)、『建物語』(168)、『トライポフォビアが考える集合体建築』(174)、『キメラ建築の生成』(242)、『台風の目』(365)の8作品である。(037)は在来木造構法の言語を用いた住宅設計手法の新しい提案だが、住宅以外へ展開できる可能性を持つこと、(112)は造形への挑戦に加えて、ガレリア形式の導入や構造の検討などリアリティへの配慮が感じられること、(118)はファサード（建物正面外壁）だけの設計だが、むしろ現代都市の様相に応じた新しい設計手法を示していること、(155)は調査結果から設計へ至る回路は不明だが、現れた形にオリジナリティが感じられること、(168)は検討の緻密さと検討結果が表現された模型の新しさ、(174)は宗教施設へ収斂した結論には疑問が残るものの、新しい造形手法への挑戦が見られること、(242)は建築家のクリエーション（創作）自体を建築のリソース（資源）として提示した批評性と新規性、(365)は建築を一種のインフラとして構築し、漸次的にサブシステムを挿入していくアジア的な建築の手法が評価された。

残りの2作品として、最初の巡回時に保留にしていた『STOMACH COMPLEX』(216)、『この世は舞台であり、人はみなその役者にすぎない』(231)を追加した。(216)は異質な造形物の組合せによるシアターが自由な移動を前提とした連続する映写空間になり、映像コンテンツのあり方を変える可能性を提示していること、(231)は舞台装置としての都市の虚構性の暴露をB.チュミ*1やロシア構成主義とも違うオリジナルな表現で示した点が評価された。この10作品が選出となり、評価の高いものから順に「松」「竹」「梅」に振り分けられた（表4参照）。

『前途の走馬灯』(031)、『理想への干渉』(085)、『都市に残る酒蔵』(249)、『身体投影夢幻遊戯』(250)、『無宗教の肖像』(297)、『振る舞いを紡ぐ』(311)の6作品は、最後まで保留作品として、検討の対象となっていた。いずれも視点の新規性は感じられたものの、そこから提案されたものが周辺とどう対峙するのかが見えず、評価を落とし、選出に至らなかった。一方、(004)(019)(023)(027)(033)(076)(109)(144)(178)(188)(268)(273)(364)(385)(400)(427)(437)については、問題設定の甘さ、既視感のある形態、設計内容の浅さなどの点から、他の作品に比べて評価を得られなかった。

単なる案のおもしろさだけではなく、現実世界に対する批評性を持ち、新しい手法を提示し得る作品かどうかが評価のポイントであった。

編註
*1　B.チュミ：(Bernard Tschumi, 1944年-)スイス生まれの建築家。形態や空間より、それ自体が誘発するイベントやプログラムを重視した建築を多数手がける。

Group_3 Kadowaki+Nakata

PROCESS_2 Semi-Final Round 01_Group [グループ審査]

[グループ_4] 青木 淳（審査員長）

審査員：青木 淳（審査員長）
アテンド：小野田 泰明、櫻井 一弥（アドバイザリーボード、予選審査員）

グループ審査　審査経過
──本人から聞いてみたいと思った作品たち
青木 淳

前日の予選から参加して、すでにじっくり作品を読み込んでいる審査員がほとんどで、しかも、予選を通過した100作品の約1/3ずつを、僕以外の審査員が2人ずつ組んで分担し議論しながら10作品に絞っている最中。僕は予選に落ちた作品も含めて、すべての出展作品332を駆け足で見て回って、議論の俎上から落ちてはもったいなさそうな作品を10程度、ピックアップすることにした。

(009)は、模型が良かった。物質への繊細な目を持っている人だと思った。(033)は、近代建築の保存という地味なテーマを扱っていることが気になった。全体の構成は不思議で、なぜこうなるのか聞いてみたいと思った。(036)は、それぞれがクローズ（独自）な構法システムをもつプレファブ*1住宅のバラバラさ、独立性を保ったまま、それらをつなぎ合わせる手続き自体を「設計」と呼ぶ視点の持ちように興味があった。機能や街並みに全く触れないのが意識的なのか、もしそうならどういう理由か聞きたかった。(155)は、模型の出来から、ここに至るまでの誠実なスタディが想像され、何を考えて設計したのか、そこでどんな発見があったのか聞いてみたいと思った。(168)は、物語の構成法を建築の構成法に適用するという記号論的スタディである。しかし、その手のスタディが往々にして陥る硬直した空間とは逆に、豊かな空間が模型に生まれていて、その原因を知りたかった。(174)は、自らの恐怖症のもたらす感覚と空間の関係という、他人からは窺い知れない個人的な課題が一般性を獲得できたのかどうかを知りたかった。(196)は、特徴のない街のオーディナリティ（平凡さ）に注目して実際にサーベイ（調査）していることに興味が引かれ、微妙な差異をどこまで高い解像度をもって見つけられたかを知りたかった。(212)は100選に漏れていたが、今回見た全作品の中で、最も魅力的な外観（屋根）をもっていた。柱はランダムに立っているように見えるが、グリッド（格子状の基準線）交点とグリッドのフィレット（曲面部分）中心点の2種というルールがあるらしい。つまり、適当に見える姿を適当でないルールをもってつくり出しているようで、その造形的な意図を聞いてみたかった。(297)は、特定の宗教のためではなく、無宗教の宗教空間だという。ということは、抽象的なレベルで宗教性と空間の関係を考察することになるわけで、どんな発見があったのか聞いてみたかった。(360)は、外観はブレゲンツ美術館*2そのままだし、内部空間に取り立てての工夫は見受けられない。ただ外壁が自らの意思で動いているように見えるだけの提案。その切り捨て方に興味があった。(395)は、靴が置かれた展示となっていて、身体的スケールでの検証の結果、大きなスケールが生まれているということを明確に示していて、とてもよい展示だった。もっとも、全体模型からはそのスケールの跳躍を感じ取れず、本人から詳しく聞きたいと思った。こうして全11作品を選出した（表5参照）。

編註
*1 プレファブ：プレファブリケーションの略。本書18ページ編註1参照。
*2 ブレゲンツ美術館：本書8ページ編註1参照。

表5　セミファイナル　グループ審査　作品選出結果：青木 淳（審査員長）

選出作品	ID	氏名	作品名
●	009	楊 光耀	復刻都市
●	033	﨑元 誠	かつて神殿だった上物たちへ
●	036	谷繁 玲央	住宅構法の詩学
●	155	西本 光	治具ノ家
●	168	髙橋 万里江	建物語
●	174	須藤 悠果	トライポフォビアが考える集合体建築
●	196	藤本 佳奈	「間にある都市」の表現方法について
●	212	葛西 瑞季	糸雨と紙片
●	297	藤城 太一	無宗教の肖像
●	360	渡辺 顕人	建築の生命化
●	395	殿前 莉世	堆積の器
	004	小嶋 一耀	URBAN WEAVER
	008	高木 駿輔	稲田石切山脈
	012	豊 康範	「往復業」のワークプレイス
	019	伊藤 克敏	OBIGUMO
	022	二上 和也	記憶の暴走と都市の裏のバザール
	023	江口 哉子	北千住の創造性
	025	福留 愛	窓の宇宙
	027	勝山 滉太	水と人の間に
	031	住司 峻	前途の走馬灯
	037	高藤 友穂	都市路地の快楽
	047	齋藤 裕	MoSA, Omachi
	052	齋藤 翔也	大和巡礼
	076	尾上 一輝	栞
	077	鮫島 卓臣	蟲の塔
	080	小林 稜治	淀ノ大花会
	082	日下 あすか	消えた海と町
	085	木村 愼太朗	理想への干渉
	087	井上 雅也	Building at the Time of recession After 2020
	088	毛利 友紀野	滲出するアクティビティ
	094	岸田 淳之介	pando
	097	矢吹 拓也	INTERMEDIAR SPACE
	107	小室 昂久	烈風のマディーナ
	109	森下 啓太朗	鮮明化する役割
	112	紫尾 耀	ダツヒャッカテン　脱百貨店
	115	平井 未央	緑の下のまち
	118	山口 大輝	ファサードの転回による都市風景の再編計画
	122	岩波 宏佳	日常の間隙を縫う
	131	西丸 健	成長の城
	136	鈴木 麻夕	出会いの犬築
	141	平松 建人	記憶の地勢図
	144	楊 翌呈	時を編む巨塔
	145	池田 光	19000m²の記念碑
	171	黃 起範	慶海の廻都
	177	櫻井 友美	防災地区デザーン計画
	178	植月 京甫	CINEMACAVE
	179	谷越 楓	空間のコーディネート
	182	稲田 浩也	ほんやら洞
	184	田中 俊平	Plant Plant Plant
	187	江頭 樹 / 阿南 朱音 / 柳生 千晶	共生への架橋
	188	粟野 創	家跡の町
	190	泉本 淳一	「ひとり」空間の創造
	193	塩真 光	影の領域
	198	鈴木 由貴	まちの○○寺
	207	北沢 汐瀬	失明した文明
	211	鳥海 沙織	「私」という家
	213	細浪 哲也	回天する余白
	216	加藤 弦生	STOMACH COMPLEX
	218	稲垣 知樹	Park(ing) city
	226	矢尾 彩夏 / 木内 星良 / 鈴木 奈実	いままでのまち　これからのいえ
	227	柳沼 明日香	モヤイの航海
	231	朝永 詩織	この世は舞台であり、人はみなその役者にすぎない
	239	細谷 メリエル	阿佐ヶ谷住宅再計画案
	242	奈木 仁志	キメラ建築の生成
	243	福井 美瑳	知と地の巡環
	249	木下 規海	都市に残る酒蔵
	250	渡辺 琢哉	身体投影夢幻遊戯
	253	松本 悠以	死離減裂

*表中の212は予選未通過ながら選出された　　*文中と表中の作品名はサブタイトルを省略　　*文中の（　）内の3桁数字は出展作品のID番号

Group_4 Aoki

033

196

395

297

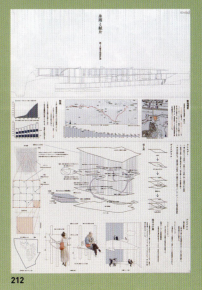
212

選出作品	ID	氏名	作品名
	268	筒井 魁汰	和風解体新書
	272	斉藤 知真	6話の狩猟物語
	273	能村 嘉乃	継鐘の小径
	282	松井 裕作	解体の庭
	286	工藤 凜大	残郷がこだまする
	303	山本 帆南	町に咲く産業の塔
	306	大杉 亮介	相対する指標
	309	汪 芸佳	空白を紡ぐ街上都市
	310	中村 靖怡	となりのミニダム
	311	石井 康平	振る舞いを紡ぐ
	316	吉川 新之佑	家具と建築のあいだ
	317	鶴田 叡	SPACE for SPACE
	322	本田 偉大	アジアンタウン構想
	330	笹谷 匠生	話クワッチィ
	333	丸山 郁	壁間の棲家
	347	原 寛貴	浦賀再賑
	349	筒井 伸	漁村スラムノ築キカタ
	361	百武 天	心象の庭
		大木 玲奈	
		路越	
	363	山本 黎	嶽
	364	三浦 健	祀りのために　pour la fête
	365	太田 孝一郎	台風の目
	378	深津 聡	情報過多の時代を生き抜くために
	385	丸山 泰平	3+1町家
	388	池田 匠	記憶の継承
	391	長谷 光	Patch them on the new road!
	392	青山 実樹	大山詣、再。
	400	杉山 拓哉	41番目の坂
	414	加賀 精一	西成る
	427	岡倉 慎乃輔	街の接続詞
	437	木村 太亮	Out of Frame
	454	児玉 美友紀	ずれてゆく
	455	中村 圭佑	境界に芽吹く町
	457	吉川 紳	MIYAZU Well-being Base ⇔ Sights Gallery
11		合計作品数	

PROCESS_2 Semi-Final Round
02_Discussion
[ディスカッション審査]

セミファイナル審査員プレゼンテーション

【グループ_1】赤松 佳珠子 ＋ 辻 琢磨
【グループ_2】磯 達雄 ＋ 五十嵐 淳
【グループ_3】門脇 耕三 ＋ 中田 千彦
【グループ_4】青木 淳（審査員長）

＊文中の出展作品名は初出を除きサブタイトルを省略。
＊文中の（ ）内の3桁数字は出展作品のID番号。

036

077

171

227　047

211　242

118　216

本江（司会）：それでは、セミファイナルのディスカッション審査を始めます。司会が候補作品のポートフォリオを審査員に見せながら評価を定めていく様子が市場の「セリ（競り）」を思わせる、ということで「セリ」と称しております（笑）。
昨日の予選審査で、全332出展作品から100作品を選びました。今日は、先ほどのグループ審査で、審査員が4グループに分かれて審査し、それぞれに推薦作品を選出してもらいました。この中から最終的にファイナル審査のステージに上がるファイナリスト10作品を選んでもらいます。また、もし選ばれた人が来ていなかった場合に備え、補欠3作品も選んで、順位を付けます。ファイナリスト10作品については、順位はつけません。
さて、グループ審査で選出された作品は全部でこの35作品です。赤松・辻グループ、磯・五十嵐グループ、門脇・中田グループの3組に分かれた審査員には、それぞれ予選通過作品（100選）の1/3ずつを担当いただき、各10作品ずつを選んで、高評価のものから順に「松」「竹」「梅」という3段階の優先順位をつけてもらいました。一方、青木審査員長には100選を中心に全332作品から11作品を選出してもらいました。他の3グループの選出作品との重複を除いた、5作品が審査員長の単独推しということになります（本書45ページ表1参照）。この他に候補に挙げたい作品がありますか？
門脇：霞が関ビルディングの『死離滅裂』（253）は？
多数の審査員：（肯定的な反応）
本江（司会）：では、『死離滅裂』（253）のポートフォリオを持ってきます。
西澤：『死離滅裂』（253）は、ここ（会場）に用意してあります。
本江（司会）：他に候補に挙げたい作品がありますか？
小野田：『防災地区ターザン計画』（177）はどうですか？
複数の審査員：（パネルの印象について、口々に推す声）
本江（司会）：『防災地区ターザン計画』（177）ですね。では今、ポートフォリオを取ってきてもらいます。他にありませんか？
審査員一同：（推薦なし）
本江（司会）：それでは追加の2作品を含め、これから審査する作品は、全部で37作品です。37作品から10作品と補欠3作品を選ぶので、3つに1つほどがファイナルのステージに上がることになります。作品を選ぶ際には、まず、作品の絶対的な内容や、レベルの検討があります。それからファイナルのステージに上がった時のバランスのよさ、つまり、10作品に今年らしい多様性がほしいということです。
では、「松」「竹」「梅」の順に、それぞれのグループが選出した作品を紹介してもらいます。作品の魅力や弱点を含めて紹介してください。続いて、青木審査員長の単独推薦の作品、最後に追加推薦の作品をお願いします。
まずは赤松・辻グループの「松」からお願いします。

松　9作品

【グループ_1】赤松 佳珠子 ＋ 辻 琢磨　プレゼンテーション

『住宅構法の詩学――The Poetics of Construction for industrialized houses made in 1970s』（036）
本江（司会）：青木審査員長も推しています。
辻：これは、セキスイハイムのM1や大成建設のパルコンなど、住宅メーカーの名作というか（笑）、1970年頃に大量生産されたプレファブ*1住宅を扱った作品です。住宅メーカーのプレファブ住宅（製品）は、在来構法の住宅と違って各社ごとに独自のディテール（細部の収まり）が構築されていて、なかなか手を入れることができないのですが、これは、各社のプレファブ住宅を陶磁器などの「金継ぎ*2」的にくっつけるという提案です。ディテールの提案は、ビスを使って組み立てるような方法ではなく、万力で締め付けて無理やりつなぐような方法（左記036写真参照）です。（場内　笑）
評価したのは、階層的に各段階を経てディテールにまで踏み込んでいて、ディテールと構法の両方のレベルで提案をきちんと成立させているところでしょうか。ただし、敷地の設定がないので、僕にはモデルハウスのように見えてしまい、そこが残念です。
赤松：青木審査員長からコメントはありませんか？
青木：十分に見る時間がなかったから（笑）、印象だけですが、言ってみれば、これは建築本体を触らずに、すき間を扱うというタイプの設計です。同様の設計で、いろいろなプロジェクトがあった中でこの作品は「接着する」という点にポイントを絞っている。こういう細かい問題を扱う上で、ポイントを絞ったところにすごく好感が持てた、ということです。ただし、実際に建つかというと、ちょっと成立は……しないのではないか。が、考え方には結構、賛同できる。
赤松：そうですね。構法にまで突っ込んで取り組んでいるところはおもしろい。

『蟲の塔』（077）
赤松：ハチを取り上げて、さまざまな昆虫というか、生態系を都市の中に持ち込もうという作品です。都市における人間と昆虫との共存を実現できるような建築の成り立ち方を組み立てている。多様なケースそれぞれに対応した個別の場所をつくりながら全体を構成しています。機能としては、レストランや保育所などが入った複合的な建築です。

本江（司会）：敷地は、東京の銀座でしたか？

赤松：そうです、銀座です。

辻：時間軸をきちんと扱っています。そして、ポートフォリオにあるように、将来、建築と自然がだんだん交ざっていくようなイメージで設計されている。模型の密度も高かった。

今回の出展作には、「動物系の作品」というか、ウシとかシカとかイヌとか、いろいろな動物を扱った提案が多数ありましたが、この作品は模型の密度が高く、きちんと建築の空間が成立しているように感じました。個人的には、虫には昆虫食などもあって興味深いし、トピックとしても建築案としても、ファイナルの場にあっていいのではないか、と思って推しました。

『モヤイの航海──塩から始まる島の未来』（227）

赤松：新島などの伊豆諸島を扱った作品です。

辻：塩田を再生し、島々をうまくネットワーク（接続）させていくという提案です。読み込めば読み込むほど、総合的に内容をよく煮詰めている提案だ、と赤松審査員とも話しました。

塩田の再生の他に、島民の意識というか、島の持つ限られたエネルギーをどうやって活用していくかという意識もあります。日本は島国ですし、地球自体も見方によっては宇宙の中の島国とも言える。そういう観点もあるのではないかと思いました。

また、具体的に提案している建築もポエティック（詩情的）にも映るし、バラックというか土着的な雰囲気も持っている。立地も含めて、どの切り口からでも議論を展開していけそうな、総合的にバランスのいい作品です。個人的には『蟲の塔』（077）よりも『モヤイの航海』（227）のほうがいいと思います。

本江（司会）：設計した建物の用途は何ですか？　レーザーカッターで製作した三角形の連続している建物は？

赤松：基本的には、この建物で塩田の塩を作るのですが、同時に、そこにマーケットやゲストハウスなども入っています。生業をベースにしつつ、もう一度この地域を再生するための起点として、ここに人を集めていこう、という提案です。

編註
＊1　プレファブ：プレファブリケーションの略。本書18ページ編註1参照。
＊2　金継ぎ：陶磁器の割れ、欠け、ヒビといった破損部分を漆でつなぎ、金などの金属粉で装飾して仕上げる修復技法。（036）は破損した陶磁器に、同種の他の器の破片をつないで修復する「呼継ぎ」を謳っている。

[グループ_2] 磯 達雄 + 五十嵐 淳　プレゼンテーション

『MoSA, Omachi──Museum city of Site-specific Art』（047）

磯：妻有アート・トリエンナーレなど、各地でさまざまなアートイベントが開催されていますが、これは「それを自分で全部する」という提案とも言えます。とにかく、描いたドローイングの量も密度も、ものすごい。その表現力の高さが、最も評価できるところです。加えて、昨今のビエンナーレなどのイベントへの批判になっているのかもしれない。

各審査員：（ドローイングに熱心に見入る。口々に批評）

本江（司会）：地域アート・イベント批判ですね。四角いメッシュの模型でしたが、建物はどうなっていましたか？

磯：作ってはいるのですけれど……。

門脇：サーベイ（調査）はすごいけれど、建物としては「ここがいい」という部分が見えてこない。

各審査員：（同意の様子）

本江（司会）：なるほど、設計された建物が弱点、というところでしょうか。

『塵海の廻都──海洋ごみで成長する洋上都市の提案』（171）

磯：この作品は、海上に捨てられたゴミが問題だ、というところから始まっています。特に問題となるプラスチックやペットボトルのゴミをリサイクルして海上に塔を建てるという作品です。

この学生は海洋建築工学科ということもあって、海の中や海の底についてまで調査していて「どうやったらこの提案が成立するのか」をそれなりに考えている。卒業設計コンペとして、こういうSF的な提案も評価しておきたい、という意図もあって推しました。

本江（司会）：五十嵐審査員はどうですか？

五十嵐：いや、磯審査員のコメントで完璧です。（場内　笑）

『「私」という家』（211）

五十嵐：これは取り下げます。（場内　笑）

本江（司会）：「松」に推しておいて取り下げる（笑）。いや、でも、他の審査員が推すかもしれない。どうでしょうか。

福屋：自分と他者との間に存在する階層に着目し、両者の間に何層ものレイヤー（層）を作ることによって「私という家」という空間をつくり出そうとしています。

磯：私と世界との間に、何層ものフィルターがあるような世界設定で考えています。それをそのまま住宅の形にしたという作品。

五十嵐：僕もそう思っていたのですが、全く違っていました。くり抜かれた2つのボ

リューム（塊）が何となくあり、それがスキップフロアのような構成になっている。実は、その空間だけが「自分と世界の距離感」を表現していて、それ以外は、すべて単なる意匠なのです。つまり、実際に設計した空間はあまりに単純なものなのに装飾でごまかしている、フェイクみたいな建築だと思った。だから僕は取り下げます。

各審査員：（それぞれに意見が錯綜）

[グループ_3] 門脇 耕三 + 中田 千彦　プレゼンテーション

『ファサードの転回による都市風景の再編計画』（118）

門脇：これはファサード（建物の正面外観）がものすごい作品です。いわゆる町家の街並みで、ショップハウス＊3ができるような都市構造をもっている。ショップハウスができるような都市構造へ介入するという作品はたくさんありましたけれども、これは、むしろ既存の都市構造を保持しようとしている。平面計画では何もしていないけれども、ショップハウスのファサードを肥大化することによって街そのものに建築が介入できるだろう、という作品です。その介入の仕方がすごく明解で、建築家はどこに介入すべきかという議論ができます。また、外観デザインは、階段などといった、細かな人間の「振る舞い」を助ける治具になっているだけ。そういう「振る舞い」を表層にのみ集積させて、内部は変えないというところも明解でいい。力を注ぐべき力点の置き方がすばらしいと思いました。

本江（司会）：中田審査員はどうですか？

中田：うん、納得。というところです。（場内　笑）

本江（司会）：片方の審査員に委ねる発言が流行っちゃっている。（場内　笑）多面的な議論が必要ですので、いろいろな言葉をいただければと思います。

『STOMACH COMPLEX』（216）

門脇：これが一番、「うぇー？」となった作品です。（場内　笑）

低層部にごく普通の建物があり、その上に消化器官のような映画館が載っている。大人のアイレベルでは普通の街並みが連続しているように見えるのだけれど、見上げると上部にギョッとするものが載っている。そして1つ、みなさんが知っておくべきことは、最下部の建物も自分で設計している、ということ。つまり、新築で既存の街並みを擬態していて、その上に異常な造形物を載せているということなのです。たとえば、映画館やデパートなど、ほぼ「おわコン（＝すでに終わったコンテンツ〈用途〉）」となったビルディング・タイプの建築に建築学生が取り組まざるを得ないという状況がずっとありました。どう考えてもすでに文化として終わっている映画館などを、空間として延命させる設計に取り組む建築学生はすごくかわいそうでした。この提案にも映画が上映される空間はありますが、それは胃袋のように延々とつながった空間になっています。こういう空間があると、いろいろな場所で同じ映画の別シーンを延々と映して人々がそこを歩き回ることもできる。つまり、空間がコンテンツそのものを書き換える力を持っていて、それによって新しいエンターテインメントの創出も想起させるという点で推しました。それは、建築の力だからです。ただし、作品として弱い点は、たぶん設計した本人はそういう点を全然考えていないだろうということです。（場内　笑）

本江（司会）：それもあり得る。中田審査員はどうですか？

中田：他にも映画館の提案は多数あった。僕らには映画館というのは尊いものだという意識があるけれど、それらの提案のほとんどには、そういう意識を全くスルーして（考慮せずに）設計している印象があり、評価できない。それでも力を感じるという点でこの作品を推したい。

『キメラ建築の生成──名作住宅の建築的操作のデータバンク化を基にした建築設計』（242）

門脇：名作住宅から要素をサンプリング（採集）し、ジャクスタポーズ（並列）して組み合わせ、新しい建築を作るという、言わば、ポストモダン＊4的な手つきの作品です。そして、同様の形態操作の提案としては、この作品が最も精度が高かったという評価です。作業量も多い。五十嵐淳の作品の要素もしっかり入っているし、取りこぼしがない。（場内　笑）

ただし、この作品の弱い点は、元ネタが住宅なのに設計の密度は住宅地レベル、つまり密度が低いところです。設計の密度を思い切り高めて先鋭化できれば、そこで質的変化が起きて、たぶん、元になった名作住宅がもっと生きた提案になったはず。そこが決定的に弱い。それで、まだ形態操作の段階で終わっています。でも、話題作です。

中田：作業量が圧倒的に多い。そして、それをこの大きさの建築模型にねじ込む力があったということで、学生の作品としては評価されるべきだと思う。

本江（司会）：確かに、でき上がった模型は、ゴチャゴチャとしたものが並んでいるという印象もあります。

編註
＊3　ショップハウス：店舗と住居が一体になった建物。1階に店舗、2階が住居で、狭く細長い家屋形式。
＊4　ポストモダン：モダニズム（本書37ページ編註1参照）建築への批判から生まれた建築のスタイル。歴史的様式、装飾、折衷様式などの回復、多元的な表現を目指した。

145

349

330

009

012

282　　322

037

112

231

155

094

131

竹　11作品

[グループ_1] 赤松 佳珠子 + 辻 琢磨　プレゼンテーション

『19000m²の記念碑──空に憧れた少年たち』(145)
辻：これは平和記念施設のようなものです。19,000m²の水盤を設けて、その中心にボイド(空隙)をつくって、周囲に柱が並ぶ。構造体である柱の数は人の数という、まるで人柱のように表現されていて、空間の構築性が、非常に強かった。他にも記念碑的なテーマを扱った作品はありましたが、その中で、この作品はプログラムと空間をうまく結び付けて設計できているから、推し切れるのではないか、というところで選びました。
赤松：柱の粗密によって空間をつくるという、美しいですが、かなり完結した建築だと感じました。

『話クワッチィ』(330)
辻：沖縄の方言を空間に落とし込むという作品です。たとえば「ゆんたく」とは「たわいもないけれど大切な会話」を意味する方言らしいのですけれども、それを誘う仕掛けを空間的に設計している。手順としては、方言をまず人類学的に空間系の方言と地縁系の方言の2つに分類して、各言葉を1つ1つ空間に落とし込んでいき、最終的に独特な形態の模型になっている。最初は見落としていましたが、リサーチの過程を十分に読み込んだ上で模型を見ると、最終的に落とし込んだ形の完成度が、ある程度高いのがわかったので推しました。
赤松：形を作る原理が方言ということで、それぞれの空間をつくる意味を個々の方言と対応させながら、設計しています。
青木：取り上げている方言は、人の居方のようなものを表しているの？
赤松：そうです。人間活動主体とか、精神および行為とか、いくつかに分類した上で、それぞれの言葉に応じた形を導き出しているということです。
辻：方言のサンプリングは1つの地域に絞らずに、かなり広範囲でリサーチしていて、そこもいいと思って推しました。

『漁村スラムノ築キカタ』(349)
辻：エクアドルのスラムの更新計画です。これも、とてもていねいにリサーチしています。現地のヒアリングをはじめ、住宅の構成については、各空間での人々の小さな「振る舞い」までしっかりとリサーチして、その結果を更新にきちんと転用している。そういうリサーチ内容の表現がすばらしかったし、具体的な空間として提案したところもよかった。
ただし、この計画によって、このスラム(漁村)が根本的に「このようによくなる」という提案にまでは至っていない、というところで「松」にはできませんでした。
本江(司会)：昆虫の標本箱のような大きな箱で、リサーチ結果を展示してあった作品ですね。
青木：少し設計の密度が低いのかな？
赤松：そうですね、設計自体はちょっと……。ただし、サーベイ(調査)は比較的、しっかりしている。

[グループ_2] 磯 達雄 + 五十嵐 淳　プレゼンテーション

『復刻都市』(009)
五十嵐：これは高速道路工事で見つかった遺跡を扱った作品ですが、よくわからない。(場内　笑)
パース(透視図)を見ると、よくある道の駅に見えなくもないが、作者が何か語れそうだ、と思って残しました。けれど「松」ではない。ポートフォリオのパース図がちょっとひどい。
各審査員：(口々に「模型はいい」の声)
本江(司会)：つまり、実際に作ったらポートフォリオのパース図のようになるという心配がある？
五十嵐：そうなんです。
福屋：この作品は青木審査員長も推していますね。
青木：そのパースには気づきませんでした。(場内　笑)
模型だけで審査したのですが、展示されていたものだけを見ると、作者はほとんど物質にしか興味がない人だ、というのがわかって、それはそれですごく好感が持てました。それから、他の審査員は大体、いい作品を真面目に選ぶだろう、と思って、僕は選ばれにくい作品をピックアップしたつもりなんです。(場内　笑)
そういう意味では、僕もこの作品をよくわかりませんが、模型はよかったです。

『「往復業」のワークプレイス』(012)
五十嵐：これは悪いところしか言えないんだよね。(場内　笑)
磯：では、僕のほうから説明します。
これは牛舎で、ウシと人間が共同で使う建物です。建物の佇まいとしては非常に美しい。なおかつ模型の作り方にも説得力がある。図面のレベルでも、非常によく設計されている。

福屋：ウシの空間と人間の空間があって、屋根型を連ねていった交点の所に人間の空間があります。そして、大屋根の部分は牛舎としてウシがいるということです。新しい農の風景をつくっているように感じます。
五十嵐：ウシが熱くなるので、通常、牛舎というのは、ウシの熱を冷やしながら作業の効率がよいように、ということに基づいて設計されています。しかし、この提案は、ただ単にデザインしているだけのように見える。そこが全然ダメで……。（場内　笑）
ただし、この人は、話すとおもしろいかもしれない。昨日の予選でも話しましたけれど、実は、僕は作者の話を聞いたことがあるんです。何だか、韻を踏んでラップのようにしゃべる。（場内　笑）
すごいね、聞き惚れるんです。もともとは大工で、社会へ出てからまた大学に戻って、卒業設計をやって、また大工になるという変わった経歴で……。
福屋：それでラッパーでもある。（場内　笑）
本江（司会）：まあ、それはそれ、ということで。ウシと人間の空間の提案ということです。

『解体の庭──家の集合体から部屋の集合体へ』（282）
福屋：6棟くらいの家をそのまま使いながら解体していくという提案ですね。
磯：東京の京島にある密度の高い木造の住宅地をどうするかという提案です。「そういう地域のコミュニティを考えよう」という卒業設計としてはよくあるテーマですが、この提案では、既存住宅部分の上にさらに大きな屋根を架けて、既存の家並みの良さを残しながら、その間に共同の場をつくり上げていくということを、非常にていねいに、説得力ある形で設計していることを評価しました。断面模型も美しい。
本江（司会）：コア（中心）の部分を残して、全体ではシェアハウスのようになるのですか？
福屋：そうです。領域を曖昧にしながら拡張して、屋根のレベルや床のレベルをはじめ何層かで土間や縁台などを作っています。
磯：既存の屋根を使って階段も作っています。
赤松：プログラムは何ですか？
福屋：共同住宅というか……。
本江（司会）：共用部分の大きい住宅という感じです。
小野田：住み手は変わるの？
福屋：そこは抽象的で、多世代による助け合い、などという表現に留まっています。ただし、下町の風景を残しながら新しい暮らしに変えていきたいという強い意欲は伝わってくる。

『アジアンタウン構想──移民2000人の営みでできた建築』（322）
磯：これは昨日の予選でもかなり議論になりましたが、この作品をぜひファイナリスト候補に上げてみたいと考えました。（場内　笑）
福屋：これは、東京、新大久保の製菓会社ロッテの工場跡地で、アジア系の移民の集合住宅を上層階に、交流スペースを地下に作ろうという提案です。
磯：ただし、上層の住宅部分の表現を、いわゆるスラム風というか、ちょっと小洒落たスラム風にしている点には賛同できません。が、それはそれとして、地下の交流スペースで、商業的な面も含めて周辺に住む人たちも入り込み、何がしかの交流を生もうとしているところなどは、空間の表現を含めて非常にいいと思いました。
五十嵐：いいと思います。議論になる。
福屋：そうですね。議論ができる。

[グループ_3] 門脇 耕三 ＋ 中田 千彦　プレゼンテーション

『都市路地の快楽──他者の営みと匿名的住まい』（037）
門脇：力量はすごくあります。よくある在来構法の2階建ての木造建物を離散させたり集合させたりしながら巨大な住宅地やホールなどを作る。古い街並みから要素のサンプリング（採集）もしている。これも一種のポストモダン*4的な建築手法なのかもしれません。ただし、残念なのが、全体を白く仕上げたことです。既存建物を再分割しているところなどには、よく見ると、板壁やサイディング壁など、テクスチュア（質感）があるのですけれど、それがわからない。それから、重要だと言っている路地が意外と活き活きしていない。そういうところで強く推しきれず「竹」でした。
本江（司会）：大部分は新築ですか？
門脇：そうです。在来木造による建物を集合させてホールを作るといった手法はおもしろいと思ったのですが。
中田：昨今、木密地（木造住宅密集地域）の風情ある風景が、防災面から危険視されています。この作品は、安全面を担保して木密の風景を再構築する時に、こういうものがあり得るか、という問いかけだとは思う。そういう作品が出展作にいくつかあったけれど、この提案は、大きな空間を残しているところなどで、空間計画に好感の持てる設計でした。

『ダツヒャッカテン　脱百貨店』（112）
門脇：我々のグループが選んだ作品には、「松」の『STOMACH COMPLEX』（216）と同様に、わりと「おわコン」（＝終わったコンテンツ）がありました。（場内　笑）
この作品は、「おわコン」である百貨店（デパート）の提案。「脱」と言いつつ、百貨店ではあるという……。（場内　笑）

ものすごく力量があって、形態を一生懸命に作っていて、好感が持てる作品です。ガレリア形式を読み替えつつ、構造方式も考えている。都市のアイコン風の外観デザインで、ガラスのキューブをずらしながらガレリアを配置。構造方式はフラットスラブとガレリアのサッシで軸力を支えるという、せんだいメディアテークのような構造というか……。（場内　笑）
すごく頑張っているし、自分なりの形態を作ろうという気概も伝わってくる。けれどもデパートについての本質的な構造転換は起こっていなくて、むしろ従来のデパートの延長ではないか、と感じます。
だから、主にその努力自体を評価することになるのは失礼だと思って「竹」にしました。つまり我々が「怖い」と思うぐらいの作品を選ぶべき、という基準からは「竹」ということです。

『治具ノ家』（155）
門脇：札幌市、金沢市、東京都杉並区の3カ所で敷地周辺のリサーチをして、その周辺を一種の治具として建物を組み立てるという作品で、相当ていねいにリサーチをしています。アウトプットも平面詳細図と矩計図のような断面詳細図、と独特で、おもしろいと思いました。できた建築もなかなかいい。特に金沢の建物は日本伝統建築の平入り*5の町家がヴィラ*6的な住宅が並ぶ郊外住宅地に移築されたような、独特の偏差があって、とても好感が持てる。残念なのは、リサーチの結果と提案が、かなりかけ離れていること。リサーチ結果からどのような過程を経て提案された形が生まれるのか、が方法化できていない。また、札幌の建物は建築家の坂本一成風とか、杉並は最近の東京工業大学の若手建築家風だとか、デザインに東工大色が強い（笑）。
福屋：デザインの元ネタがばれちゃう？（場内　笑）
門脇：もちろん、ある種の個人的な美学をもとに設計しているとは思います。一方、杉並の建物の横にはきちんと杉並らしい建物を作るなど、敷地周辺の模型もしっかり作っているところには好感が持てます。
各審査員：（作品のオリジナリティについて議論）
五十嵐：北海道の住宅で断熱仕様がないというのは、アウトですよ。（場内　笑）
本江（司会）：青木審査員長もこれを推していますが、どうでしょうか？
青木：ほとんど同意見ですが、出来としては相当よくできている。
中田：3つを対比的に並べることで、金沢の建物が際立って見えるという効果もある。（場内　笑）
本江（司会）：それは、作り手の意図を超えているだろうけど。
五十嵐：でも、これだけ詳細に設計しておきながら、「断熱を忘れました」っていうのは許されないよ。（場内　笑）

『この世は舞台であり、人はみなその役者にすぎない』（231）
門脇：僕は、この作品の筋立てについては全くわかりません。デパートに赤と青の部分ができて、みんな人は役者になるのである、といった表現……。（場内　笑）
ただし、でき上がった建築はすばらしいのです。赤と青による表現の他に、ロシア構成主義とも言えないし、B.チュミ*7風とも言えない、知っているようで、でもおそらく、誰も作ったことのないものができている。その点だけで「竹」にしました。
中田：私は模型の汚いことがすごく不愉快でした。（場内　笑）
でも図面では、立面図のプロポーションなどが非常によくて……。

編註
*5　平入り：通常、屋根の「棟（むね）」に対して直角の面を「妻（つま）」、棟と並行する面を「平（ひら）」とする。平入りとは出入口が「平」にある建物。
*6　ヴィラ：欧米の上流階級のカントリー・ハウス。
*7　B.チュミ：本書50ページ編註1参照。

梅 10作品

[グループ_1] 赤松 佳珠子 ＋ 辻 琢磨　プレゼンテーション

『pando』（094）
辻：これは換気塔の設計です。東京、新宿の地下空間を一帯としてとらえて、地下空間の空気を抜く環境をデザインするという提案。出展作品には少なかった、都市の部分部分を全体でとらえる大スケールの視点が、いいと思いました。ただし、各所ごとの敷地に合わせたプログラムや構造を考えるといった、個々の空間の設計提案がほとんどないところが残念。断面図で階段などを見ても、きちんと設計されていません。
赤松：断面図では、どこも全部同じに見えます。なぜ各場所を個別に設計しなかったのか、というところはとても不満です。が、こういう大スケールで、地下空間を含めて全体をとらえるというのはおもしろい視点だ、と評価しました。

『成長の城──児童養護施設のあり方を問う』（131）
赤松：なぜか我々のグループが選んだ作品には不思議なものが多くて……。（場内　笑）
その中では比較的、建築的な作品で、都市の中にどのように養護施設を置いていこうか、という計画です。ただし、プランニング面で見ると、建築がものすごくリジッド（固

360　363　115

122　454

168

174　365

033　196

定的)だとは思いました。わりときれいに、一応きちんとした計画になってはいるけれど、子供の居場所としては、もう少し多様な場をつくったほうがよかった。「このプラン（平面図）を載せてはいかんのではないか？」という感じがある。そういう点で、作者は建築の側の問題にあまり踏み込めていない、と感じます。
小野田：いいと思ったけれど惜しいよね。近年の児童の問題などがいろいろあって、養護施設はどうしても周囲に対して閉じてしまうから、開放的な施設でよいと思った。また、断面図で見ると、個室と居間があって、居間を下層階にして地面に近い環境をつくっている。さらにその地面も、通常は真っ直ぐにしたまま済ますところを地面を掘り込むなど、随所に細やかな工夫がある。少ない手数で空間とプログラムを大々的に変えている。（場内　笑）
赤松：そうですね、そういう意味では秀作(笑)。

『建築の生命化』(360)
赤松：これは、言わば「動くズントー*8」です。（場内　笑）
そう、動く模型です。
福屋：動くことによって、どういう効果があるのですか？
門脇：わからない。でも、建築内部にいる使用者の欲求から建築を切り離して自律化させる、という試みだから、評価すべきだと僕はすごく思う。
辻：模型を見た時に、設計者としての自分の感覚が刺激を受け、何だかすごく変な気分になりました。自分がいつも一生懸命に取り組んでいるものが「動いちゃっている」という、変なアート作品を見た時に近い気分でした。記憶に残る(笑)。
赤松：何だか、ザワっと心に引っかかる感じです(笑)。
本江(司会)：青木審査員長も推していますね。
青木：これはいい作品です。評価したのは、建物が擬人化されている、というところ。要するに、これはモノなのだけれど、人間と同格だと感じられる。もちろん、建物内部まできちんと設計できていたらもっといいのだろうけれど。作成したプログラムできちんと模型を動かすことができたし、なかなかいいと思う。
本江(司会)：では、上位の候補作品という評価ですね。
門脇：大きな生き物(=建物)の中に我々人間が生活しているような……。
青木：うん、そんな感じ……。

『嶽──富士山をリノベーションする』(363)
辻：僕は、富士山をリノベーション（改修）する、という気概を評価しました。でも、やっていることは、言ってしまえば小さな新築の設計です。地盤や崩落の問題といった富士山の根本的な問題を取り上げているのではなくて、小さい部分を作っています。人の居場所を作るほか、富士山のディテール（細部や微気候の変化）の特徴を視覚化して、人々に富士山全体を新たに認知し直させるような試みをした提案なのです。ただし、ディテール（細部）まできちんと考えているのですが、プログラムの提案と建築の提案がうまく結び付いていない。赤松審査員は「この作品、入れるの？」「富士山は今のままのほうがよくない？」という意見で……。（場内　笑）
門脇：これは僕の研究室の学生の作品です。模型にはフォリー（特別の用途のないオブジェ的な構築物）があります。富士山にはいろいろな場所がある。たとえば、ずっと風が下から吹いている場所があり、そこに、通常の在来構法でフォリーを建てると建物として成立しない。だから、こうした下から風が吹く場所では、下見板*9を上見坂にする必要があったりする。このように構法の視点から、各場所の特異点をあぶり出していくと、いろいろと変な建物がたくさんできることになる。すると、ピクチャレスクで（風景画のように）、左右対称で、堂々とした富士山が、いろいろな特異点の塊に見えてくる。そういう認識論的な視点で富士山を脱構築*10したから、「どうだ、これはリノベーションだろう」ということ。そういう作品です。
各審査員：（疑問を呈す議論）
門脇：これは学生自身の説明なんです。僕はそれを聞いて「ワーッ」と思った。
赤松：けれど、その説明が展示のプレゼンテーションにはあまり現れていない。それぞれの部分には何かがあるけれど、全体として何を訴えたいのかが今ひとつよくわかりません。
辻：確かに、プログラムの社会性が見えない。だけど、気概は買いたい。
各審査員：（「うん」「大きいね」など同意）

編註
*8　ズントー：建築家P.ズントー。本書8ページ「審査講評」、編註1参照。
*9　下見板：外壁の板張仕上げの方法。長い板材を水平方向に使い、上から降る雨水が入りにくいように、板の下端がその下の板の上端の上に少し重なるように張る。この提案では、逆に、板の上端がその上の板の下端の上に少し重なるように張る仕上げを「上見板」と表現し、下から強い風が吹き続ける場合は、それで下から来る雨水を防げる、としている。
*10　脱構築：フランスの哲学者J.デリダ(Jacques Derrida)の用語。形而上学の仕組みを解体し、既存の仕組みに含まれていた新たな可能性のある要素を抽出して再構築を試みる哲学的思考の方法。

【グループ_2】磯 達雄 + 五十嵐 淳　プレゼンテーション

『縁の下のまち──基礎から導く私有公用』(115)
五十嵐：先ほど再度、まじまじと見てきましたが、これはいいと思いました。（場内騒然。選出作品に否定的な見解ばかり述べてきた五十嵐審査員がほめたため）
昨日、予選で見た時点では、リノベーション（改修）案だと思っていましたが、すべて新築でした。作者は、とにかく建築の基礎構造(以下、基礎)が大好きなのです。（場内　笑）

それで、基礎を利用して、テーブルやベッド台といった家具、キッチンなどを作ろうしてしている。平凡なアイディアと言えばそうなのですが、模型はかなりよくできています。

福屋：いろいろな高さの基礎があって……。

五十嵐：束基礎もあるし、布基礎もある。

福屋：下階は地域住民の生活向上の何かきっかけになるようなものになっていて、上階の住居部分は逆にシンプルで、ノーマルな小屋組*11が架かっている。

小野田：水害を受けて1階は非居住スペースになったけれど、基礎の部分を活かして、昔の街並みの痕跡を残しながら新しい街を再生する、というところがおもしろい。

赤松：ああ、そういうことなんだ。

五十嵐：わりといいなと思いました。（場内　笑）

『日常の間隙を縫う』(122)

福屋：認知症の祖母の介護をしている、作者の母のための空間についての提案です。

五十嵐：介護で疲弊した母親を助けたいという住宅のリノベーション（改装）ですが、たとえば、壁を斜めにして縁側を作るなど、建築の操作があまりにも平凡です。僕は、この作品に対しては、完全に否定的なことしか言えないのですが。（場内　笑）一見、「アッ」と思ってひかれましたが、よくよく見ていくと至って普通なんです。だから「テーマに騙されちゃいかん」と。（場内　笑）ダメだと思いますという評価です。

本江（司会）：ここまで持ってきておいて、全否定ですか？（場内　笑）では、磯審査員、フォローをお願いします。

磯：ずっと住み続けている場所だけに、目的や用途が変わると、住んでいる人たちはさらにストレスが増えます。そこで、建築のささやかな介入によって、この場所を効果的に居心地のいいところにしていこう、という提案。そういう意味ではすごくいい、現実的な提案だと思いました。

福屋：家を壊してしまうことは、今、大変な母親の日常を破壊することになってしまう。それで、いくつかの部分を少しだけずらすことによってすき間をつくり、すき間を通して外とのつながりをつくるという設計手法自体は、評価できます。

門脇：普通を積み重ねていくことで、現実がゆがんでいってしまうというのは、すごくおもしろい問題提起だと思います。

中田：認知症者の居場所が個室になっているのですね？

福屋：いえ、最終的には、認知症の祖母とは直接、関係ないのです。介護で疲れている母親についての問題になっているのです。

中田：でも、認知症の問題について、こういう扱い方をして建築的な答えを出す、というプロトタイプをつくるのは、まずいと思うんだ。

各審査員：（口々に「センシティブ」「デリカシー」などテーマに言及）

門脇：でも、大きくテーマを認知症と銘打っておいて、認知症ではない問題に取り組んでいる、というのは、ずるい……。

各審査員：（同意の様子）

五十嵐：「認知症の人はもう、何をやったってわからないでしょう？」と言っているんですよ、この作者は。だから、認知症の祖母ではなく、母親のために設計しようとしている、というようにしか見えない。

各審査員：（さまざまなコメント）

本江（司会）：確かに、認知症というキャッチーな（目を引く）言葉でなく、もっと違う言葉を使ってテーマを表現すればよかったとは思いますが。

『ずれてゆく──第四次産業革命に向かうためのアゴラ』(454)

磯：東京、新宿区歌舞伎町に、ラーメン構造*12のオフィス複合ビルのような建物を建てる計画です。建ててから、今度はそれを減築していき、最後には真ん中に巨大なボイド（空白スペース）ができて、建物端部もその空白スペースの中に溶けていくような建築になる。建物が半分消えかかっていくようなドローイングが非常にポエジーで（詩情があり）美しい。そういうところを評価しました。

福屋：50年ぐらいかけて減築していく提案です。

五十嵐：これは、福屋さんの推しだったので……。美しいですよね。（場内　笑）

福屋：この建物自体はシステマティックにできているけれど、真ん中のボイドが大きく成長していくことによって、どんどん都市の中でのこの建物の希薄さが際立っていくところと、建物の中心に大空間が生まれるというところが魅力的で評価しました。ただし、両方とも本当に実現できるといいけれど、難しいのではないか、と思っています。また、磯審査員の発言は、具体的な構法の提案がないので、空想の提案だ、と評価しているということです。つまり、概念の提示だけで終わっているところはあります。

編註
*11　小屋組：木造軸組構法の屋根の骨組み、構造体。
*12　ラーメン構造：柱と梁で外力を受けて建物を支える構造方式。

[グループ_3] 門脇 耕三 + 中田 千彦　プレゼンテーション

『建物語──物語の空間化』(168)

門脇：これは昔話、フォークロア（民間伝承）を収集して、それを形態素に分解して、さらに空間言語に翻訳した上で、空間を組み立てる作品。言わば、一種の空間インス

タレーション装置ですが、その精度がすごく高い。また、ノーテーション（記譜法）による断面計画では、フォークロアの図形学的なものと空間的な断面設計を対応させていくという手つきが、なかなかすばらしかった。ただし、作者が掘り起こした空間的な要素が、アーチなど見慣れた形態に留まっているので、新しいものの創造には至っていないのではないかと感じて「梅」にしました。

本江（司会）：青木審査委員長も推している作品ですがいかがでしょうか？

青木：これは、言語的に建築要素を見ていく、という作品です。ポートフォリオの平面図と、でき上がった模型上の形態とは相当、違って見えるでしょう？　それは、この作品がかなりよくできている、ということだと思う。つまり、操作そのものの表現をしているのではなくて、操作によって何かを生み出していると感じられた。そこが結構、いいと思いました。

本江（司会）：記号学を使っているだけでなく、そこからあふれ出す魅力がある、という評価でした。

小野田：形態操作の手順は、かなり評価できます。

『トライポフォビアが考える集合体建築』(174)

門脇：トライポフォビアとは、みなさんもご存じの感覚だと思いますが、何て言えばいいのかな、反復恐怖症？

福屋：集合体恐怖症。昆虫の卵がたくさん集まってあるようなものが怖い、といった恐怖症です。

門脇：集合体恐怖症ですか。これは、家型を集合させて、ウロコみたいなモノも集合させて、それをどこまで集合させると恐怖を感じるだろう？と探求する作品です。建築的に恐怖症の臨界点を探る、という点ではおもしろいのだけれど、むしろその実験に留めるべきだったのではないか、というのが僕の見解です。つまり、宗教のような問題を建築にぶつけているけれど、両者間に化学反応みたいなもの（結果）がきちんと起こっていない、という点で評価し切れない。それが「梅」に留まった理由です。たとえば、千羽鶴による祈願といったものは、人間のすごく原始的な欲求に基づく行為だと思いますが、この建築操作によって千羽鶴がもっと崇高に見えたり、もっと気持ち悪く見えたりする事態が、この作品においても起きればよかったのになあ、ということです。

福屋：青木審査委員長も推していました。

青木：僕は、十分に読み込めていないので、後で改めて見てみようと思います。

『台風の目──地方中心市街地における新たな公共インフラストラクチャーの提案』(365)

門脇：すごく素っ気ないモダニズム*13風なコンクリートのインフラを作って、そこに軽い木造でいろいろと増築していく、という作品です。モダニズムの日本＆アジア的で爽やかな展開としてあり得る。いいとは思うけれど、そこ止まり、という感じです。

中田：僕としては1回、みなさんにこういう作品があるのを見てもらって、ここでの議論を通して保留にするか選出するかを考えればいいのではないか、というスタンスです。

門脇：30数作品の中から10作品に絞るわけですからね。

編註
*13　モダニズム：本書37ページ編註1参照。

審査員長単独推薦　5作品

[グループ_4] 青木 淳 (審査員長)

『かつて神殿だった上物たちへ』(033)

青木：これは、たぶん、歴史的な、というか近代の建物を古い建物にはめ込むという提案でしょう。中庭の中にボコンと近代建築をはめたことについて、どうしてこうなるのかを聞いてみたいと思った。たぶん、他のグループには選ばれないと思って選びました。（場内　笑）テーマはおもしろいんだけど。

小野田：もっと近代建築の言語に対する言及があったらよかったと思いますが、アッサリしすぎていた。

青木：そうですね。

『「間にある都市」の表現方法について──微細な都市から見えない纏まりを再定義し都市の描く余地を考える』(196)

青木：これも街の中のサーベイ（調査）をして、街の中から要素をピックアップして、いろいろと手を加えていくタイプの作品です。そんなに強く推しているわけではないですが、その手つきがいいと思った。

門脇：これは僕の研究室の学生の作品で、敷地は、東京の洗足です。「洗足と言えばこういう街」というように街のイメージを記号的に固定化してしまう昨今の状況がすごくイヤなので、その中間的なニュアンスを設計するのである、というようなトライアルです。

青木：なるほど。
辻：外構というか、屋外の小さな構築物が、おもしろいところだと思います。僕もこの作品には興味を持っていました。
門脇：街のエレメント自体は記号的なものなのだけれど、パフューム（香水）の調香のようにして、何か中間の匂いがつくれるんじゃないか、という実験です。
小野田：通常、こういうサーベイ（調査）を重視した提案は、サーベイの結果を提案のどこに置くかというところで失敗するものが多い。けれど、この提案では、すき間を見つけて、そこにサーベイの結果を入れ込むことによって、そこに人が佇むことになり、街の構造も変わる。何層かの構造になっているところが結構いい、と私も思いました。

『糸雨と紙片──錦ヶ丘複合施設計画』（212）
青木：これは100選に入っていなかった作品です。しかし、単純に模型だけを見て選べるぐらいに、出展作中で一番、いい形だった。
本江（司会）：白い屋根で、細い柱が立っている模型ですね。
青木：それで、柱の立て方を見てみると、普通は直線状のグリッド（格子状の基準線）の交点に柱を立てるけれど、この作品は、グリッドのところどころを円弧にして、その円弧上に柱を載せている。柱の立て方のルールがあるところが、おもしろいです。また、内部空間よりも全体の空間のつくり方がすごくいいと思った。この作品を100選に入れないのはもったいないと思ってピックアップしました。
本江（司会）：大きな屋根がありましたね。
青木：大きな屋根にちょっとスリットを開けて、高さを変えたりしている。それだけで十分に建築の表現になると思います。
本江（司会）：なるほど。この建築のプログラムは何でしたか？
辻：図書館とレンタサイクル・ステーションです。

『無宗教の肖像──MUSYUKYO PORTRAIT』（297）
青木：一番、異色だった作品です。
門脇：無宗教の人のための宗教施設。私たちのグループは選ばなかったけれど、途中まで議論になった作品です。ただ、提案に膨らみが足りない。たとえば、既存の街やプログラムなどと、こういう極めて独創的な形態をもっと闘わせたような痕跡があれば、もう少し推せたのに、という感じです。
青木：自分の中だけで終わってしまった感じがあるね。
門脇：多少、周辺に対して反応しているけれど、その態度がやや受け身に見える。
本江（司会）：なるほど。それにも関わらず推したのは、どこを評価したのですか？
青木：他にこういう作品がなかったということかな（笑）。だから、そんなに強く推しているというわけではない。
小野田：無宗教と言いつつ、宗教を持っているいろいろな人たちとすれ違った自分の人生というものがあって、すれ違った瞬間ごとの空間のイメージを基点として空間を再構築している。その宗教観は、すごくおもしろいと思います。宗教というものの重要性は教義にあるのではなくて、その宗教者と社会との接点にある、出会いの場にあると見ているところは、なかなか深いと思いました。
青木：そうですね。

『堆積の器──身体や時間のものさしとなる建築』（395）
青木：これは、大きな白くて丸い模型に、靴が置いてあった作品です。その靴がよかった。（場内　笑）
もちろん靴自体が主題ではなく、その靴で、自分で歩いたり登ったりという身体感覚をベースにして、それをスケール（規模や寸法）の問題までつなげていくという行為や方法があるのではないか、ということを示しているだけだと思う。けれど、ある種の場合においては、それでいいのかもしれない。つまり、建築を設計している人が必ずしも建築物を作る必要はない、と思った。自分たちの場所をどう考えるのか、という時に、この作者ははっきりとしたメッセージを持った人なんだと伝わってくる。そこが気に入りました。
小野田：スケールの概念だけではなくて、時間の概念も取り上げています。この地点から、空間的にも時間的にも推移するものを考えている。形態的にはまだまだかもしれないけれど、考えているスコープ（対象となる範囲や領域）は結構いいと思う。
辻：これは公園ですか？
青木：うん、公園だよ。
小野田：海沿いの公園で、潮の干満によって変化していく。それがだんだん風化していくと、こうなる、というところまでを表現した作品。防潮施設にもなっています。

［選外］追加推薦　2作品

小野田予選審査員ほか推薦

『防災地区ターザン計画──吉阪隆正にみる「スキ」のある建築』（177）
小野田：地区の防災計画で、ハザードマップの問題などもていねいに検討して積み上げ、よく考えながら防災センターを作っています。でもプレゼンテーションのパネルにあるのは、その防災センターにケーブルで向かっているターザン（子供）の絵（本書27ページ参照）。（場内　笑）
昨日、会場にいた作者本人に「このターザンの絵は、本当に必要なの？」と訊いたら、「いやいや、これこそが『人間こそが建築なんです』ということの表明なんだ」と逆に説得されてしまった。（場内　笑）
門脇：この作者は絶対に、人間を信じているんだ。いろいろ設計してみたけれど最後の要は人間にある、という、すばらしいプレゼンテーションだよね。
小野田：そうですね。最後はマンパワーが必要だという提案。一時避難では、住民は避難タワーに登るのだけれど、避難タワーは孤立して建っている。そこから「ターザン」（ケーブルを使った移動装置）で中央の防災センターへ避難、ということです。
本江（司会）：でもケーブルの下は津波だよ？（場内　複雑な反応）
門脇：その状況下で、この絵のようにすごい笑顔になってしまっている。（場内　各々、議論）
本江（司会）：では、門脇審査員の言うように、人間に対する信頼が根底にあるというのがこの作品だということでしょうか。
辻：ただし、作品名に建築家、吉阪隆正がなぜ出てくるのか、という疑問は残りますけれども。
門脇：そうですね。
本江（司会）：それは、また後ほど検討してみましょう。

門脇審査員推薦

『死離滅裂──死者と自然と生きる都市』（253）
門脇：東京の霞が関ビルディングが崩壊していく作品。計画内容はそれほど評価できないのですが、人間活動が地質年代の成立にまで影響を与えてしまうという問題＝「人新世」などが注目を集める現代に、「環境建築を設計するならチマチマしたことをやっていないで、これくらいやらなければダメなのだ」という作者の気概は買う。（場内　笑）
これは、他者とどう共存していくかという視点において、『蟲の塔』（077）と極めて対比的な作品です。また、動く模型『建築の生命化』（360）も同じ視点で比較することができる。
この『死離滅裂』（253）は「他者を人間のために徹底的に利用する」ということであり、『蟲の塔』（077）との対比構造をつくることができるので、そういう意味でも選出していいのではないかと、個人的には思います。とは言え、マンガを一生懸命に描いてはいるけれど、中身が、ちょっと……。
赤松：これは環境に関わる作品なのだから、もう少しロジック（論理）を組み立てて、具体的な説明をするべきです。マンガはやはりマンガでしかない。だから、そういう作品を最終選考の場に上げてはいかんのではないか、と……。
各審査員：（賛否両論）
本江（司会）：ということで一応、候補には挙げようということです。

212

297

395

177

253

PROCESS_02 Semi-Final Round
02_Discussion
[ディスカッション審査]

ファイナリスト選出のためのディスカッション

＊文中の出展作品名は初出を除きサブタイトルを省略。
＊文中の（ ）内の3桁数字は出展作品のID番号。

本江(司会)：グループ審査で選出した35作品に追加推薦の2作品を加えて、ファイナリストの候補は37作品になりました。
では、今後の作業について説明します。これから候補37作品から10作品と補欠3作品を順位付きで選びます。そのために、候補作品を「松」「竹」「梅」の順序で改めて見直していき、大まかに「当選」「保留」「落選」の3種類に分けてもらいます。これを何回か繰り返して作品を絞っていき、最終的にファイナリスト10作品を決めます。もちろん10作品が全体としてバランスよく、広がりを持っているかについても改めて確認します。また、「落選」の作品に対しても、きちんと「どこが問題か」を説明してください。オフィシャルブックに掲載します。「怨み」が残らないように、引導を渡すというのも我々の大切な役割です(笑)。

それでは「松」の9作品から見ていきます。まずは赤松・辻グループ選出の3作品から、『住宅構法の詩学』(036)はどうでしょうか。
各審査員：(肯定的な反応)
福屋：『住宅構法の詩学』(036)を入れるのであれば、『キメラ建築の生成』(242)をどうするかを検討しないといけないですよね。
本江(司会)：では、『キメラ建築の生成』(242)とセットで「保留」ですか？
福屋：セットではないと思います。『キメラ建築の生成』(242)は、分類はすごいけれど、でき上がった空間は訴求力が足りない印象です。
各審査員：(賛否両論。否定的な意見がやや優勢)
本江(司会)：ではとりあえず、『住宅構法の詩学』(036)はファイナリスト候補として「保留」とします。
審査員一同：(了承)

本江(司会)：では、次に『蟲の塔』(077)はどうでしょうか。
門脇：これは、虫に人間が侵食されるんですか？
本江(司会)：虫と人間が共存するということではないですか？
門脇：仲良くしているのか、闘っているのか、どっちのイメージなんだろう？
本江(司会)：闘うイメージはあまりないけれど。
小野田：虫が傍にいる環境ということですよね。私もそれが気になっていて、虫は、必ずしも気持ちのいいものではなかったりするのだけれど、いい環境なのでしょうか。
本江(司会)：虫との関わりを考える作品、ということでしょう。
赤松：私もあまり読み込めていませんが、虫がいる環境ということ自体が、いろいろな意味で多様性のある環境であり、環境自体を回復していく提案なのではないかと解釈しました。
小野田：虫のレベルではその環境が大事なので、装置としては問題が解けている。
門脇：わかった。では、作者は、自然や環境を道具として見ているという立場ですね。
小野田：この建築に対して人間がどうあるのかについては、説明文の中では「ただ見

るだけ」ということになっている。
門脇：だったら、他者に対して道具的ではない見方をしている『防災地区ターザン計画』(177)などを対抗馬としてぶつけないと議論にならないと思う。人間生活が虫に脅かされていくという作品だったらおもしろいと思っていたのだけど、そうではないのか……。
小野田：そこが抽象的な説明です。
青木：時間経過とともにどうして虫の割合が増えていくの？
小野田：時間が経過したら植物がそこに繁茂して、大型の虫もそこに棲めるようになるからです。
本江(司会)：ここまで議論してきました。先ほど、門脇審査員から、『蟲の塔』(077)は、霞が関ビルディングの『死離滅裂』(253)や動く作品である『建築の生命化』(360)とセットだという意見がありましたが、その辺りではどうですか？
門脇：こうした非人間中心主義的な設計は、たぶん、あと2、3年するとたくさん出て来て大ブームになるはずなので、その議論を今年すべきだと思うのです。応募作品に動物を対象とする建築が増えてきたというのも、たぶんその傾向の現れでしょう。非人間中心主義的な作品は、環境や自然を人間のための道具として使う立場の作品と対にして議論しないと、おもしろくならない。それで、『蟲の塔』(077)は「人間のための道具として使う立場」についての議論の対象になるということであれば、そうではない対抗軸をつくって議論するべきではないかと思う。
磯：この『蟲の塔』(077)は結局、人間のための建築ということですか？
門脇：議論の中で、そういう説明になってしまっているから。むしろ、虫を呼び込んだ人間たちの生活がやがて虫に脅かされる将来像が描かれているのだとしたら、『蟲の塔』(077)だけで十分に議論ができると思う。
本江(司会)：確かに、そういう意味では、この作品の虫は圧倒的な他者というイメージではないですね。
磯：『蟲の塔』(077)の敷地は東京の銀座です。そうなると、銀座で実際に進行しているミツバチとの共生のプロジェクトが思い浮かぶから、そういうものの延長で考えているんだろうと思ってしまいます。
辻：作品の完成度が高いからファイナルに呼んでもいいのではないかと思いますけれどね。
本江(司会)：この作品がある程度の説得力をもって他者性を扱っているのか、という点ではどうですか？
青木：それは大丈夫。その点はかなりはっきりしていると思います。
本江(司会)：この議論を続けていると終わらないので、一旦「保留」ということでいいでしょうか？
審査員一同：(了承)
本江(司会)：では『蟲の塔』(077)と、赤松・辻グループ選出「梅」の『建築の生命化』(360)は、両方ともとりあえず、ファイナリスト候補の「保留」として残します。

次に『モヤイの航海』(227)はどうでしょうか？
五十嵐：これはいいですよね。
門脇：それは僕も推したい。
各審査員：(口々に肯定的な評価)
本江(司会)：では『モヤイの航海』(227)は、ファイナリスト候補として「保留」です。

次からは、磯・五十嵐グループ選出の「松」3作品。1人ビエンナーレ『MoSA, Omachi』(047)は、どうでしょうか？
各審査員：(「微妙」「ここまでかな」などやや否定的な反応)
本江(司会)：推す人がいなければ、落とします。ファイナリストとしては残さない方向の議論があるようですが、どこが課題ですか？
小野田：サーベイ(調査)はすばらしいけれど、それを統合した時の空間のあり様に不満がある。
磯：でもこの人は、スターになれる可能性がある。(場内 沸く)
本江(司会)：何だか、変な推し方ですけれど。(場内 笑)
辻：でも僕は、やはり作品そのもので判断すべきだと思います。
五十嵐：こんな変なアートっぽいものを作った作者は、アーティストに失礼だよ。
磯：作家家としてはいいけど、建築家としてはどうか、という疑念はあります。
門脇：磯審査員が責任をもつ、という発言ではなかったのですか(笑)。
各審査員：(賛否両論、意見がまとまらず)
本江(司会)：では、『MoSA, Omachi』(047)はやや下位の「保留」とします。

では、次の海のゴミを扱った『塵海の廻都』(171)はどうでしょうか？
各審査員：(「そこそこ推す」「他にないタイプ」などやや肯定的)
本江(司会)：では『塵海の廻都』(171)は、ファイナリスト候補として「保留」とします。そろそろ、落とすことも考えないとダメですよ。(場内 笑)

では次、『「私」という家』(211)はどうでしょうか？
五十嵐：これは残さなくていいです。
福屋：空間が設計できていない。
各審査員：(やや否定的な反応)
本江(司会)：では、もともと推していた五十嵐審査員が推さないということで、『「私」という家』(211)はここで「落選」です。いいですね？
審査員一同：(了承)

本江(司会)：次からは門脇・中田グループ選出の「松」3作品です。『ファサードの転回による都市風景の再編計画』(118)はどうでしょうか？
各審査員：(賛否両論)
辻：新築だという点がやはり気になり、推せません。
五十嵐：『蟲の塔』(077)よりはこの作品のほうが断然、いいと思った。『蟲の塔』(077)はどうも腑に落ちない。
各審査員：(同意の様子)
本江(司会)：では、『ファサードの転回による都市風景の再編計画』(118)はファイナリスト候補として「保留」にします。

次、『STOMACH COMPLEX』(216)はどうでしょうか？ 映画館。「おわコン(＝すでに終わったコンテンツ)」への愛。
各審査員：(やや否定的な反応)
門脇：「おわコン」議論に付き合うのだったら残しましょう。なぜ我々は終わった場所にこんなにこだわるのか、建築を学ぶ学生が可哀想じゃないか、と。けれど、映画館を扱う作品は来年以降も出てくるので、その中でファイナルに残せて、映画館に引導を渡せるような作品が出てきたら、そこできちんと議論したほうがいいのではないかと思う。

各審査員：(同意の様子)
本江(司会)：なるほど。ではいいですか、落としますよ？
審査員一同：(了承)
本江(司会)：では『STOMACH COMPLEX』(216)はここで「落選」です。

次に、『キメラ建築の生成』(242)はどうでしょうか。
辻：これは、なんで要素のサンプリング(採集)の対象が建築家の住宅に限定されているのかがわからない。
門脇：たぶん、我々建築家のクリエイティビティ(創造力)をきちんとリユース(再利用)しましょう、という意図でしょう。使えるものは使おうぜ、と……。
小野田：設計のもとになる素型の作り方は、単に組み合わせたらできた、というだけで、解像度(検討)が甘い。
門脇：住宅メーカーの構法を使って同じようなことをやっている『住宅構法の詩学』(036)があるから、『キメラ建築の生成』(242)はここで挙げるに留めて、「落選」でいいと思う。
各審査員：(同意の雰囲気)
本江(司会)：では「落選」でいいでしょうか？
審査員一同：(了承)
本江(司会)：それでは『キメラ建築の生成』(242)はここで「落選」です。

次からは「竹」11作品。まず、赤松・辻グループ選出の3作品です。『19000m²の記念碑』(145)、メモリアル施設です。どうでしょうか？
各審査員：(「うーん」「議論にならないかな」など微妙な雰囲気)
五十嵐：かっこいいけどね。
本江(司会)：力作ですが、ディスカッションするという大会の趣旨からすると議論にならないというところでしょうか。
小野田：テーマを深めるといろいろなことが語れるのだけれど、作者本人が防御壁を作って内側に閉じてしまっているから。
本江(司会)：ということで、どうでしょうか？
審査員一同：(「落選」に同意)
本江(司会)：では『19000m²の記念碑』(145)はここで「落選」です。

次は『話クワッチィ』(330)、沖縄方言を建築にした作品です。どうでしょうか？
各審査員：(「あー！」「これは、いい」など肯定的な反応)
辻：同じく言語を扱う『建物語』(168)よりもこちらのほうがいいと思う。
門脇：『建物語』(168)は語らせても言葉にならないかもしれない。たぶん、言葉は世界を変える力を持つ、と作者は信じ切っていると思う。
各審査員：(口々に賛同の意見)
本江(司会)：では『話クワッチィ』(330)はファイナリスト候補として「保留」です。

それで何だか巻き込まれた感じですが、『建物語』(168)はどうですか、応援のコメントがなければ落としますが？
各審査員：(「これは何だっけ？」「これはアーチのある」などやや印象の薄い反応)
本江(司会)：では、門脇・中田グループ選出の「梅」、『建物語』(168)はここで「落選」です。

では次、『漁村スラムノ築キカタ』(349)はどうでしょうか、これもフィールドワークをもとにした作品です。
五十嵐：これは形が平凡過ぎます。
本江(司会)：でき上がった形は平凡ですね。再生産しているのだから。
辻：再生産する意味がよくわからないのです。地元に任せればいい。
本江(司会)：確かに、放っておいても地元の人は再生産するからね。
各審査員：(推す発言なし)
本江(司会)：ではいいですか？
審査員一同：(「落選」に同意)
本江(司会)：では『漁村スラムノ築キカタ』(349)はここで「落選」です。

本江(司会)：次からは、磯・五十嵐グループ選出の「竹」4作品で、まず『復刻都市』(009)。高速道路の遺跡の作品ですが、どうでしょうか？
青木：先ほどのパース図(描画)を見て、どうかなと思って。
中田：このパース、自信を持って出してきていますからね。
本江(司会)：模型はいいけれど、パースは違う提案みたいです。
辻：これを応援すると、たとえば、建物単体のリノベーション(改修)で壁を壊した時に遺物が出てきて設計を変更するようなことを、都市計画レベルできちんとやろうとしている態度が、誠実でいいと思います。
各審査員：(微妙な反応)
本江(司会)：どうしますか、落としますか？
小野田：たとえば、「竪穴住居の遺構が出てきたけれど、結局は調査してまた埋め戻しました」というような現在の土木計画の対処法に対して「こういうふうに改善できます」と提案しているところが、すごくいいと思った。ただし、本当に改善できているのかどうかが、確認できない。

各審査員：(「うーん」「いらないんじゃないか」など否定的な反応)
本江(司会)：では、10作品しか選べないので、これはいいですか？ 落としますよ？
審査員一同：(「落選」に同意)
本江(司会)：では『復刻都市』(009)はここで「落選」です。

次は『「往復業」のワークプレイス』(012)です。ウシの建築。どうでしょうか？
小野田：先ほどの五十嵐審査員の逆応援演説を聞いたら、ファイナルで話を聞きたくなった。(場内 笑)
各審査員：(微妙な反応)
本江(司会)：では、一応、「保留」としますか？
各審査員：(「構造的には推せない」「ちょっとねぇ」などやや否定的な反応)
本江(司会)：では、『「往復業」のワークプレイス』(012)は下位の「保留」とします。

次は『解体の庭』(282)、敷地は東京の京島です。既存の建物に屋根を架けて、人々がシェアするスペースをつくる作品。どうでしょうか？
各審査員：(「話が広がるか？」「一発芸かな」などやや否定的)
中田：ここにある内容を説明しておしまいになってしまったら、議論になるのか。
本江(司会)：全体的に否定的な反応ですね。いりませんか？
審査員一同：(「落選」に同意)
本江(司会)：では『解体の庭』(282)はここで「落選」です。大会の趣旨としては、作品自体だけではなく、議論になるかという点も重要なポイントです。

次は『アジアンタウン構想』(322)ですが、いかがでしょうか？ ロッテの工場跡地です。
門脇：いろいろな面で議論にはなりそう。
各審査員：(積極的な発言なし)
本江(司会)：議論にはなる。ただし、作者がその議論に耐えられるかどうかは、判断できないというところでしょうか。では落としますか？
各審査員：(曖昧な様子)
本江(司会)：では決まらないので、『アジアタウン構想』(322)は、やや下位の「保留」とします。

次からは、門脇・中田グループ選出の「竹」4作品。『都市路地の快楽』(037)、この白い住宅は、どうでしょうか？
各審査員：(推す意見なし。議論、コメント少ない)
本江(司会)：では、「落選」でいいですか？
審査員一同：(「落選」に同意)
中田：よくできました(笑)。推せないけど、このプランはほめるところだと思います。
本江(司会)：わかりました。では『都市路地の快楽』(037)はここで「落選」です。

次は『ダツヒャッカテン 脱百貨店』(112)ですが、どうでしょうか？
各審査員：(やや否定的な反応。推す意見なし)
本江(司会)：この作品は先ほど、かなり議論しました。では『ダツヒャッカテン 脱百貨店』(112)は「落選」です。
審査員一同：(「落選」に同意)

本江(司会)：次、『治具ノ家』(155)はどうでしょうか？
門脇：これは残るのではないですか？
各審査員：(「議論になる」「保留です」など肯定的な反応)
本江(司会)：それでは、『治具ノ家』(155)は、ファイナリスト候補として「保留」です。

では次、赤と青の建物、『この世は舞台であり、人はみなその役者にすぎない』(231)です。どうでしょうか？ ここまで上げたものの、先ほどからの議論ではみなさん、やや冷ややかですが？
各審査員：(「魅力的だけど」「本人はわかっていない」など薄い反応)
本江(司会)：推す人はいないですか？
各審査員：(推す意見なし)
本江(司会)：では『この世は舞台であり、人はみなその役者にすぎない』(231)は「落選」です。

次からは「梅」の10作品、まず赤松・辻グループ選出の4作品です。『pando』(094)はどうでしょうか。新宿の地下の空間。
各審査員：(「ここまでかな」「追い込みが足りない」など否定的な反応)
本江(司会)：これは先ほども議論しました。
審査員一同：(「落選」を表明)
本江(司会)：では『pando』(094)は「落選」とします。

次は、児童養護施設の『成長の城』(131)。どうでしょうか？
各審査員：(「うーん」「これもここまでかな」など否定的な反応)
本江(司会)：では『成長の城』(131)はここまで、「落選」とします。
審査員一同：(「落選」に同意)

本江(司会)：次の『建築の生命化』(360)は、先程、赤松・辻グループ選出の「松」の『蟲の塔』(077)の議論で、一緒に「保留」として残してあります。
では次、富士山を扱った作品で、『嶽』(363)。これはどうでしょうか？
小野田：富士山は部分の集積である、という先ほどの門脇審査員の応援演説を聞いておもしろいかもしれないと思いました。
各審査員：(「おもしろい」「ポジティブ」など肯定的な反応)
本江(司会)：では、『嶽』(363)は、ファイナリスト候補として「保留」します。

次からは、磯・五十嵐グループ選出の「梅」3作品。
『縁の下のまち』(115)はどうでしょうか？ 建物の基礎を扱った作品です。
各審査員：(「基礎は推したい」「いいね」など強い肯定的な反応)
本江(司会)：では、『縁の下のまち』(115)は積極的に残す方向で、ファイナリスト候補として「保留」とします。

次、認知症の祖母を介護する、作者の母親のための建築案で『日常の間隙を縫う』(122)ですが、いかがでしょうか？
門脇：普通の積み重ねが、本当にこんなに世界を変えてしまうのだったら、僕はポジティブな評価です。
本江(司会)：なるほど。ファイナルに本人を呼んで議論しますか？
磯：呼んだら、話せなさそう。
赤松：母への愛の話になってしまうのでは？
門脇：それは聞きたくない。
各審査員：(「話せるかな」「話せないのでは？」など懐疑的な反応)
本江(司会)：なるほど、本人を呼んでも議論になりにくいということでしょうか。では落としますよ？
審査員一同：(「落選」に同意)
本江(司会)：では『日常の間隙を縫う』(122)はここまで、「落選」です。

次、『ずれてゆく』(454)です。だんだん透けてくる、東京、新宿のビルの減築。どうですか？
磯：美しくてよかったけど。
各審査員：(推す意見なし)
本江(司会)：では『ずれてゆく』(454)は「落選」です。
審査員一同：(「落選」に同意)

本江（司会）：次からは、門脇・中田グループ選出の「梅」3作品です。最初の『建物語』（168）は、先ほどの『話クワッチィ』（330）との議論で、すでに「落選」しています。『トライポフォビアが考える集合体建築』（174）、集合体恐怖症を扱った作品です。どうでしょうか？

各審査員：（「うーん」「ここまでかな」とやや否定的な反応）

小野田：青木審査員長はどうですか？

青木：うん……。これは、ここまででいいかな。

審査員一同：（「落選」に同意）

本江（司会）：では、『トライポフォビアが考える集合体建築』（174）は、ここで「落選」です。

ではどんどん進めます。次は『台風の目』（365）、どうでしょうか？

各審査員：（「頑張りました」「ここまでよく残った」など推さない構え）

本江（司会）：では『台風の目』（365）はここまでで「落選」です。

審査員一同：（「落選」に同意）

本江（司会）：次からは青木審査員長の単独推薦の5作品です。
まず、『かつて神殿だった上物たちへ』（033）はどうでしょうか？

青木：これは、ここまで議論したからいいでしょう。

各審査員：（同意の雰囲気）

本江（司会）：では、ここまででいいでしょうか？

審査員一同：（「落選」に同意）

本江（司会）：急にスピードアップしました。（場内　笑）
では『かつて神殿だった上物たちへ』（033）は、「落選」とします。

次は『「間にある都市」の表現方法について』（196）です。どうでしょうか？　風景のすき間を扱った作品です。

青木：これは、門脇審査員の説明を聞いて、やはり結構いいと思った。

各審査員：（「いいね」など肯定的な反応）

本江（司会）：では、『「間にある都市」の表現方法について』（196）は、やや積極的に、ファイナリスト候補として「保留」にします。

次は『糸雨と紙片』（212）です。どうでしょうか？

青木：これは、もうここまででいいかな。

各審査員：（同意の雰囲気）

本江（司会）：では『糸雨と紙片』（212）はここまでで、「落選」です。100選外からここまで来ました。

次は『無宗教の肖像』（297）。どうでしょうか？

各審査員：（「惜しい」「プログラムがよくない」など微妙な反応）

中田：ファイナルのステージでは、保たないのではないかな。

本江（司会）：どうでしょうか、みなさん、ステージに呼びたいですか？

各審査員：（やや否定的な反応）

中田：これはここまで十分に頑張ったよ。

本江（司会）：では、いいですね？

審査員一同：（「落選」に同意）

本江（司会）：では『無宗教の肖像』（297）はここで「落選」します。

次は『堆積の器』（395）、白くて丸い段のある作品。ここまでが青木審査員長の単独推しです。どうでしょうか？

小野田：これはいいと思います。

辻：えー？

各審査員：（賛否両論）

本江（司会）：意見がまとまらないので、今の段階で『堆積の器』（395）は一応「保留」とします。

続いて、門脇審査員の追加推薦、霞が関ビルディングの『死離滅裂』（253）です。これはファイナル会場に来る人たちみんなが、きっと憶えていますね。ファイナリストに残らなかったら「あれ、あの作品はどうしてないの？」と言うかも（笑）。

磯：これは、ファイナルの議論がおもしろくなる可能性は確かにある。

福屋：建物の中から何かが食い破るみたいな表現で、破壊的だけど新しい再生のかたちのようでおもしろい……かもしれない。きちんと設計しているかどうかはわかりませんが。

門脇：でも変な一芸の魅力は持っています。マンガは描ける。（場内　笑）

本江（司会）：では『死離滅裂』（253）は一応、「保留」ということです。

あとは、小野田予選審査員ほかが追加推薦した『防災地区ターザン計画』（177）があります。これはどうでしょうか。

小野田：これは、ここまで頑張ったので、いいのではないですか。

各審査員：（「あれか」「頑張った」など積極的に推す意見なし）

本江（司会）：わざわざグループ審査選外から呼んでおいて落とす？（場内　笑）

各審査員：（「いいんだけど」「これねえ」など微妙な反応）

中田：でもこの作品で評価されたのは「ターザン」の絵だけでしょう？（場内　笑）もっと言えば顔だけ？

各審査員：（賛否両論）

磯：でも、すごい蓄積は感じる、プログラムの……。

福屋：これは結構、いろいろな建築の空間を組み合わせて設計しています。

辻：こういうユーモラスな建築はあまり見なかったので推したい。「ターザン」なんてバカっぽい、と言えばそうだし、普通に考えたら「それかよ」みたいな感じもある。だけど……。

各審査員：（概ね、同意の雰囲気）

本江（司会）：なるほど。単なる一発芸の「ターザン」ではないですからね。

門脇：いろいろ検討し、1周回ってきて「人間への信頼」だから。

本江（司会）：では、『防災地区ターザン計画』（177）は、一応「保留」にします。

ということでこれで、候補作品を一通り見てきました。これまで「保留」にした作品を中心に、高評価だった作品から順にポートフォリオを並べましょう。

審査員一同：（並んだポートフォリオを囲む）

本江（司会）：整理しますと、今、ファイナリスト候補として積極的に残した「保留」が11作品（036、077、115、118、155、171、196、227、330、360、363）あります。そして、やや消極的に残した「保留」が6作品（012、047、177、253、322、395）あります。この17作品から、全体のバランスを見ながらファイナリスト「当選」を決めていくということで進めます。あと7〜8分で決めます。

各審査員：おー（驚きと緊張の声）。

本江（司会）：では、「当選」から決めましょうか？　そして「当選」の作品を1カ所にまとめましょう。
まず、『住宅構法の詩学』（036）と『モヤイの航海』（227）と『建築の生命化』（360）の3作品が、今のところ最上位の「保留」なのです。これを「当選」としてよいでしょうか？

審査員一同：（「当選」に同意）

本江（司会）：それでは、『住宅構法の詩学』（036）、『モヤイの航海』（227）、『建築の生命化』（360）はファイナリストに「当選」です。

続いて、その他の作品から「当選」にできるものはありますか？

辻：『縁の下のまち』（115）を、僕は推したいけれど……。

各審査員：（賛否両論で騒然）

本江（司会）：『縁の下のまち』（115）は、今のところ微妙な評価なので「保留」です。

ファイナリスト「当選」として推したい作品を挙げてください。他にどうでしょうか？

福屋：『ファサードの転回による都市風景の再編計画』（118）を入れたいです。

本江（司会）：『ファサードの転回による都市風景の再編計画』（118）を推す声がありますが、どうでしょうか。

赤松：推します。

五十嵐：わりといいような気がする。

各審査員：（肯定的な反応）

本江（司会）：青木審査員長、どうですか？

青木：これも悪くないけれど、『蟲の塔』（077）と何となく似ている。『蟲の塔』（077）より『ファサードの転回による都市風景の再編計画』（118）がいいとは思うけれど、どうなんだろう？

本江（司会）：『蟲の塔』（077）については、みなさん、どうですか？

小野田：『蟲の塔』（077）はいらないんじゃないか？

五十嵐：僕もこれはいらないと思う。

多数の審査員：（否定的な発言）

本江（司会）：あれ？　なんだ、先ほどの議論は盛り上がりましたが、ファイナリストには推せない、ということ？　微妙な雰囲気ですね。

辻：補欠では？

本江（司会）：なるほど、補欠候補ですか。では『蟲の塔』（077）は一旦、ファイナリスト候補から外して「補欠」候補とします。

それでは先の『ファサードの転回による都市風景の再編計画』（118）を「当選」としてよいでしょうか？

審査員一同：（「当選」に同意）

本江（司会）：では『ファサードの転回による都市風景の再編計画』（118）はファイナリスト「当選」です。

他に「当選」の作品を推す声がないので、高評価の作品から順に、確認していきます。では富士山の『嶽』（363）はどうでしょうか？

赤松：先ほどの議論で、何だか作者の話を聞いてみたくなった。

各審査員：（同意の雰囲気）

本江（司会）：では、富士山の提案、『嶽』（363）は「当選」でいいですね？

各審査員：（賛否両論の反応）

65

門脇：それはまだ、「保留」で。
本江（司会）：まだ？　では『嶽』(363)は一旦「保留」です。

本江（司会）：次に、沖縄方言を扱った『話クワッチィ』(330)はどうでしょうか？
各審査員：(「沖縄はいい」「こういう傾向の作品で一番いい」など肯定的な反応)
本江（司会）：では、『話クワッチィ』(330)は「当選」とします。これで5作品が「当選」です。
審査員一同：(「当選」に同意)

本江（司会）：次、3つの住宅を扱った『治具ノ家』(155)はどうでしょうか？
門脇：「当選」にはできない。中間よりちょっと落ちる感じ。
各審査員：(「中間的かな」など曖昧な反応)
本江（司会）：なるほど、では今のところ「当選」まではいかないということで、「保留」ですね。

では、『塵海の廻都』(171)、海の塔はどうでしょうか。
門脇：これは単なるSFなんだよね。
福屋：動く建築『建築の生命化』(360)があるから、なくてもいいか。
各審査員：(決めきれない反応)
赤松：これは、どの程度、提案内容にリアリティがあるのですか？　それなりに、いろいろと構築された結果なのでしょうか？
本江（司会）：「松」で選出した磯・五十嵐グループ、どうですか？
磯：これは、この材料をどうやって塔にしていくのか、というところがよくわからない。それについて作者が説明できるのかどうか、疑わしいです。
門脇：それがないと、弱いと思う。
小野田：周囲を環状に囲む、資源を送るための配管に対して、設計したタワー群が大き過ぎるというところで、ちょっと評価できない。相当、離散して建っているし。
磯：あの形になるための理屈もよくわからない。
本江（司会）：微妙ですか？
各審査員：(強く推す意見なし)
本江（司会）：では、微妙という位置付けで「保留」です。

では次は、『「間にある都市」の表現方法について』(196)。どうでしょうか？
各審査員：(推す意見なし)
本江（司会）：10作品は選ぶんですよ？　(場内　笑)
各審査員：(微妙な反応)
本江（司会）：今のところ微妙ということで『「間にある都市」の表現方法について』(196)は「保留」ですね。

では、消極的に残した「保留」作品を評価順に見ていきます。『アジアンタウン構想』(322)、ロッテの工場跡地の作品は、どうでしょうか？
各審査員：(「残しましょう」「残す」など肯定的な反応)
本江（司会）：では、『アジアンタウン構想』(322)はファイナリスト「当選」に入れます。いいですね？
審査員一同：(「当選」に同意)

本江（司会）：次は『MoSA, Omachi』(047)、1人ビエンナーレ。どうでしょうか？
各審査員：(やや否定的な反応)
本江（司会）：では『MoSA, Omachi』(047)は「落選」とします。
審査員一同：(「落選」に同意)

本江（司会）：では『「往復業」のワークプレイス』(012)、ウシの作品です。どうでしょうか？
小野田：もう、ここまででいいかな。
各審査員：(やや否定的な反応)
本江（司会）：では『「往復業」のワークプレイス』(012)はここまでで、「落選」です。惜しかった。
審査員一同：(「落選」に同意)

本江（司会）：ということで、一通り見てきて、もう残りの選択肢は限られてきました。ここまでで6作品、『住宅構法の詩学』(036)、『ファサードの転回による都市風景の再編計画』(118)、『モヤイの航海』(227)、『アジアンタウン構想』(322)、『話クワッチィ』(330)、『建築の生命化』(360)が「当選」しています。
あとは、ここにポートフォリオを並べてある『縁の下のまち』(115)、『治具ノ家』(155)、『塵海の廻都』(171)、『防災地区ターザン計画』(177)、『「間にある都市」の表現方法について』(196)、『死離滅裂』(253)、『嶽』(363)、『堆積の器』(395)の8作品から4作品を選ぶ。そして補欠3作品を選びます。

青木：『嶽』(363)はファイナリストにしたほうがいいんじゃないの？　議論ができそうな気がする。
本江（司会）：富士山の『嶽』(363)を上げますか？

各審査員：(口々に賛同を表明)
本江（司会）：では『嶽』(363)を「当選」にします。
審査員一同：(「当選」に同意)

本江（司会）：これで7作品が今のところ「当選」。あとファイナリスト3作品を選びます。どうでしょうか？
小野田：『防災地区ターザン計画』(177)は？
門脇：『防災地区ターザン計画』(177)か『死離滅裂』(253)か。僕は『死離滅裂』(253)を推す。
各審査員：(それぞれを推す発言)
本江（司会）：『防災地区ターザン計画』(177)、『死離滅裂』(253)という声が挙がっています。どうでしょうか？
福屋：本当？　でもこれ、模型が……。
赤松：どちらかって言ったら『防災地区ターザン計画』(177)ですね。
本江（司会）：『防災地区ターザン計画』(177)か『死離滅裂』(253)から1作品をファイナリストへ、という2択です。どうでしょうか？
各審査員：(決めかねる様子)
門脇：では、『死離滅裂』(253)と『防災地区ターザン計画』(177)の両方を選んでしまえば？
本江（司会）：両方をファイナリストに上げるという意見です。どうでしょうか？
小野田：まあ、壇上で議論するという方法もある。
本江（司会）：そうですね。議論になりそうな作品であれば両方とも上げて壇上で議論してみるという方法もあります。

辻：残りの候補作品全体から考えてはどうですか？
本江（司会）：残りの候補作品も見てみましょう。いずれにせよ、ここにある7作品の中から3作品を選ぶということです。

門脇：『縁の下のまち』(115)は、結構、一発芸という恐れもある。
福屋：いや、評価できると思います。家の痕跡と生活のズレのようなものを表現している。
辻：五十嵐審査員のほめた数少ない作品だということがある。(場内　笑)

小野田：その前に、とりあえず、この『塵海の廻都』(171)という海のゴミの提案は、候補から外していいのではないかな？
本江（司会）：『塵海の廻都』(171)を外すという意見が出ています。どうでしょうか？
審査員一同：(了承)
本江（司会）：では『塵海の廻都』(171)は「補欠」候補に回します。

改めて整理しますと、『縁の下のまち』(115)、『治具ノ家』(155)、『防災地区ターザン計画』(177)、『「間にある都市」の表現方法について』(196)、『死離滅裂』(253)、『堆積の器』(395)の6作品から3作品を選ぶことになります。どうでしょうか？
磯：ファイナリストに高層の建物がないね。
五十嵐：そう、だから『死離滅裂』(253)を、ファイナリストに入れませんか？
(場内　騒然)
本江（司会）：おー！　五十嵐審査員が『死離滅裂』(253)を推してきました。どうですか、みなさん？
青木：うん、その作品は入れていいですよ。
各審査員：(「議論になる」「いいんじゃないか」など肯定的な反応)
本江（司会）：青木審査員長も同意するということです。そして他の審査員も肯定的ですので、『死離滅裂』(253)を「当選」にします。
審査員一同：(「当選」に同意)

本江（司会）：これで8作品が「当選」です。あと2作品！
福屋：『防災地区ターザン計画』(177)はどうしますか？
磯：僕は、もうみなさんに一任だな。(場内　笑)
本江（司会）：『防災地区ターザン計画』(177)はどうでしょう。改めて、『縁の下のまち』(115)、『治具ノ家』(155)、『防災地区ターザン計画』(177)、『「間にある都市」の表現方法について』(196)、『堆積の器』(395)の中から2作品。何がよいでしょうか？
辻：僕は、結構、『縁の下のまち』(115)が、いいと思います。
五十嵐：青木審査員長は『「間にある都市」の表現方法について』(196)については、どうですか？
青木：先ほど門脇審査員が説明してくれた、中間ぐらいのものをどう作っていくかというテーマは結構、おもしろいと思ったんだ。
門脇：ただし、テーマで終わっていて、最終的にでき上がった建築では、その点についての再現性が弱い。
青木：弱い？　そうか。それなら、推さなくてもいいけど。
本江（司会）：それでは、『「間にある都市」の表現方法について』(196)は「補欠」候補に回しましょうか？
審査員一同：(了承)
本江（司会）：では『「間にある都市」の表現方法について』(196)は「落選」で「補欠」候補

です。
中田：3つの住宅がある『治具ノ家』(155)は結構いい、と僕は思う。
本江(司会)：『治具ノ家』(155)、どうでしょうか？
五十嵐：これは、説明を聞いて「それだけで、終わりです」となりませんか？
赤松：これは、着想と結果との間が、飛んでしまっている気もします。
本江(司会)：これが今日の建築論としてどういう効能を持つか、ということでもあります。どうでしょうか。でも構法の作品としては金継ぎの『住宅構法の詩学』(036)がファイナリストに入っています。

では、改めて、ファイナリスト候補として残っている作品を整理すると、基礎を扱った『縁の下のまち』(115)、『治具ノ家』(155)、『防災地区ターザン計画』(177)、『堆積の器』(395)。この4作品から2作品を選ぶことになるかと思います。どうでしょうか？
磯：僕は『縁の下のまち』(115)と『防災地区ターザン計画』(177)ですね。
門脇：順当にいくとそうですね。
五十嵐：あと2つならそうだね。
各審査員：(磯審査員に肯定的な反応)
本江(司会)：では、みなさんに異論がなければ、『縁の下のまち』(115)と『防災地区ターザン計画』(177)を加えてファイナリスト10作品ということでよろしいでしょうか？
(「ターザンが突然！」などの発言で場内が沸く)
本江(司会)：突然現れる、ターザンらしいイメージでした。ではよろしいでしょうか？
審査員一同：(了承)

本江(司会)：続いて補欠の選定ですが、その前に、ファイナリストに選ばれた作品を改めて確認していきます。住宅構法を扱った各社の住宅を金継ぎする『住宅構法の詩学』(036)、基礎を扱った『縁の下のまち』(115)、ファサードを再構成してタワーにする『ファサードの転回による都市風景の再編計画』(118)、ターザンの避難計画『防災地区ターザン計画』(177)、製塩の『モヤイの航海』(227)、霞が関ビルディングの怪獣『死離滅裂』(253)、『アジアンタウン構想』(322)はロッテ工場跡地の移民の計画、沖縄方言の建築『話クワッチィ』(330)、『建築の生命化』(360)の動く建築、富士山の『嶽』(363)。以上10作品がファイナリストです。

辻：異議があります。『アジアンタウン構想』(322)はファイナリストとしてふさわしくないのでは？
本江(司会)：『アジアンタウン構想』(322)がファイナリストというのはどうか、ということで異議が出ています。みなさん、いかがでしょうか？
(場内　騒然。『アジアンタウン構想』(322)の可否について議論を始める)
辻：これは、移民を強引に集めてという、わりと一辺倒な作品だと思います。地下空間がおもしろいから残ったという理由はあると思いますけれど……。
本江(司会)：そこは議論を呼ぶところなので、ダメだったら、「こんなことでいいのか？」とファイナルのステージで説教をする方法も例年、ありますが(笑)、どうでしょう。
辻：また、上に載っている建築があまり新しいデザインではないのも気になる。
本江(司会)：それはそうですね。
小野田：都市とあまり関連していない、というか、その周辺の街区とどう関係しているのかがわからないところで推せない。
各審査員：(疑義が強まる)
本江(司会)：多くの審査員からの『アジアンタウン構想』(322)への疑問の声が高まったので、反対がなければ、一旦、ファイナリストから外します。よろしいでしょうか？
審査員一同：(了承)
本江(司会)：では、『アジアンタウン構想』(322)は選外とします。ついては、その代わりの1作品についてはどうですか？
各審査員：(候補作品を洗い直しつつ相談)

福屋：今、五十嵐審査員から、初期の選定で「落選」になっていた『建物語』(168)の推薦がありました。
五十嵐：これは、相当、クオリティが高いと思うけれど、どうですか？
中田：いいかもね。
門脇：でも、それ自体が1つのスタイルなんですよ。
五十嵐：まあね。
福屋：でも、青木審査員長が言うように、この書き割りのような形態のズレをきちんと意識してつくっているという意味では、問題を複層的に扱っているというレベルには到達しています。
五十嵐：そうだよね。
辻：そういう作品があってもいいな。
本江(司会)：言葉を扱う作品という意味では、ファイナリストには沖縄の方言の『話クワッチィ』(330)があります。
五十嵐：でもそれとは全然、別のタイプの作品です。『話クワッチィ』(330)の作者から、ファイナルで何にも話が出てこないという可能性もあるよね？
本江(司会)：もちろん、それはあります。では、『建物語』(168)は『話クワッチィ』(330)とは別系統の作品ということで、これを10作品めとしていいでしょうか？

各審査員：(「悪くない」「いいんじゃない」など肯定的な反応)
本江(司会)：ではよろしいでしょうか？
審査員一同：(「当選」に同意)
本江(司会)：では『建物語』(168)をファイナリスト10作品め「当選」とします。

では改めてファイナリスト10作品を確認します。『住宅構法の詩学』(036)、『縁の下のまち』(115)、『ファサードの転回による都市風景の再編計画』(118)、『アジアンタウン構想』(322)は「落選」で代わりに『建物語』(168)、『防災地区ターザン計画』(177)、『モヤイの航海』(227)、『死離滅裂』(253)、『話クワッチィ』(330)、『建築の生命化』(360)、『嶽』(363)。以上、10作品がファイナリストです。みなさん、今度こそ異論はないですか？
審査員一同：(了承)
本江(司会)：それではファイナリスト10作品が決まりました。
(場内　拍手)

本江(司会)：続いて補欠と補欠の順位を決めます。補欠は、ファイナリスト10作品に選ばれた人が会場に来られなかったら呼ばれます。ですから順位を付けます。
最終段階でファイナリストにもれた作品から見ていくと『治具ノ家』(155)、『「間にある都市」の表現方法について』(196)、『アジアンタウン構想』(322)、『堆積の器』(395)あたりが補欠候補です。他に議論の中でファイナリストに近かった作品と入れ替える方法もありますし、改めて選び直すという方法もありますが、どうしましょうか？
辻：バランスを見て全体から選びませんか？
本江(司会)：みなさん、よろしいでしょうか？
審査員一同：(了承)

本江(司会)：ではファイナリスト候補作品の内、残った作品の中から、これを、という作品を推してください。補欠候補は、『「往復業」のワークプレイス』(012)、『MoSA, Omachi』(047)、『蟲の塔』(077)、『治具ノ家』(155)、『塵海の廻都』(171)、『「間にある都市」の表現方法について』(196)、『アジアンタウン構想』(322)、『堆積の器』(395)の8作品です。どうでしょうか？　補欠は不在者や辞退者が出ないとファイナルに呼べないけれど、オフィシャルブックにきちんと掲載されるから名誉です。重要です。
福屋：やはり、設計の密度からいって『蟲の塔』(077)がいいのではないですか。
赤松：そうだね。いろいろなものが本当にきちんと構築されている。
各審査員：(『蟲の塔』(077)を推す発言多数)
本江(司会)：『蟲の塔』(077)を補欠1位に推したいという意見がありますが、どうでしょうか？
審査員一同：(了承)
本江(司会)：では補欠1位は『蟲の塔』(077)です。

次に補欠2位はどうでしょうか？　ファイナルに出られる可能性はほとんどないと思いますけれど、重要です。
青木：希望としては、金沢の『治具ノ家』(155)と、汐入の『堆積の器』(395)です。
本江(司会)：青木審査員長から提案がありましたが、みなさんどうでしょうか？　異論があればどうぞ。
各審査員：(異論なし)
本江(司会)：では『治具ノ家』(155)と、『堆積の器』(395)が残る補欠2作品です。順番を付けたいのですが、どうでしょうか？
中田：『治具ノ家』(155)が補欠2位で、『堆積の器』(395)が補欠3位でどうですか？
本江(司会)：その順番でいいですか？
審査員一同：(了承)
本江(司会)：では補欠3作品は、補欠1位『蟲の塔』(077)、補欠2位『治具ノ家』(155)、補欠3位『堆積の器』(395)に決まりました。これで、ファイナリスト10作品と補欠3作品を選ぶことができました。ありがとうございました。
(場内　拍手)

67

セミファイナル
総評

よくできているか、問題を突きつけるか

青木 淳
審査員長

セミファイナルのグループ審査における審査員長選出作品と他の審査員グループ選出作品とに6作品の重なりがあったため、続くディスカッションの対象として、とりあえず選出されたのは総計35作品だった。議論を進める中で、審査員の推薦により2作品が追加され、しかもその2作品ともファイナリストに選出されたことが印象的だった。追加された作品の1つは(177)で、防災施設を主題とした設計だった。これは、そこに設計された建築以上にやはり人間が重要なのではないか、と主張しているように思われ、その問題の大きさから、ファイナルの議論の俎上に載ってしかるべきと判断された。追加作品のもう1つは(253)で、自然を利用して現代都市が目指す合理性を批判する、その暴力性が評価された。その一方で、同じく自然が現代都市に代替していく道筋を示していた(077)は、(253)と比較して、そこに潜むはずの暴力性が希薄に思われたため(！)、ファイナリストの補欠1位に甘んじることになった。

こうしたことからも窺えるように、ファイナリスト選出の判断においては、大きく分けて、2パターンあったと思われる。まずは、設定された課題に意義があり、スタディが丹念に行なわれていて、課題が「建築」的な側面から、発見的に解決されている、という正統的な建築設計の観点からの判断である。そしてもう1つは、議論に耐え得る何らかの問題提起をしているかどうか、という判断である。ファイナルに残った各作品はおおむね、その前者と後者の判断の両面を併せ持ったものだが、(227)は前者の傾向が強く、(177)(253)(360)は後者の判断によったと言っていいだろう。前者の判断基準ではほとんど評価できなくとも、後者の判断基準によって先のステージに進める作品があることが、大学内の選考ではない「せんだいデザインリーグ 卒業設計日本一決定戦」の特徴だ。

その意味で、特に後者の判断からグループ審査の選考に残りながらも前者の判断からすると弱いと判断され、選を逃したのは、(009)(033)(094)(211)(231)。同じく、特に後者の判断からグループ審査の選考に残りながらも、その先の議論までは難しい、と判断され、ファイナルに進めなかった作品は、(047)(112)(122)(174)(216)(242)(297)(395)(454)。逆に、前者の判断で最終選考まで進んできたが、提案の発見的展開の度合いが低くてファイナルを逃したのは、(012)(037)(131)(145)(155)(171)(196)(212)(282)(322)(349)(365)だったように思われる。

69

PROCESS_3

進行役：櫻井 一弥

Final Round

ファイナル **01_Presentation>>Q&A 02_Final Discussion**
プレゼンテーションと質疑応答 ファイナル・ディスカッション

（公開審査）

2018.03.04.PM
せんだいメディアテーク
1階オープンスクエア

10→1

ファイナルでは、公開審査によって、ファイナリスト10作品の中から「日本一」を決める。
セミファイナル審査で10組のファイナリストが決まると、選出された各ファイナリストに連絡する。本人と連絡がつき次第、ファイナリストの模型やポートフォリオを、せんだいメディアテークの1階オープンスクエアへ移動。審査員たちも会場へ向かった。
ファイナルの審査は2部門で構成される。最初に、ファイナリスト10組のプレゼンテーションと質疑応答を行ない、続くディスカッションによって「日本一」をはじめ各賞が決定した。

プロローグ：ファイナリスト選出過程についての審査員コメント

01_プレゼンテーションと質疑応答

ID036	谷繁 玲央	住宅構法の詩学──The Poetics of Construction for industrialized houses made in 1970s
ID115	平井 未央	縁の下のまち──基礎から導く私有公用
ID118	山口 大輝	ファサードの転回による都市風景の再編計画
ID168	髙橋 万里江	建物語──物語の空間化
ID177	櫻井 友美	防災地区ターザン計画──吉阪隆正にみる「スキ」のある建築
ID227	柳沼 明日香	モヤイの航海──塩から始まる島の未来
ID253	松本 悠以	死離滅裂──死者と自然と生きる都市
ID330	笹谷 匠生	話クワッチィ
ID360	渡辺 顕人	建築の生命化
ID363	山本 黎	嶽──富士山をリノベーションする

02_ファイナル・ディスカッション

ファイナル審査員

青木 淳（審査員長） 赤松 佳珠子 磯 達雄 五十嵐 淳 門脇 耕三 辻 琢磨 中田 千彦
進行役：櫻井 一弥

Photos except as noted by Toru Ito, Izuru Echigoya.

SENDAI DESIGN LEAGUE 2018

Prologue: Jury Comments on the Finalists
プロローグ：ファイナリスト選出過程についての審査員コメント

ファイナルの審査に先立ち、ファイナル・プレゼンテーションの準備時間を借り、公開審査の来場者に向け、審査員たちがファイナリスト選出に至る審査の経緯を簡単に紹介した。審査員の期待が込められたファイナルの幕が切って落とされようとしている。

青木：ファイナルに先立ち、審査員に、これまでの審査の経緯や、感想、コメントをお願いしたいと思います。
辻：やはり審査の時間が短か過ぎました。一瞬に判断しなければならないことの罪悪感みたいなものを感じながら、それでも時間を切らなければならないという場面もあって。それが一番、辛かった。また、展示作品から発する熱量がすごく大きかったので、その熱量を感じることと、時間不足の罪悪感とを両方抱えながら、予選審査では300以上の全出展作品を見て回りました。なかなかできない経験で、すごかったです。
門脇：今年の傾向としては、スラムを扱った作品が、多かったです。あとは、シカやウシなどの動物、昆虫といった、人間以外の主体と一緒に住もうという作品も多かった。
辻：やはり予選で全332作品を見た五十嵐審査員はどうですか？
門脇：五十嵐審査員は、審査中ずっと怒っていましたけれど……。
（会場　笑）
五十嵐：辻審査員が「熱量」と言いましたけれど、僕は、熱を全く感じませんでした。
それから、この会場にどのくらい出展者がいるのかわかりませんが、収容人数の問題で会場に入れない出展者がいるというのは、イベントとしては残酷だと思いました。せめて出展者ぐらい優先的に会場に入れたらいいのに、とか思いつつ……。
門脇：同じく予選で全作品を見た磯審査員はどうでしたか？
磯：僕は「せんだいデザインリーグ　卒業設計日本一決定戦」（以下、SDL）に取材者や見学者の立場で何度か来ています。その時の体験でも「こんなにたくさんの展示作品を一度に見なければいけないとは、大変だなあ」と思っていました。ただし、その時はたくさんの展示作品を見るだけで、別に、各作品のいいところを見落としてもかまわなかったけれど、今回は、審査員という立場なので、そうはいかない。それはもう結構なプレッシャーを感じながら展示作品を見ました。途中で、プレッシャーに負けそうになりました。
門脇：しかも磯審査員は、セミファイナルのグループ審査で五十嵐審査員と一緒に回ったので、「五十嵐プレッシャー」も同時に感じているようでしたね。（会場　笑）
磯：それはそうですね。五十嵐審査員の独特の「けなし芸」に魅入られて、翻弄されかけました。（会場　笑）

門脇：中田審査員も全作品を見ましたが、どうでしたか？
中田：私は地元でもあり、毎年参加していますが、今年は審査員のジェネレーション（世代）が例年より少し若くなったこともあって、元気な審査会だったと思います。声もよく上がっているし、批評も新鮮でシャープだし。作品を残す、残さないを決める際には、各自の言明への責任感のようなものを各審査員から感じました。また、世代が変わっていき、SDLがそれに連れてトランスフォーム（変化）していくということもすごく感じています。
一方、審査の方法も年々変わってきています。セミファイナルでは、まずグループ審査で審査員が3グループに分かれてそれぞれ推す作品を挙げる。そして、各グループから持ち寄った作品を対象としたディスカッション審査では、審査員それぞれが推す作品を応援したり、挙げたことの責任を感じて却って引いてみたり。そうした経緯はこのあとオフィシャルブックにまとめられてみなさんのもとに届くのですが、十分に読み応えある内容になると思っています。ですから、みなさんにはファイナル審査だけではなくて、そこに至る過程を含めて、オフィシャルブックを楽しみにしてほしいと思います。

門脇：いやあ、セミファイナルでは大いに議論しました。そのため、今日の午前中で議論をし終えたようなさわやかな気分で、もう話すことはない、みたいな感じもありますが、ここからが本番なんですね。
辻：僕らは昨日の予選審査から作品を見ているからね。もう7周くらい展覧会場内を回っているかな。
門脇：僕は8周したよ（笑）。
辻：何だか回数の勝負みたいになっているけれど……（笑）。でも、昨日の予選でもきちんと根を詰めて議論をしたし、先ほどのセミファイナルでも、ギリギリまで「これはどうしようか？」と精査しました。たぶん、ファイナリスト10選についても予選通過100選についても、審査員全員が納得のいく形で選出できているのではないかと思います。というか、それぞれを選んだ理由をきちんと説明できる過程になっていると思います。

門脇：昨日の夜も議論しましたものね。「明日は青木淳審査員長と、赤松佳珠子審査員が来るらしいけど、あの2人にどう対抗するか？」という作戦会議もしていましたが……。（会場　笑）
赤松審査員、いかがだったでしょうか？

赤松：私は今朝から参加したので、セミファイナルでは34作品ほどを見たことになります。それでも、あまりにも作品の幅が広すぎて、「自分の中で判断基準を定めるのが難しいなあ」ということを痛感しました。それで、これだけの数の作品から、1日の審査で100作品に絞り込むという昨日の作業には、審査員が相当な労力を要したであろうと想像しました。また、審査員それぞれの視点が違うので、「えー！　ホント？　それ選ぶの？」というような議論は、セミファイナルの議論の中でもありました。そういう意味でも、この後の議論もエキサイティングなものになっていくのではないか、と、ちょっとヒヤヒヤしながら、想像しています。
青木：赤松審査員と僕は今日だけなので、1時間半くらいしか作品を見ていません。だけど、会場を3周は見て回った。その巡回審査の時、すでに予選で100選の作品が選ばれていたことには結構、助けられて、「とりあえずこれを見て」ということはわかったので、それを中心に見ることができました。ただし、巡回審査で審査するのは、模型を主に、パネルが1枚です。とてもポートフォリオまでを見る時間はなかったというのがちょっと残念だった。その代わり、午前中のセミファイナルの議論の中で、特に昨日の予選から来ている審査員から「この作品はこういう提案です」という説明が聞けたので、それがすごくよかった。
これからファイナリストの学生の発表を聞くのだけれど、もしかしたら、各審査員から聞いた説明とはだいぶ違うというか、審査員の説明のほうが、作品をかなりよいほうに解釈して説明してくれているかもしれない（笑）。ここにある10作品は、単純に多数の票が入ったということではなくて、「この作品の作者に話をしてもらうと、果たして議論がおもしろくなるだろうか？」というような観点を含めて、10作品のバランスを考えて選びました。そういう意味で、これからの議論には期待できると思っています。

門脇：ということで、いい感じの予告編になりましたね（笑）。それでは、みなさん、これから始まるファイナル審査、どうぞご期待ください。（会場　拍手）

PROCESS_3 Final Round
01_Presentation>>Q&A
［プレゼンテーションと質疑応答］

PROCESS_3 Final Round 01_Presentation [プレゼンテーション]

036 谷繁 玲央　Reo Tanishige
東京大学
工学部 建築学科

住宅構法の詩学——The Poetics of Construction for industrialized houses made in 1970s

図1

図2

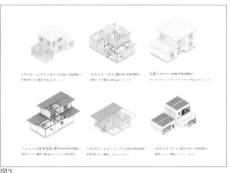
図3

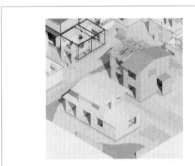
図4

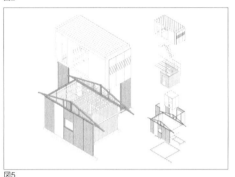
図5

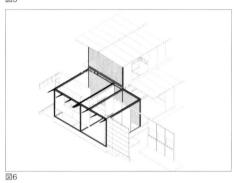
図6

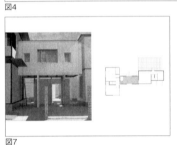
図7

図8

図9

図10

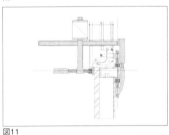
図11

図12

図13

■提案趣旨
本提案では、
①「一世帯一住戸一構法」という、各住宅が持つ閉じられたシステムをいかに外に開くか、そして外のモノとつなげるか
②大量生産、プレファブリケーション(以下、プレファブ)*1という文脈で生まれたものをどう使い倒すか、どう消尽するか
③新しくモノを作り出す設計ではなく、すでにあるモノとモノとの関係性を調整することによって設計できないか
を考えました。

■敷地
敷地は1970年前後に造成された工業化住宅が並ぶ宅地。ここで設計を行ないます(図1)。

■「呼継ぎ」
今回、さまざまなエレメントをコラージュして作る機能的には建築未満のモノを「呼継ぎ」と呼びます。本来、由来の違う異なる陶磁器を金継ぎ*2したものを呼継ぎと呼びます(図2)。その手法に因んでこの建築を「呼継ぎ」と呼びます。

■調査
本提案では以下の3文献をもとに、工業化住宅の構法、ディテール(細部の収まり)、寸法などについて詳細に調査しました。
①日本建築学会編『構法計画パンフレット5 工業化戸建住宅・資料』
②松村秀一他『箱の産業——プレハブ住宅技術者たちの証言』
③東郷武『日本の工業化住宅(プレハブ住宅)の産業と技術の変遷』

■設計に登場する工業化住宅
①ミサワホーム「フリーサイズ」：中型木質パネル工法、910mmモジュール(基準寸法)のもので、現場施工が可能
②セキスイハウス「2B」：鉄骨パネル構造で、1,000mmモジュールのプレファブ住宅の代表的なもの
③ナショナル住宅「R2N型」：工業化住宅の中では珍しく鉄骨ラーメン構法を採用
④大成建設「パルコン」：プレキャスト・コンクリート・パネルにもかかわらず910mmモジュールを持ち、少し変わったもの
⑤ミサワホーム「ホームコア」：大型木質パネル工法の格安住宅
⑥セキスイハイム「M1」：鉄骨ユニット工法で話題になったエポックメイキングな住宅
以上の6種類の工業化住宅(図3)に、在来構法の木造住宅2種類を足したものが設計の対象です。

■「呼継ぎ」の過程
実際に「呼継ぎ」を順番に見ていきます。「呼継ぎ」は段階的に構築されていきます(図4)。
呼継ぎ1：セキスイハウス「2B」の外壁とミサワホーム「ホームコア」の外壁を入れ子状に組み合わせ、新しいサニタリースペースを提案しています(図5)。
呼継ぎ2：ナショナル住宅「R2N型」のラーメン構造の外壁を引き剥がすことによって屋外化し、さまざまな構法のパネルが乱立する作業場を提案しています(図6)。
呼継ぎ3：セキスイハイム「M1」のユニットを連絡通路として、ナショナル住宅「R2N型」と大成建設「パルコン」の2階同士をつなげています(図7)。
呼継ぎ6：910mmモジュールの木質パネルとコンクリート・パネルを集めて在来木造に組み合わせ、建築を増築しています(図8)。

■接合部の検討
次に「呼継ぎ」の金に当たる部分の提案です(図9)。外装材や構造体を毀損せずに、ただ「つかむ」だけ、というクランプ方式を提案していて、クランプと角材をつなげることで、そこから最低限の加工が可能になります(図10-12)。
敷地境界をまたいで、「呼継ぎ」と呼ばれる、いろいろな構法による小さな構築物が混ざり合った建築を配置することによって、新築ではつくれない多様な場所が生まれます(図13)。

編註
*1 プレファブリケーション：本書18ページ編註1参照。
*2 金継ぎ：本書55ページ編註2参照。

>>Q&A [質疑応答]

五十嵐：細部についてのマニアックな解説はよくわかったけれども、だから、どうなるんですか？ 誰のために、何のために、こんなことをやるの？ 空間としては、何がよくなっているの？ 気持ちのいい空間になっているの？ そこを端的に説明してください。あなたのマニアックな興味のために世の中があるわけではないし、この建築はとりあえず人間のために作られたものなんだから、何のためにこんなことをするのか、聞かせてください。

谷繁(036)：今回は、可能な限り、計画や機能についての説明はしないようにしましたが、もちろん考えてはいます。現在、建てられてから50年経った工業化住宅がどんどん街並みから失われていく中で、50年間、街並みをつくってきたもの、すぐ身近にあったもので新たな建築を作れないか、という提案です。だから、ユーザーや実際の住宅地にある問題などは、僕の提案の中では必ずしもクローズアップしていない部分です。その場所にすでにあったものを使って再編することによって、多様な構法の混在している場所をつくるという趣旨です。

辻：敷地は具体的に設定されていますか？

谷繁(036)：複数のニュータウンを参考にしています。平均的な敷地面積、隣棟間隔を参考にしました。

辻：では敷地はフィクションで設定した、ということですね。

谷繁(036)：はい。あとは、実際に販売されていた年代なども参考にしています。

辻：たとえば、中間領域がこうなる、というように、プログラムや機能などは何か想定していますか？

谷繁(036)：はい。例として挙げた「呼継ぎ1」では2つの建築のサニタリースペースが古くなっていて、その中間に新しいユニットバスを挿入するという提案などをしています。

赤松：方法論はわかるけれど、その提案によって具体的にどんな空間や街が生まれるのですか。新築から50年経ったけれども、この手法で古い住宅を接いでいくことによって、また違ったものが生まれてくるということですよね？ それを生み出す根拠というか、こうするとなぜいいのか、についての説明がないと、建築の説明にはならない。そこはたぶん、先ほど質問した五十嵐審査員にとっても未消化な部分だと思うので、もし、それについての考え方がきちんとあるなら、そこをまず説明してください。

谷繁(036)：割り切っている、と言われればそうなのかもしれませんが、僕は基本的に、こういう可能性のオプションを提示することに、すごく興味があるのです。それは、語り方の順番で言えば、「最後に」ではなく「最初に」構法の話があって、そこにどういう暮らしがあり得るのか、という順番で考えています。

櫻井(進行)：その「暮らし」については具体的に考えた？ それとも、これから考える？

谷繁(036)：考えました。でも、今回、設計者の立場をどう位置づけるかが、僕の中でもかなり難しくて。住宅メーカーの設計のディテール（詳細の収まり）がどう作られたのかを丹念に調べていくと、モジュール（基準寸法）を含めて、さまざまなシステムや部品は経済的な効率に基づいて生まれています。基本的にその段階にユーザーはいないわけです。ある時代の建築家も、ある瞬間までは、システムの構築から始まっていると思うので、僕は住宅メーカーの設計者と建築設計者の中間の立場で、この提案を行なっています。

磯：やろうとしていることは、建築の設計というよりも、工業化住宅のシステムを新しくしたい、ということなのかな？ つまり、1960年代の日本ではたくさんの工業化住宅が提案されていったけれども、それらはモジュール化などと言われながら、その後、メーカーごとに閉じたシステムになっていって、現在では、異なるメーカーの住宅同士はくっつかない。そういう状況に対して、あなたは異なるメーカーの住宅同士をくっつけたかった、ということでいいのですか？

谷繁(036)：はい、その通りです。

櫻井(進行)：そう言い切っていいのですね？

谷繁(036)：一番の興味は、そこにあるものを即物的に操作して設計することが可能か、ということにあって、その題材として工業化住宅を選んだということです。

門脇：少し擁護すると、近代化以前は、各地域の構法は限定されていて、異なる構法が乱立するようになるのは近代以降です。多くの住宅メーカーがいろいろな構法を開発して、全国的に、それらが同じ街に並ぶことになった。それが街並みの混乱を生んでいたのである、というのが一般的な評価です。けれども、複数の住宅メーカーの構法を混在させパッチワーク化することによって、その混乱を調停できる、という主張にも読める。そんな仮説があるのだとすると、おもしろいと思いますけれども、どうなのでしょう？ そういったこの提案のリーチ（対象範囲）、この提案のゴールがどの辺にあるのか、について審査員は質問していると思うのですが。

谷繁(036)：基本的に、1970年代の住宅を選んだ理由は、それ以降は、家の構法が各社ごとにどんどん閉鎖的になっていって、その家がどう作られたのかが誰にもわからなくなったからです。1970年代前後までは、ギリギリ「少し、わかる」「表面仕上げを引き剥がせば、わかる」ものだった。だから、そういう難しい過渡期の工業化住宅を選びました。

僕の中では、この提案で、それぞれの家の成り立ちを少し崩して、少し組み合わせることによって、その家がどういう風に成り立っているのかを露見させることが重要なのです。だから、この題材を選んだということです。今のは答えになっていませんでした、すみません。

青木：すべての住宅がバラバラのクローズドの仕組みを持って建っています。だから金継ぎ*2のような、接ぐ部分を解決する方法が重要になってくる。先ほどの説明にあった、クランプで留めるのは方法の1つだと思うけれど、それ以外にもいろいろな方法があるよね？ それについては、どれくらいの方法を考えついたの？

それから、たぶん、住宅同士を接ぐことによって敷地をまたぐということも起きてくるだろう。金継ぎなら、バラバラの瀬戸物の破片に対して1個の方法で接ぐことができるけれど、住宅ではどうなるのか。この作品では、「接ぐ」ことについて、どういう具体的な提案があるのか、もう少し話してほしい。

谷繁(036)：クランプの提案に関しては、外装材や構造体を毀損せず、後々の転用や「呼継ぎ」のために、「つかむ」だけ、というラフな方法を提案しました。

たとえば、先ほどの呼継ぎ6の構法では、「パルコン」のコンクリート・パネル内にシース筋という鉄筋が通っているので、それをアンカーボルトで他社製の木質パネルにつなぐとか、個別具体的に「この構法とこの構法の組合せだと実現する」という提案もしています。つまり、普遍的にどの外装材でも、どの構法でもつなげられるのがクランプの方法だという提案です。

青木：では、この作品では、その「つなげる」という行為が、建築の行為だということですか？

谷繁(036)：そうですね……。たとえば、住宅によってモジュールが違ったりするので、つなげると随所に空隙などが生じる。そこに屋根を架けることなどもそうです。僕の中では金継ぎの金の部分と陶磁器の部分を等価に扱っているので、空隙に屋根を架けることも建築行為だととらえています。

審査員席：（あまり反応なし）

櫻井(進行)：審査員のみなさん、よろしいですか？

五十嵐：だから何なんだ？ というところに落ち着くと思うんだけど……。

櫻井(進行)：たとえば、この模型で言えば、このつないだところがすごく魅力的な空間になっている、といった説明はできませんか？

谷繁(036)：ここには、1つしか模型を置いていないので……。

櫻井(進行)：この作品は予選やセミファイナルでもかなり高評価でしたが、発表を聞いて、実際にはうまく空間に落とし込めているのか、が審査員には疑問になってしまったのでしょうか。その点については、消化不良だった部分があるとは思います。ただし、リサーチはとてもていねいにしていて、本人がとても楽しんでやっているということはよくわかりました。

縁の下のまち——基礎から導く私有公用

115 平井 未央 Mio Hirai
日本女子大学 家政学部 住居学科

基礎の歩み
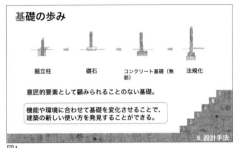
図1　意匠的要素として顧みられることのない基礎。
機能や環境に合わせて基礎を変化させることで、建築の新しい使い方を発見することができる。

新・基礎

図2　たとえ住宅が無くなったとしても、基礎だけで人の集まる場となる。新しく建てられる住宅の基礎としても使うことができる。

鉄骨フレーム補強
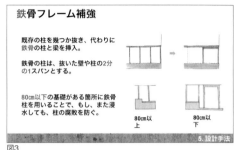
図3　既存の柱を幾つか抜き、代わりに鉄骨の柱と梁を挿入。鉄骨の柱は、抜いた壁や柱の2分の1スパンとする。80cm以下の基礎がある箇所に鉄骨柱を用いることで、もし、また浸水しても、柱の腐敗を防ぐ。

柱を運ぶ基礎
図4　既存住宅の外部にまで広がっていった新設基礎には、新しい柱が下ろされる。伸びていった軒下空間は、隣家とつながり、「みんなの屋根」となる。屋根には自由に開閉できるカーテン素材を用いる。

設えの基礎
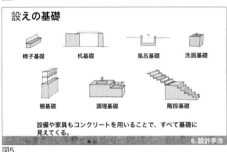
図5　椅子基礎／机基礎／風呂基礎／洗面基礎／棚基礎／調理基礎／階段基礎
設備や家具もコンクリートを用いることで、すべて基礎に見えてくる。

設えを完成させるパネル
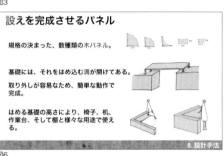
図6　規格の決まった、数種類の木パネル。基礎には、それをはめ込む溝が開けてある。取り外しが容易なため、簡単な動作で完成。はめる基礎の高さにより、椅子、机、作業台、そして棚と様々な用途で使える。

基礎アイソメ図

図7

かまくらカーテンと暖房基礎

図8　断熱性のあるカーテンで室内空間の周りを覆う。基礎には温水式床暖房の配管を通す。冬には暖かく、夏はひんやりと冷たい。場所によって暖かさにグラデーションができる。

改修例 1F
図9

改修例 2F

図10　1階を失った住民は、使いこなせてない部屋を改修し、必要な設備を入れる。

暮らしの様子

図11　パブリックビューイング

■ハコ的建築、使いこなせるスケール
私の地元である福井県福井市は常に大きな箱を地域施設として用意してきました。しかし、その後、多くの店舗が撤退し、いずれも何もないハコになっているのが現状です。保守的な福井に外部のソフトをもってきても定着しないことが原因です。ハコでは限界があるとわかったため、地域施設のあり方を見直すことにしました。そこで、普段は都市スケール（規模）のハコに収められる機能を、住宅スケールへと転換させることで、人が使いやすくなり、ソフトを介さずとも人が集まる施設になると考えます。

■対象敷地
対象敷地は、福井市の中心部から足羽川を渡ってすぐの住宅地、みのり地区です。新興住宅地として20年前に整備された、パークアベニューみのりを対象としました。地区のメインエントランスのある、1区画を敷地とします。平成16年7月福井豪雨で被災したことで、人気が落ちました。

■私有公用の最大化
これまで地域施設は、「みんなのものであり誰のものでもない」という状態でした。これでは住民の愛着心が生まれず、施設は地域に定着しません。これを、「みんなのものであり、私のものであり、誰かのもの」という状態に持っていく必要があります。そこで、既存住宅の設置階（1階）を公共に開放します。これにより、「ヒトゴト」でなく、「ワタシゴト」の地域施設が生まれます。

■プログラム
区画そのものを1つの建築、各住戸をその建築の部屋ととらえ、ホストネイバーズのいる宿泊施設を計画しました。開放した設置階は、宿泊室兼周辺住民たちのシェア空間としてさまざまな人たちに利用されます。延べ床面積の大きい家は、福井の象徴でもありますが、子供たちが巣立った今、使われていない部屋も多く、そのデッドスペースが収入を生む空間となります。

■設計手法
壁をはがしたことでバリアとなって現れた住宅の基礎構造体（以下、基礎）。この基礎を用いて解くことにしました。基礎は建築で唯一大地に接する部位であり、建築へいざなう際、無視してはならないと思います。これまで基礎は意匠的な要素として顧みられることがありませんでしたが、また基礎を環境や用途に合わせて変化させることで新しい建築の使い方を提案します（図1）。また基礎は、設計段階では最後に回されますが、建設現場でははじめに建ち上がるものです。現場と同じ順序で設計を進めることで、「発生的な建築」を目指します。

■新・基礎の考え方
地面から60cm上まで浸水した住宅地の壁をはがし、柱の状態を確認するとともに、基礎を地面から80cmまで上げ、柱の腐敗した部分を切断し、座屈長さを短くします。基礎は場所や機能に合わせ、設えのように形を変化させ、下から緩やかに住戸をつなぎます。たとえ住戸がなくなったとしても、基礎が人の集まる場となるでしょう（図2）。

■新・基礎をつくる手法
①鉄骨フレーム補強：開放的な空間実現のため、既存の柱をいくつか抜き、鉄骨フレームを元の1/2のスパン（間隔）で挿入します。また、地上80cm以下の基礎に鉄骨を用いることで、浸水した際の腐敗を防ぎます（図3）。
②柱を運ぶ基礎：新設の基礎は、既存住宅の外部にまで広がり、そこに新しい柱が運ばれ、屋根が架かります。伸びていった軒下空間は隣家とつながり、みんなの屋根となります（図4）。
③設えの基礎：建築構造の基礎だけでなく、設備や家具などの基礎も、同じくコンクリートで作ることで、基礎が生活全体の基礎、ひいては街の基盤として見えてきます（図5）。
④設えを完成させるためのパネル：設えとしての基礎を簡単に完成させるために、木パネルを数種類用意し、基礎にそれをはめるための溝を作ります。設置する基礎の高さによって、椅子、机、作業台など、さまざまな用途に対応することができます（図6）。
⑤かまくらカーテンと暖房基礎：断熱カーテンで室内空間のまわりを覆い、基礎に温水式床暖房を通すことで、暖かさにグラデーションを設け、冬でも半屋外空間を楽しむことができます（図8）。

■設計提案
①基礎のみのアイソメ図：遺跡のようにも見える基礎は、見た人それぞれに場の使い方を想起させ、使う人によって違う風景が生まれます（図7）。
②平面計画：図書館やマルシェ、ギャラリー、ショップなどの通りを配置し、そのまわりに宿泊室やシェア空間を点在させます。
③1階の改修例：既存基礎を拡大、拡張、消去することで既存住宅と全く異なる空間が生まれます。これまで道に面して一様に並んでいた玄関は、階段が新しい玄関口となることで、さまざまな方向へつながる出入り口へと変化し、人々の動線がここで交差します（図9）。
④2階の改修例：1階を失った住民は、使いこなせていない部屋を改修し、自分たちに必要な設備を入れます。シェアキッチンやコインランドリー、銭湯を使って生活できる住民は、趣味の部屋を拡張するなど、サードプレイスとして利用できます（図10）。

■暮らしの様子
①パブリックビューイング：階段状の半地下となり、階段が既存建物部分からはみ出ていることで、晴れの日は屋外まで舞台を拡張して使われます（図11）。
②ギャラリー通り：新しい屋根の架かる新たな動線となり、人々を屋内ギャラリーまで導きます。
③図書館通り：図書館では、基礎が室内からはみ出すように壁を回すことで、基礎が内と外をつなぎ、図書空間を屋外まで広げます。階段まわりにある棚基礎には2階住民の本も置かれます。
④東西のつながり：町内集会から演劇まで、さまざまな用途に用いるパブリックビューイング、洗濯基礎のついた誰でも使えるコインランドリー、引越した空き家の基礎のみが残され、庭のように使われる基礎ガーデン、日によって男女が入れ替わる銭湯、ショップを出しながら滞在することのできる宿泊室、晴れた日は外まで使えるオフィス、2階に住む住民の階段まわりは新しい玄関口として、周囲にその家の生活があふれ出します。

ここがみのり地区全体の拠り所となり、1階から漏れるやわらかい光が、暗かったみのりに活気を戻すことを期待します。

>>Q&A [質疑応答]

辻：これは改修ですか？ どのくらい、既存建物を残しているのですか？

平井(115)：改修です。既存部分は2階部分と残っている既存の柱部分です。既存の基礎部分も一部、残っています。

辻：ということは、2階部分はすべて既存の状態ということ？

平井(115)：はい、既存の状態です。

辻：そこに新しい基礎を入れた、という話なのですね、なるほど。基礎をおもしろく扱うという趣旨はわかりました。
ところで、通常、居住空間を考える場合、基本的にはウワモノ(地上の構築物)がメインになります。だから、基礎をこのように扱うことによって、ウワモノが変わるところがあれば、聞かせてください。

平井(115)：通常、基礎は壁に沿って、同一の400mmスパン(間隔)で回っていますが、ここでは、基礎がさまざまな高さに変化していることに応じて、壁の立ち上がり方が変化しています。また、逆に柱を基礎と同じスパンにすることで、基礎が低いところでは屋根が下がったり、というように、ウワモノにもさまざまな変化が現れると考えています。

辻：それを設計しましたか？

平井(115)：一部、設計しています。

櫻井(進行)：模型で示してもらえますか？

平井(115)：壁については、この部分(模型で指示)が変化した部分です。柱の高さが変化する点については、まだ表現できていませんが、今後の展望としては考えています。

櫻井(進行)：わかりました。その他、質問などどうでしょうか？

門脇：模型を見ていると、コンクリートにこだわりまくっているように見えますが、それはどうしてなのでしょうか？

平井(115)：それについては歴史的な観点から来ています。そもそも、この土地の歴史サーベイ(調査)から始めたのですが、古い時代には東大寺の寺領だったところが更地になり、近代以降、紡績工場ができて、それが衰退したらまた更地にして、そこに新興住宅地ができた、という時系列の流れがあります。それで「この街が衰退したら、また更地にするのか」と思った時に、ここに時間が経過しても変わらないものを何か置いて、それが街のコンテクスト(背景)のようなものになれば、この土地自体が更地にならずに、これまでと違うものになるのではないか、と思いました。その素材として、コンクリートにこだわっています。

門脇：人間が使っている時の状態を物に定着させ、未来に対して貯金として残すというか、言わばこの土地のストック(蓄え)をコンクリートによって残していくという考え方ですね。

磯：私有、公有についての考え方を見直そうという説明がありましたが、ここでは、2階部分が私有のままで、1階部分と土地は1人の人が全部所有するということですか？

平井(115)：2階部分は完全にもともとの住民のための家として使われますが、下の1階部分については、ここの住宅地を設計・運営した不動産会社などが全部持っていて、宿泊施設などとして開放しています。その不動産会社が仲介することで、住民にも収入がある仕組みになっています。
それから、2階への階段まわりには、2階の住民が置いておきたい私有物などが出てきているところもあります。また1階部分の宿泊施設では、住民たちが使わなくなった家具などが使われるのではないか、と想像しています。

五十嵐：これは、浸水によって躯体が腐ってしまったというような深刻な問題についての解決策の提案だと僕は勘違いしていたようです。そういうことではないの？

平井(115)：それも兼ねています。この計画なら、住民の財産や暮らしは基本的に2階部分にあるので、水害に対する備えも担保されています。かつ、宿泊者というのは一時的に滞在している存在なので、住民を守るという点では防災問題が解消されています。また水害でダメージを受けた柱などは、根元部分を切断して改修しているので、補強ができると考えています。

五十嵐：それは具体的にリサーチしたの？ 「この家は、ここまでが腐り始めているからどうしよう」とか。

平井(115)：その、細部については、具体的なリサーチができていません。

五十嵐：なるほど。僕も北海道にいて、凍結深度というものを使って基礎部分を作っているので(笑)、内容には非常に共感できたし、スーパー・プレゼンテーションに驚きつつ、ずっと聞いていました。
一部分、補強のために鉄骨が入っている、というのもわりと理に適っている。低いところまで柱が伸びることについても、鉄なら水が付いてもまあ大丈夫だろう、というように筋は通っているな、と思った次第です。……ほめてます。(会場 笑)

中田：2階は残しているけれど、住民は1階部分のオーナーシップ(所有権)を手放すわけですよね？ ということは、住むという点から見ると減築に当たる。減築に関して、この地域で働きかけているようなことがあると思いますが、それは説明にありましたか？

平井(115)：この住宅地は、20年前に住民が一斉に引越してきて、現在は、子供たちが巣立ってしまっているため、それぞれ大きな家には、たくさん部屋が残っています。その空き部屋を使ってヨガ教室をしている人、留学生を受け入れてホスト・ファミリーになっている人などがいるという現状があり、そういうことが街全体でもっと上手にできるといいな、と思って設計しています。

中田：そういう空き部屋の2次利用みたいなことを、この1階のスケスケになった場所で、もう少し風通しよくやりましょう、ということですか？

平井(115)：はい、そうです。

櫻井(進行)：ちょうど時間になりました。みなさん、盛大な拍手をお願いします。(会場 拍手)

118 山口 大輝　Daiki Yamaguchi
近畿大学
建築学部　建築学科

ファサードの転回による都市風景の再編計画

図1

図3

図4

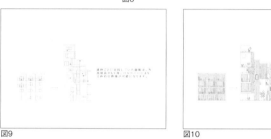

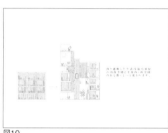

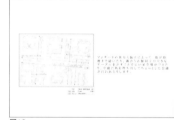

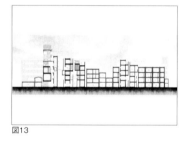

■敷地状況
敷地は大阪市福島の飲み屋街。梅田の西に位置し、周囲にはビルが建ち並び、都市化のエッジに位置します。この街のストリートには多様なマテリアル(素材)や物が高密に集積し、雑多な質が展開します。
対象のエリアには50店舗以上の飲食店が集まり、夜には飲み屋に明かりが灯り独特の賑わいを見せます(図2)。しかし、この街の賑わいは飲み屋が集まる夜のストリートにしかありません。時間帯ごとの街の利用状況の偏りを色の濃淡によって示しました(図3)。日中は人々の利用の中心がオフィスや住居のある高層部に移動しますが、閉じられたファサード(建物の正面外壁面)によって屋内での活動は表層には現れません。

■ファサードのリサーチ
この街には自然素材から加工素材までさまざまなマテリアルが使われており、ストリートを歩く人はマテリアルの切替りによって各建物の意匠を認識します。
飲み屋街を構成する4本の通りに面するファサードについて、マテリアルの切替りの部分に着目し、リサーチしました。その結果、ストリートレベルでは切替えが頻繁に起こり、通りに対して賑わいをつくり出しています(図4)。しかし、それが2階以上では途切れてしまい、切替りがなかったり、単調であったりします。

■ファサードの操作手法
そこで、この街のファサードを2つの手法によって展開し、新しい都市風景を描きます。
①ファサードの回転
この街は内部空間から決定されたファサードで構成され、ビルがすき間なく建てられるために開口部は決まりきった形になっています。また、窓の形や大きさもどこも同じようで、均質な空間が連続します。街のファサードを採取し、それを回転することで、ファサードに影響されて空間ができる、というこれまでと反対の図式ができ、多様な質を持った空間が生まれます(図5)。
そこでは、天高と間口の関係が反転し、とても天井の高い空間ができたり、店舗の入口の大きさのハイサイドライトによって明るいプライベートな空間ができます。また、既存のファサードに付いていた庇やオーニング(日除け)、アルコーブ(壁面の一部を凹ませて作った空間)、引き戸などはそのまま活用します。回転によりアルコーブはバルコニーに、引き戸は上げ下げ窓となり、庇やオーニングは隣からの視線を遮ることができます(図6)。

そして、水平方向だけだったストリートの賑わいが垂直方向に展開し、ストリートを歩いている時の感覚が上に移動する時にも続きます。
②ファサードの反転
通りに面した「外ファサード」に行なったのと同様のリサーチを、建物内部から外を見た時の「内ファサード」についても行ないました。マテリアルの切替りに着目すると、外と内では切替りに同じようなピッチ(間隔)やリズムが見られました。そこで、外と内を反転すると、この街の雑多な質を残しながら屋外と屋内しかなかった街に、外を感じられるような内部空間や内を感じられるような外部空間が生まれます(図7)。
この操作によって、店舗ではストリートまで店内を延長し、建物内に路地のような抜け道を通すことが可能となります。また、庭が取れなかった住居に生活の場としての路地、中庭、土間、室内が生まれ、室内外や公私のグラデーションをもった暮らしが展開されます(図8)。また、室内の設えを持つバルコニーは都市のボイド(余白)となり、住人の暮らしが展開します。

■街の変化
街の動線も変化します。建物ごとに完結していた動線は、外部階段やEV(エレベータ)塔、バルコニーにより、複数の建物にまたがる立体的な動線とすることが可能になります(図9)。
外と遮断されていた生活は、最小単位の内部空間と半屋外空間のある暮らしへと変わります(図10)。
2重ファサードによって生まれた空間は、開口やマテリアル、抜けの操作によって、多様な質や領域を持つようになります(図11)。孤立していた建物同士は関係を持ち始め、ファサードの共有やマテリアルの操作、抜けによって、さまざまな場が生まれます。隣り合う店舗同士は、大きなテーブルを介すことで、広い宴会場をかたちづくることもできます。中庭に机を持ち出して、ちょっとした会議を開いたりします(図12)。

■プログラム
この街にある店舗、住居、オフィスから、時間帯や低層高層での利用の偏りが生じないように、プログラムを設定しています。

この計画は、既存の素材を扱うという意味でのリノベーション(改修)を都市のスケールで思考実験として行なったもので、資本論理での都市開発とは異なる新しい街の作り方の可能性を提示します(図13)。

>>Q&A [質疑応答]

赤松：2重ファサードについてよくわからなかったので、確認させてください。これは既存の建物に新たにもう1枚、ファサードを重ねる手法によって、その間の空間などの新たな場所を生み出す、といったことですか？

山口(118)：そうではありません。これは新築としての提案で、まず既存建物と街並みを完全に潰してしまいます。その建物の構造としては、最小単位の内部空間のコア（核）があり、その外側にファサードがくっついている。その空間をスラブや外部階段によってつないでいく操作について、2重ファサードという言葉を使っています。

赤松：わかりました。既存建物と街並みを完全に一度、つぶすということなのですね。最後にリノベーションという言葉が出てきたので、そこを確認したかったのです。

磯：通常、商店街というのは大体、2階建てで建物が並んでいる。それを、縦横にファサードを回転させて、建物を一挙に高層化させるということですか？　容積率が一挙に上がるという想定で考えているの？

山口(118)：そうです。

磯：商店街は、各店舗がそれぞれのデザインを考えていった結果として、自然にでき上がった街並みであり、ファサードになっている。けれど、この提案では、あなたという建築家が、一挙に建物や街並み全体のデザインを考えて作りたい、ということなのですか？

山口(118)：はい、そういうことになります。

磯：なるほど、わかりました。

辻：2つの手法と言っていましたが、回転と反転を選んだ理由を教えてください。また、それ以外の手法の可能性はなかったのか、という点について聞かせてください。

山口(118)：まず、回転と反転を選んだ理由は、リサーチからファサードを分析した上で、ファサードのマテリアルの切替えに着目したからです。その切替えをどうやって設計に取り入れていくかを検討した時に、そのまま使うのではなくて回転することで縦が横になって、水平方向にだけつながっていた切替えのリズムが、垂直方向にも伸びる展開が生まれると考えて、回転という手法を選びました。また、反転については、通りに面したファサードのリサーチをした時に、その裏側がどうなっているのか、という興味を持ったことがきっかけです。そして、ファサードの裏側（屋内壁）を改めて観察してみると、そこでもやはり切替えが頻繁で、ファサードの内と外は結構、似ている。そこで、内外を反転させた時に、外部しかなかった街並みに内部空間を反映したあいまいな空間ができるのではないかと思い、反転という手法を選びました。

辻：何だかゲームっぽい提案だという気がしています。自分でルールを決めて、その中でクルクルとパーツを回してパズルのように組み立てて、おもしろい空間をつくろう、と。内部と外部が反転したり、雑多な空間が上まで続くといった、おもしろい空間をつくりたいというのは、何となくわかる。しかし、それによって生まれた、他の人も共感できるような「いいこと」がどこにあるのかがわからない。つまり、「君の個人的なルールに誰が乗るのか？」というのが、ずっと気になっています。もちろん、でき上がった空間が他の人も共感できるものになっているのだったら、君のルールに乗ってもいいと思う。だから、でき上がった空間によって生まれている「いいこと」を教えてください。

山口(118)：「いいこと」は、まず、建物同士のつながりがなかった現状に対して、建物同士の関係を持たせたことです。たとえば、ボリューム（建物）相互がファサードを共有したり、開口から光や風を通したりという関係性をつくるというような点です。それから、空間として均質だったこの街に多様な質をもたらすということですかね。

門脇：確認です。周辺に結構、容積率の高い建物が建っていますが、高容積率型の建物がすごくジェネリック（一般的）な建物になってしまうということに抵抗したい、という主旨ですか？

山口(118)：そうです。

門脇：なるほど。それから、これは、ある種のルールを無根拠に決めることによって、青木淳風に言うと「プログラムや使い方は後から付いてくる」という意図ですね？

山口(118)：はい、そういうことです。

門脇：わかりました。

辻：そのことは、どこまで意識していたのですか？　青木審査員長が言うほどの誠実な倫理観は、意識できていなかったのではないか、と僕は感じるのです、すみません（笑）。つまり、そこまでストイックではない、というか、この提案には、無批判に君の主観が入っていると思います。

まず、既存のファサードが魅力的だということと、それを回転、反転させるという操作は、明らかに恣意的です。それについてジレンマはなかったのか。よく割り切ってやれたな、とすごく感じる。先ほど赤松審査員が確認したように、それをリノベーションではなく、新築で全部、ゲーム的にやりきるというのは、やっていてどういう気持ちだったのか。そこを僕は一番、知りたいです。

山口(118)：（しばし考え込む）……とりあえずやってみよう、と思って、やった結果がこれです……。

辻：思考実験という言葉が一番しっくりくるわけだね。

磯：やってみたら、よかったという実感を得たから、それをやり抜いてみた、ということだよね？　実際、見た感じはすごく魅力的にできているように、僕は思いました。

櫻井（進行）：どうですか？　自分でもそう思っている？

山口(118)：はい、思っています。

中田：思考実験という視点から作品を見ると、「こういうゲームをしてみたら、こういうアウトプットができました」というのはすごくよくわかります。

ところで、これまでの審査過程の議論の中で、この作品に対して「内部空間は設計されているのか」という疑問が出ていた。今の発表を聞くと、壁の外側と内側が入れ替わったり、壁の外側のモチーフがスライドしてどこかへ移動したりするということが起きている。ということは、内部空間も意図的に計画をしている、設計していると理解していいのですか？

山口(118)：すみません、質問の意図がはっきりわからないので、もう一度、お願いできますか？

中田：内部空間についての質問です。この作品では、壁の外側と内側が入れ替わったり、壁の表面の一部がどこかへ移動したり、転回して違うところに貼り付けられていたりする。その時、壁面の内側の要素も一緒に移動するということですか？

山口(118)：はい、移動できるものは移動させています。

中田：ということは、それに伴ってできる内部の平面計画がある。つまり、あなたは内部空間も設計したということなのですか？

山口(118)：はい、設計しました。

中田：それを確認したかったのです。ありがとう。

櫻井（進行）：磯審査員の発言どおり、でき上がった空間については、かなり魅力的でおもしろいだろう、と多くの審査員も見ていたと思います。一方で、ファサードの転回や反転などの操作が恣意的過ぎるのではないか、という意見もありました。どんな結果になるか、この操作をあえてやってみた、ということでしたが、でき上がっているものは、なかなかの完成度だと思います。

168 髙橋 万里江　Marie Takahashi
東京都市大学
工学部　建築学科

建物語──物語の空間化

図1

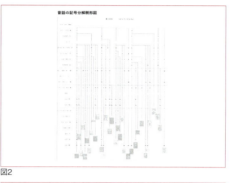
図2

図3

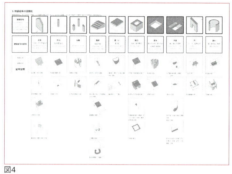
図4

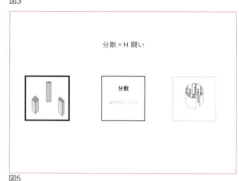
図5

図6

図7

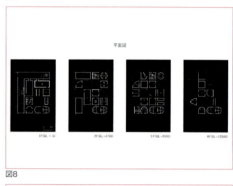
図8

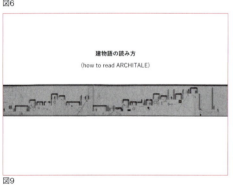
図9

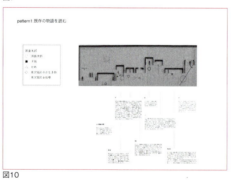
図10

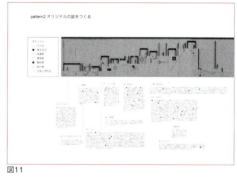
図11

■提案趣旨
まず、物語を読むということは、さまざまな常識や道徳、そして感情を人々に教えてくれるものだと思います。私の母は言語学者です。毎日多忙な母ですが、私が幼かった頃は毎日、世界中のおもしろい昔話を読み聞かせてくれました。そんな母から教わった物語、言語、言葉のおもしろさを、現在、私が学ぶ建築と結ぶことができないかと考えて、この卒業設計に取り組みました。
『建物語』。それは、読者がそこを訪れる度に、既存の物語にとらわれず、読者自らの物語を紡ぎ出せる、そういうシステムです。そして書いてある文面だけでなく行間を通して読み取ることのできるBibliotheque（図書館）です。
■リサーチ
物語は建築と同様に、構造を持つものだと思います。その構造を明らかにする方法として記号学というアプローチがあります。今回、参考にしたのはラウジミール・プロップというロシアの民俗学者による『昔話の形態学』という本です。それによると昔話には31の展開要素があります（図1）。たとえば、「昔あるところに……」という導入部の展開や、「シンデレラはめでたく結婚しました」というような結婚の展開などです。そして世界中のあらゆる物語が、それらの構成要素のいくつかを用いて、成立していることが明らかにされています（図2）。この展開要素を建築に当てはめていこうと考えました。
■物語の空間化
まず、10の建築要素を抽出して、それらが人間に与える本能的な感情や影響について考えました。そして、建築のシンボル、記号を用いて31の物語の展開要素の1つ1つを空間化していきました。それらを記号空間と呼びます（図3-6）。
■全体構成
ここでは、人が本を読む時に行なう動作をもとに、必要な空間を選定しました（図7）。記号空間は先ほどの樹形図（図4）をもとにして、4.5m×4.5mのダブル・グリッド（2重線を格子状に交差させた基準線）状のフロア4層を配置しました（図8）。
■『建物語』の読み方（図9）
まず、既存の物語を読む時の体験と話の展開があります（図10）。次に、『建物語』によってオリジナルの物語を自分で紡いでいく時、あらゆる話の展開を読み紡いでいく時の体験と話の展開があります（図11）。
こうして『建物語』が人々の心に、1冊の本としてだけでなく、オリジナルの建築体験として読まれることを願い、私のプレゼンテーションを終わらせていただきます。

>>Q&A[質疑応答]

門脇：31の物語類型の体験のすべてがこの建物によってできる。そういうものですね？
髙橋(168)：はい、そうです。

門脇：31の物語の構成要素を、建築の形態要素に翻訳する際の手つきというか、ルールは、どういうものなのでしょうか？
髙橋(168)：まず、10の形態要素を抽出して、それらが人々に与える影響を考えました(図4)。たとえば、何かに囲まれていると圧迫感を覚える、などといった建築のシンボリックな形態要素です。それらが物語の展開要素の何に当たるかということを考えて、設計しました。たとえば、切迫感のある展開を空間化する場合、どのような空間であればその切迫感を演出できるか、といった……。
門脇：いや、たとえば、『昔話の形態学』では、たぶん「結婚しました」というような展開を「ハッピーエンド」というような形で抽象化していると思うのです。だから、その「ハッピーエンド」は、どういう建築言語になるか、ということを具体的に説明してもらったほうがいいと思います。
髙橋(168)：わかりました。では例として、「闘いのシーン」について具体的に説明します。図5は「H 闘い」というシーンを空間化したものです。ここでは、柱を分散させて、それらに囲まれた空間で、読者が本を読みます。読者は、空間的にも、切迫感や違和感を覚えながら、本を読むことができます。図6は「T 変身」というシーンを空間化したものです。ここでは天井や壁に大きな開口部が設定されています。この空間では、かなり大きな開口部があることで、それまでの空間とはかなり異なる空間体験を味わいながら「変身」という物語の展開を読むことができます。「浦島太郎がいきなりおじいさんになってしまう」などの展開です。
門脇：なるほど、わかりました。

辻：この建築は、誰が使うという設定ですか？
髙橋(168)：本を読む誰もが使えるという設定です。

辻：そうですか。
この建築は、部屋と廊下に分かれていますが、廊下の意味を教えてください。それから、なぜ部屋のスケール(寸法)を4.5mに設定したかを教えてください。
髙橋(168)：まず廊下についてですが、これは本を読む時のページをめくる動作に対応しています。実際にページをめくる時には、ちょっと本から目を離して「ああ、主人公はこのあとどうなるんだろう」というような想像をしたり、これまでの物語の場面を回想したり、ということがあると思います。そういう読書体験に対応した空間として廊下を作りました。
次に、部屋のスケールを4.5m×4.5mにした理由です。物語の展開要素はすべて同一の重みなので、全部の展開要素の大きさを空間的にもそろえたいと思って、それが可能なスケールを考えた結果、4.5m×4.5mというスケールに行き着きました。

磯：「オリジナルの話をつくる」という説明がありましたが、それは部屋を通る順番を変えて進むと、人によってエピソードの順番などが変わって、それぞれ独自のストーリーになるということですか？
髙橋(168)：そうです。エピソードの順番も、どの物語を読むかも自分で選べます。たとえば「闘い」の部屋で読む本が、『金太郎』なのか『浦島太郎』なのか、といったことも選べます。

磯：どういう順番で部屋を通り抜けても、物語のストーリーの整合性は保たれるのですか？ 何か矛盾が起きたりしませんか？
髙橋(168)：はい、断面展開模型(図9-11)が、ストーリーの整合性が保たれるということを実証したものです。ある程度のルールを設定したことで、ストーリーの整合性を保つことができました。
この建築に入るとマップが渡されるので、既存の物語を読みたい時にはそのマップのガイドに従って部屋を回ります。自分で好きなように物語を紡いでいきたいと思って『建物語』を「読む」ならば、一定のルール設定の中で、自由に建物を歩いていくので、話は整合するはずです。

磯：なるほど。ところで、この提案は、物語が先にあるのか、それとも空間の体験が先にあるのか、どちらなのですか？
髙橋(168)：まず空間の体験が先にあります。建物の中に入って、たとえば「闘い」の空間では「何だか切迫感があるな」などと感じながら、本の「闘い」のシーンの部分を読む、ということです。
磯：わかりました。

青木：自分で気づいているかどうか、わかりませんが、建築全体のつくりは立体格子のような形にできていて、その中に形態要素が入ってくる。だから、たとえば吹抜けやすき間など、形態要素以外の空間が生まれているでしょう？ この建築は、そのすき間や吹抜けなどが魅力的なんです。つまり、あなたが物語要素になぞらえて作った建築要素の裏側と言うべきか、建築要素をポジとしたら、それ以外のネガの部分がこの建築を魅力的につくっている。そう見えるのだけれど、それについては、どう考えているの？
髙橋(168)：たとえば、廊下のアーチを作る時には、そういう点にとてもこだわりました。そこは、もともとはアーチを描いていない空間だったのですが、壁と壁の間に、アーチのない空間が連続するよりも、こうしたアーチがある空間が連続したほうが、よりおもしろい空間に見せることができる。そういう感じで、作っていきました。私も魅力的だと思います(笑)。
青木：先ほどのプレゼンテーションの説明には、その部分が含まれていなかったではないですか？ あなたが一番やろうとしたことは、「物語には構造があって、同じ方法で建築を作っていけないだろうか」という、先ほどのプレゼンテーションの内容でしょう？ だから、今の質問は、「実際の建築は、説明とは違うところへ行っていないですか？」という意味でした。その点については、どうですか？
髙橋(168)：それは……。無意識です(笑)。
青木：(笑)

門脇：物語世界とその補集合があって、物語世界の外のほうが魅力的だと思ったのでしょう？ つまり、あなたは「物語の構造」ではない部分を魅力的だと思ったということです。そのことをあなた自身は「どのように思っているのでしょうか？」「どのようにとらえているのでしょうか？」というのが、青木審査員長の質問だと思います。
髙橋(168)：(質問の意図を図りかねて、照れ笑い)
門脇：すなわち、この建築では、物語が描けなかった部分が空間化している。しかも大変、魅力的に。だとすれば、「それはあなたにとってどんな意味があるのでしょうか？」あるいは「この卒業設計というトライアルの中では、どのようにその意味を発見できるんでしょうか？」という質問です。
髙橋(168)：(どう答えてよいか迷い、首を傾げる)……ちょっと難しい質問ですけれども。
櫻井(進行)：では、後半のディスカッションでまた話題になると思いますから、ぜひ答えを考えておいてください。
髙橋(168)：はい、わかりました。

櫻井(進行)：『建物語』(168)は、物語の空間化というテーマでした。物語のいろいろなシーンを空間に落とし込んで、それを連続させていく。そこには、さまざまなルートが設けられているという提案でした。空間としても、とても魅力的な形にでき上がっているのだろうと思いました。とても詩情があり、予選でもかなり評価の高かった作品です。

177 櫻井 友美　Tomomi Sakurai
千葉工業大学
工学部　建築都市環境学科

防災地区ターザン計画──吉阪隆正にみる「スキ」のある建築

図1

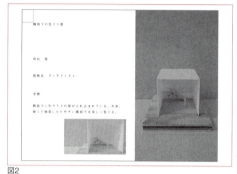
図2

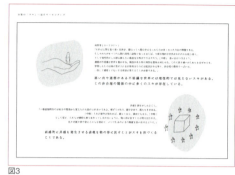
図3

図4

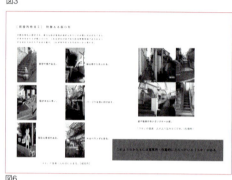
図5

図6

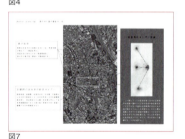
図7

図8

図9

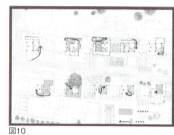
図10

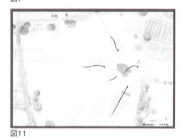
図11

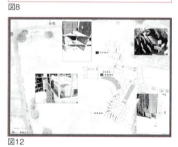
図12

図13

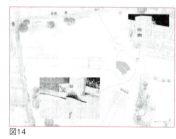
図14

■「スキ(隙)」を生み出す
産業革命が起こり、効率が求められる合理的な世界が広がりつつある日々に、私は「スキ(隙)」を生み出したいと思いました。そして、人々が足りない部分を補い合うことで親しくなる、そんな現象が人と建築の間で起きればいいと思いました。

■吉阪隆正の「スキ」に倣う
「スキ」を建築的に考えてみると、それは建築家、吉阪隆正にあると感じました(図1)。吉阪設計の住宅『ヴィラ・クゥクゥ』にある階段下の色ガラスは、階段下につい物を置きたくなってしまう人々の「スキ」を見抜いているように思いました(図2)。吉阪の建築は行動的、視覚的に人間の感覚を刺激することで、人々の「スキ」に建築が入り込めるのです。
吉阪の形についての考え方は、主に2つあります。著書『吉阪隆正集13：有形学へ』によれば、1つは「人間は非合理の関係でいっぱいであり、理性的にしか振る舞えない窮屈な世界ではなく、一括して感性とでもいえる欲求に答える必要がある」ということ。もう1つは「いつでもその時の興奮を思い出せるように物の形にたくす必要がある」ということです(図3)。私は、合理的な世界の中では見つけることのできない「スキ」があり、それを広い非合理な世界の中で見つけ出さなければならないと思います(図4)。

■計画敷地
計画する敷地は東京の谷中にあります。この地区の中央には谷があり、東西を結ぶように坂があります(図5)。そこには猫や人が戯れられるようなベランダや花壇があります。人々の目に止まる賑やかさや歩きたくなるような小さなスケール感には、視覚的にも、行動的にも、人々につけ入ることのできる「スキ」がありました(図6)。
しかし、この場所では防災計画によって、消防車が通れるように道が広げられ、家の建替えが進み、街の中の「スキ」はなくなりつつあります。
私はこの街の新たな「スキ」を見つけるために、谷中防災センターを利用する子供や高齢者に着目し、観察とヒアリングを行ないました。そして、防災計画が進む一方で、家族内の会話が少ないと感じる高齢者や、谷中に唯一ある公園に遊具がないことを不満に思っている子供がいることを発見しました。
私はこれらの不満を防災計画と同じぐらい重要な問題だと考え、防災計画とともに、こうした不満を解消する「スキ」を街の中に形づくる防災地区ターザン計画を提案します(図7)。

■設計提案
整備計画区域の火災、倒壊危険度が高い地域を3つに区分けし、それぞれの一角に一時避難所となる防災タワーを計画。また、防災拠点である谷中防災センターを再編し、「ターザン」を用いた避難経路を計画しました。設計した建物は地区の中心にある2カ所です(図8)。
□提案対象1：防災タワー(＝田中家)
①防災計画：災害が起こった時、この周辺に住む人々は家に備蓄してあるプーリー(「ターザン」を使用する器具)を持ち出し、防災タワーに集まります(図9)。上部に登るにつれて周囲の広場が動線の中に混在し、それらが一時避難所となります。屋上に到着した人から順に、「ターザンロープ」を用いて防災拠点である谷中防災センターまで、倒壊した建物の上を避難します(図10)。
②「スキ」計画：平常時、この場所の1〜5階層までは祖母と息子と孫が住む田中家の住宅であり、外部空間として公園のような広場があります。屋内では、父の仕事場がある1階層に、郵便ポストを設けたり、内部階段をリビングで囲んだり、祖母と家族が出会える仕掛けをつくりました。また、屋上には、近隣の子供たちが、児童館のある谷中防災センターまで「ターザン」に乗るためにやってきます。子供たちの遊ぶ場所の少ない谷中に遊具のある広場をつくると同時に、普段1人でいることの多い田中家の祖母が、子供たちと出会える仕掛けをつくりました。
□提案対象2：谷中防災センター
①防災計画：この場所は、3つの防災タワーからの「ターザン」到着地点であり、周辺の人々を高台に避難させるための大階段があります(図11)。「ターザン」到着地点や大階段を上った先は、大勢の人が避難できる墓地へとつながっています。谷中防災センターの内部空間は、災害時に機能する赤青黄の3色を使って塗り分けています。赤色は食料を供給する調理施設、青色は直接人を助ける消防施設、黄色は物資を配給する備蓄施設です(図12)。
②「スキ」計画：既存の谷中防災センターの機能はそのままに、消防施設と調理室、集会所、区役所分室、和室、トレーニング室と児童館、ホールの動線を誰もが利用する図書館でつなぎました。田中家の祖母がよく利用するトレーニング室と児童館まで延びるテラス、大階段やジャングルジム、滑り棒など、随所に子供たちが遊びたくなるような構造をもたせました(図13-14)。

このように、合理的な世界の中にも人の感覚に入り込んでいくような「スキ」のある建築をつくることが、中身が非合理の関係でいっぱいである人間本来の姿にとってふさわしい、と私は考えます。

>>Q&A [質疑応答]

辻:「スキ(隙)」を建築化する、という点について、具体的に、どこをどういうふうに作ったのか、教えてください。

櫻井(177): 模型を使って説明していいですか?

各審査員:(『防災地区ターザン計画』(177)の模型に集まる)

櫻井(177): たとえば、この中央児童館があるエリアは、平常時に、子供たちが日常的に最も集まるところです。高齢者たちが利用できるトレーニング室や和室もあります。子供たちの利用する中央児童館などの施設は、子供たちの日常の要求に応えるものになっていないと思います。この作品では、たとえば、児童館の外にジャングルジムを作って、そこから児童館内に直接入れるような仕組みを提案しています。そういうことが「スキ」の建築化に当たると思います。

また、中央児童館1階の黄色い扉は、非常時に、ここへ向かうよう近隣住民の避難を促す目印になっていると同時に、平常時には子供たちが遊ぶために児童館めがけて集まる際の目印にもなっています。そういう建築言語の使用もまた「スキ」の建築化に当たると思います。

辻: そういう建築言語は、建築家、吉阪隆正と何か関係しているの?

櫻井(177): 吉阪隆正は、「スキ」という言葉をハッキリとは使っていません。しかし、吉阪隆正の不思議な建築は、何か見えない空間の「スキ」というものをとらえていて、それを形にしている、というのが私の仮説です。

門脇: その説明の意味はわかります。では、手順としては、吉阪隆正の建築の中から「スキ」の要素を抽出し、それをこの防災計画に読み替えて設計し、その部分が平常時には「スキ」の効果を発揮している。そういうことですか?

櫻井(177): はい、そうです。

五十嵐: たとえば、低地の児童館から一時避難所である防災タワーまで移動したとして、いったい何秒かかるの?

櫻井(177): 秒数で考えたことはありません。距離は200mです。

五十嵐: 200m? ふーん。この避難計画では、防災タワーまで移動して、さらにそこの階段を駆け上がって、「ターザン」で防災センターまで移動するのですよね。では「ターザン」のある防災タワーの上階まで駆け上がるまで何秒くらいかかるだろう?

櫻井(177): ここについても何秒で階段を駆け上がる、というよりも、この「ターザン」のある一時避難所に入ることで一旦、避難ができるということが目的です。

五十嵐: では、「ターザン」は一時避難所から防災センターへの単なる移動手段ということ?

櫻井(177): そうです。近隣住民に、とにかく「ターザン」のある一時避難施設まで何とか入ってもらって、そのあとは、階段を上った人から順番に、一番の防災拠点である谷中防災センターまで「ターザン」で移動してもらう、ということです。

五十嵐: でも、児童館から防災タワーまで200mであれば、その距離を全力で走ったら何秒かかるのか、と考えるとそれほどかからない。時間的な効率で見ると、この避難計画はどうなの?

櫻井(177): 高齢者の多い地域なので、地域の防災計画でも、全力で住民が走るということは考えていないと思います。

五十嵐: では、その一時避難所の防災タワーは1カ所ではまずいんじゃない? もっと何カ所かないと……。

櫻井(177): 模型ではこの1カ所を取り上げましたが、提案としては一応、谷中地域全体で3カ所に防災タワーがあります。

五十嵐: そういうことが模型でもきちんとわかるように説明していないから、単なるふざけている人にしか見えない。防災で「逃げる」という深刻なテーマを扱っているにも関わらず、走ったほうが早いような場所で、なぜ、「防災タワーのターザンをやる必要があるのか?」と思ってしまう。

また、「ターザン」で人がぶら下がる道具は、どうなるの? 防災タワーから防災センターまで避難する人々が乗っていった道具を、どうやって防災タワーまで戻すの? 大量に必要でしょう?

櫻井(177):「ターザン」で移動の際に人が乗る道具であるプーリーは、戻す必要がないのです。この街の住民は、普段から1年に数回というペースで防災訓練をしていて、逃げるための避難道具一式を1人1セット持っています。災害が起きたら、それを持って逃げるので、そこにぶら下がる道具のプーリーも入れてもらいます。

五十嵐: そうか、住民それぞれが「ターザン」移動用の道具を持って行くんだ。

櫻井(177): そうです。ですから、1年に数回ある防災訓練をどのように行なうかがとても大事で、その訓練が「この谷中地域は防災の街である」と住民が自覚するための重要な契機になっていくと考えています。そこに「ターザン」移動を組み込んでいく、ということです。

赤松: この谷中地域は低地にあるから、住民がとにかく高いところへ逃げるというのはわかります。けれど、広域的な計画として、この地区にはどのくらいの高低差や距離があり、だからこの場所に一時避難所の防災タワーを建て、中央の防災センターはこの場所に置く必要がある、というようなきちんとした全体計画がわかりにくい。それを1枚に図式化した見取図のようなものはありますか? こういう提案は、エリアの全体的な状況を具体的に説明して、それに基づいていないと説得力が出てこない。

櫻井(177): 1枚で詳細までの表示ではありませんが、今回の谷中の整備地域を3つのエリアに分けて示した図7を見てください。この図で言うと、上のエリアの人、真ん中のエリアの人、下のエリアの人が、図で示したような、それぞれの3つのエリアにある一時避難所の防災タワーへ逃げるということになります。詳細ではありませんが、これがエリア全体の避難に関する地域マップです。

五十嵐: ちなみに、高齢者が「ターザン」にぶら下がって逃げている時に、落っこちたらどうなるの?

櫻井(177): それはたぶん、私が考えることではなくて、この避難訓練や実際の避難を行なう人たちが考えることだ、と考えています。

会場、審査員席:(笑)

櫻井(177): 高齢者の場合は、プーリーを安全かつていねいに身体に巻き付けて、「ターザン」で移動してもらえば大丈夫ではないか、と考えています。

また、この提案は防災計画であるとともに、谷中の一番の特徴、美しい木密(木造住宅密集地域)の街並みの風景を守る計画でもあります。現在、進められている計画は、路地を広げたり、木造の建物を集合住宅化したり、というようなものです。こうした景観を損なう計画が進む中で、私はこの景観を失いたくない。だから防災と景観保全を両立させるものとして、この『防災地区ターザン計画』を提案しています。

青木: プレゼンテーション用のパネルでは、「ターザン」に乗った子供の絵がすごく大きいですが、何でこれを一番大きくしたの(本書27ページ参照)?

櫻井(177):「ターザン」を一番大きく描いたのは、たぶん、「ターザン」がこの避難計画の中で最も特徴的な部分だからだと思います。普段は、子供たちが「ターザン」を使って児童館などへ行ける遊具になっていて、災害時には、それが防災の避難経路にもなっている。このように平常時と災害時の両方をとらえているものが「ターザン」であり、先ほど説明した「スキ」という意味でも大事なところだと思っています。だから「ターザン」を一番大きく見せています。

門脇: その点についてです。櫻井さん(177)は建物なども、すごく細かく設計しているのに、パネルにはこの絵しか載せていないから、この絵にはどういう意味があるのか、が疑問でした。それでプレゼンテーションを聴いたら、建物などいろいろと細かく設計したり、避難計画を設定したりしてはいるけれど、櫻井さん(177)は「最後は人間力である」「人間を最終的に信頼している」という信念を持っていて、「ターザン」の絵はその現れなんじゃないか、と思ったんです。

櫻井(177): ありがとうございます(笑)。

門脇: それで、説明を聞いていると確かに、言わば「人力バリアフリー」という内容。だから、高度な技術を使っているわけではないけれども「高齢者の脚力に懸ける」といったところなど、「スキ」があっていいなあと思いました(笑)。つまり、あなたが「人間を信じている」ということでよろしいでしょうか?

櫻井(177): はい、信じています(笑)。

櫻井(進行):『防災地区ターザン計画』(177)は、今の門脇審査員の説明どおり、避難計画には甘いところが見えましたが、建物などは細かく設計されていました。つまり、ポートフォリオを見ないとよくわからなかったのですが、一応、空間的にはよく考えている。でもパネルには「ターザン」だけですから、「この絵はすごいな」と。作者は、この「ターザン」に乗っている人間の笑顔に懸けている、というか、人間力を信じているんだな、ということになり、その話を聞いてみたい、ということでファイナルまで上がってきた面があります。しかし、計画としても、よく考えられているところがあって、よかったと思います。この計画の詳細説明には、プレゼンテーションの時間が少し足りなかった、とは感じました。

PROCESS_3 Final Round 01_Presentation [プレゼンテーション]

227 柳沼 明日香 Asuka Yaginuma
日本大学
工学部 建築学科

モヤイの航海──塩から始まる島の未来

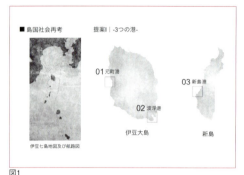
図1

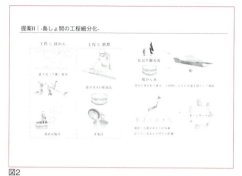
図2

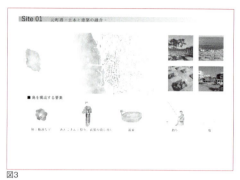
図3

図4

図5

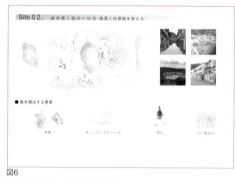
図6

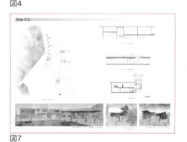
図7

図8

図9

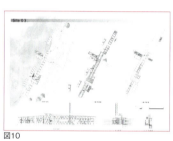
図10

図11

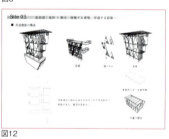
図12

図13

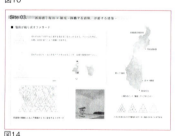
図14

この先、島の営みはどれだけ続くだろうか。近年、地方からは人が減り、島の営みも1つ1つ消えていった。ある人の家であり、ある人の癒しであり、国にとっての重要拠点である島々が、この先も続いていくために。

■モヤイの航海
塩から始まる島の未来を考えます。
現在の日本には421の有人離島があり、そのうち約9割は人口が減少し、近い将来、無人化が懸念される島も多数あります。つまり、多くの人々の故郷や伝統文化が消滅し、広大な海の維持・管理が困難な状況に陥ることが予想されます。
離島には、海上交流を通して、独自の根強い文化や個性が形成されてきました。東京都に属する伊豆諸島では、米の代わりに塩を税として上納していた歴史を持ちます。海上交易など島々のネットワークを構築してきた塩業は人々の重要な生業(なりわい)であり、大規模な塩田風景は、塩業が島の営みを支えてきた証であったのです。
本設計では、塩を通した人々の営みを再考することで、塩田が織りなす建築の可能性を提案し、島国日本の目指すべき社会像を模索します。

■島国社会再考
提案を大きく3つに分けて説明します。
①3つの港：敷地として、伊豆諸島の内、伊豆大島と新島の2つの島で、特色の違う3つの港を選定。必ずすべての島に止まる諸島の航路を活かして再編していくことで、島の玄関口である港は新たな船のドックとして生まれ変わります(図1)。
②島しょ間における工程の細分化：塩には大きく分けて「採かん」と「煎熬(せんごう)」という2つの工程があります。伊豆七島それぞれで別の煎熬法を使った製塩施設を作ることで島全体の生産の安定化を図り、塩と人の運搬に伴う島しょ間のネットワークを構築します(図2)。
③製法の伝承：現在製塩を行なっている伊豆大島から南へ向かって製法を伝承していきます。それぞれの島に見習い職人が泊まるゲストハウスを設け、塩職人が一人前になると言われる10年のスパン(期間)で製法を伝承させていきます。

■3つの建築
①Site 01：伊豆大島の主要港である元町港(図3)
ここには階段状の広い堤防があり、そこに塩田を這わせることで、堤防に新しい機能を生み出します(図4-5)。
②Site 02：伊豆大島の漁港である波浮港(図6)
ここでは、空き家や空き地に、上から流し入れた海水を蒸発させて塩を作る装置を挿入し、住居スケール(規模)のシェア塩田とします。枝条架と呼ばれる装置をカーテンのように動かしたり、上げたりすることで空間の大きさを自由に調節できます。
たとえば、塩田の隣に寿司屋がある敷地では、寿司屋の外部食堂になるように設計しています。空き地が増えるとシェア塩田が拡張していきます。住み手が床や壁を構築し、動線をつくっていき、塩田はなくなったりまた作られたりしながら、港エリアに溢れ出す人々の営みによって彩られていきます(図7)。
③Site 03：新島港(図8)
新島は、シーズンによって観光客数の変動が大きいため、よりフレキシブルに使える宿が強く求められています。そこで観光客の多い夏場は、一部の立体塩田の枝条架を動かして壁や床に変えることで、内陸に集中する商店街のサテライトショップや宿場として開放し、オフシーズンである冬場は製塩ができる装置建築とします。
この建築は固定のドックと浮遊する建築の2つに分かれ、固定建築にはサテライトショップや温泉などの機能が入り、浮遊建築には主に宿場、カフェ、舞台となるようなプログラムを入れています(図9-11)。
□浮遊する建築：浮遊建築は船に曳かれることによって、海からしか行けない場所に行くことができ、そこに滞在することを可能にします(図12)。また、塩作りは気候や海流に左右されますが、製塩所を移動させることで適所での製塩ができます。かん水を貯める地下には、一時的に避難する部屋やトイレなどを設けています(図13)。
この建築のファサード(正面外壁面)は、三角のフレームで構成し、そこに三角形の小さなパネルをはめることでそれぞれのプログラムに適する遮光率に変えられるようになっています。宿場では、訪れた人がフレームに新島ガラスをはめることで、記憶を積層させる装置として働きます。そしてこのファサードは枝条架の稼働とともに万華鏡のように変化します(図14)。
最後になりますが、「モヤイ」とは、この地域に現在も伝わる「助け合い」を意味する言葉です。モヤイの航海。それは現代の島国日本の進むべき未来であり、立ち返るべき原点でもあるのではないでしょうか。

>>Q&A [質疑応答]

磯：模型で見ると、板状のものをトラス構造[*1]に組んでいくという建て方が非常に印象的でした。この形状の建物で塩を採るということなのでしょうか？ これが採かんに適した建物の形で、塩を採る構造にもなっているということなのでしょうか？

柳沼(227)：そうです。塩作りのための装置にもなっています。

磯：なるほど、わかりました。

辻：島同士のネットワークの仕組みを、もう少し教えてくれますか？

柳沼(227)：この提案は伊豆諸島全体についての計画になっています。しかし、私が実際に設計を行なったのは、その中の2つの島の3つの港です。先ほど説明したとおり、製塩には大まかに「採かん」「煎熬」の2つの工程があります。その内、採かんの工程施設をそれぞれの島に作っていて、煎熬の工程施設は大きな2つの島にしか作っていません。煎熬のために持って行く塩水と一緒に観光客や住民を運ぶことを考えています。これによって生産のネットワークと観光のネットワークを構築しています。

辻：生産される塩と一緒に人を運ぶということですね。

柳沼(227)：そうです。塩水を船の地下に貯めて、その上に人などを乗せて運ぶということです。

辻：ネットワークと産業を考えると、僕は単純に、それぞれの島に違った役割を持たせて、交易・交換するほうが重要なのではないか、と思うのです。たとえば、この島は農業を中心に、この島は漁業を中心に、というように。それに対して、この提案では、すべて「塩で行こう」という。そうした理由があれば、教えてもらえますか？

柳沼(227)：2つの製塩の工程の内、採かんは、比較的、場所を選ばずに同じような塩水を作ることができます。しかし、煎熬という工程は、生産の施設、気候、場所などの条件によって、でき上がる塩の種類や質が大きく異なります。たとえば、粒の大きさや、甘い・苦いなどです。それで、それぞれの島の塩の特色が出るように、単一の施設で同じ煎熬法を使うのではなくて、複数の施設を使ってさまざまな煎熬法によって多彩な塩を作ることを考えました。たとえば、ある島の塩は少量しか取れないけれども高価格で取引される稀少な塩だったり、ある島の塩は安定的に生産されて安価、などということです。それぞれの島で生産される塩の種類を島ごとに特色づけつつ、伊豆諸島全体としては塩の生産を安定させることが目的です。

中田：2点ほど気になった点を質問します。1つめは輸送について。船のタンクに塩水を積んで、そこに人も乗って移動する。その塩水は濃度の高い加工段階途中の塩水で、次の加工の工程を行なうために移動させるということですよね。それは、生産工程中の塩水を運ぶ必要があって、そこにたまたま、人が乗り合うということですか？ それとも定期便のように考えているのですか？

柳沼(227)：定期便のように考えています。

中田：なるほど。もう1つの質問。製塩施設の使っていない空間を宿泊施設にも転用できる、と言っていたけれど、そんなふうにフレキシブルに用途を変更できる建築物にリアリティはあるのですか？

柳沼(227)：実際に製塩の施設を見て、このように可動させることによって、よりフレキシブルに使える宿泊施設が作れると感じて設計しています。実際に可動させるシステムの詳細についても、可能な限り考えています。

中田：可能性を感じて詳細を作るという姿勢は、わかるけれど、実際に製塩のメカニズムの中に、人が寝泊まりするということが、本当にできるのか。もしかして、それが「理想」だと思って提案しているのなら、評価できないと思った。どんな点を、この施設に現実味を与える要素として考えているのか、もし今、具体的に説明できるのであれば、教えてください。

柳沼(227)：私も実際に見学するまでは、それほどいろいろな用途に転用できる施設だとは考えていませんでした。しかし、許可を取って、実際に工場の詳細を見学したら、施設内を作業員などが、装置の点検や修理などの作業のために歩いたりしているのです。そういうことも加味して、実現可能な建築だと考えています。

櫻井(進行)：よろしいでしょうか。実現可能かどうかという点について「できそうだ」という答えでしたが。

中田：「実際にできる」という根拠を知りたくて訊いたのです。「できそうだ」という見通しを持っているのはわかったけれど、「できそう」から「できる」へのジャンプは、実際の設計では難しいと僕は思っているのです。

櫻井(進行)：よろしいでしょうか。では、赤松審査員も質問があるようでしたが？

赤松：製塩作業の細分化という点で、具体的に訊きたかったのですが、先ほどの質疑応答で大体、わかりました。ありがとうございます。

磯：模型で言うと、具体的には、どの場所に人が宿泊できるのですか？

柳沼(227)：大きさは数種類ありますが、三角形を基本とした空間のつくりはすべて同じです。それで、実際に製塩作業を行なうことを考えると、長く伸びた棟の上層部分が宿泊施設に転用できると考えています。

磯：その三角形の部分に人が入って寝泊まりできるということ？

柳沼(227)：はい、そういうことです。

磯：宿泊室の壁はどうなっているのですか？

柳沼(227)：壁で閉じた三角形の部分が宿泊の空間です。

磯：なるほど。

櫻井(進行)：では時間になりましたので、さらに質問があればディスカッションの時間にお願いします。

編註
[*1] トラス構造：本書24ページ編註2参照。

PROCESS_3 Final Round 01_Presentation [プレゼンテーション]

253 松本 悠以 Yui Matsumoto
滋賀県立大学
環境科学部 環境建築デザイン学科

死離滅裂──死者と自然と生きる都市

図1

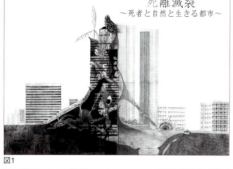
図2

図3

図4

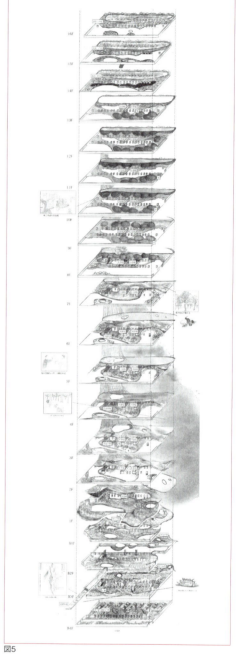
図5

1．土地の記憶を取り戻す
　入り江の再生
- 自然が復活し、均質にされた土地を元の姿に戻せる。
- 生態系のつながりが広がる。

図6

2．自然に還す
　建築を自然に飲み込ませる
- 入り江を作るために掘った大量の土を利用し、建築を土に飲み込ませる。
- 建物内部に自然が入り込み、自然との関係性が生まれる。

図7

3．樹木葬
　自然回帰の精神
- 樹木葬とは、自然界の一部。
- 墓石は作らず、樒や杉、花木などを墓標にする。

図8

4．自然の恐ろしさを感じる
　生と死は表裏一体
- 死は自然の中で最も恐ろしく、最もリアリティのあるもの。
- ウメガを行うことにより、死をより近くに。
- 狩りなど行うことによって、動物たちの命を感じる。

図9

■提案趣旨
私は卒業設計で霞が関ビルディングの破壊を行ないました（図1）が、これは大学4年生の前期に描いたマンガが元になっています。それは、怪物が都市を食べ、破壊していく、というマンガです（図2）。なぜ私が都市を破壊したかったのかというと、現代の資本主義に次の3つの違和感があったからです。
①都市をつくり土地の記憶を奪ったこと
②お金を生んだことにより、すべてがそれで測られるようになったこと
③その社会に息苦しさを感じる人が生まれてしまったこと
このマンガでは「破壊される」という行為により、これまで当たり前だと信じていたことが、当たり前ではないことを読者に伝えようとしています。
そして卒業設計では、ゼロからではなく、破壊を手法として新しい建築を生み出すことに取り組みました。
少し昔話をします。
昔々、この地には、縄文人が住んでいました。彼らの間には階級など存在せず、狩猟採集を行なって生活していました。己が生きるためには他の動物の命をいただかなくてはいけません。彼らにとって生と死はとても近いものでした。自然から多くのものをいただき、多くのものを還す、彼らは自然とともに自由に生きていました。
しかし、時が経つにつれて人間たちは、この自由な生き方を捨て、生きづらい時代を迎えます。それが現代です。現代では、お金という存在が絶対であり、人々はそれを得るために日々を過ごしています。やがて都市が築かれていき、彼らは自然から離れたところに住むことになります。もう狩りをする必要はありません。お金を払えば肉や魚、さまざまな食品が加工された状態で手に入るのです。そこに死を感じる瞬間はありません。
自然は今も昔も変わらず、絶えず私たちに多くのものを与えてくれています。しかし、今の私たちは自然の恩恵をもらうばかり。それどころか自然を操作し、土地の記憶まで奪ってしまいました。人間と自然の共生は終わってしまったのです。自然と共生せずして、我々は生きていけるのでしょうか。
我々は今の社会の息苦しさに気づいているはずです。そして、もっと自由に生きることを願っています。私たちはみな、縄文人だったのですから。
間違った建物を建て過ぎてしまった私たちは、新しい時代を迎える必要があります。これからは自然に多くのものを還していかないといけません。

■敷地と設計提案
東京の霞が関にはかつて入り江がありました。水の都として栄え、水辺には葦が生息していました。しかし、今は埋め立てられ、平らな土地となり、ビルが立ち並び、均質な空間が広がってしまいました。
私は敷地を、かつての入り江に面した場所に立つ、日本で最古の超高層ビルである霞が関ビルディングとし（図3）、このビルを破壊することによって、ユートピアを設計していきました（図4-5）。

■設計のプロセス
私の設計は、まず入り江を再生することから始まり（図6）、入り江を作るために掘った土は、建築を覆い、飲み込んでいきます（図7）。その土には草木が芽吹くだけでなく、樹木葬の墓としても機能します。人間も動物も関係なく、ともにこの墓に眠ります（図8）。
自然の中で最も恐ろしく、最もリアリティのあるものは「死」です（図9）。その「死」を建物の中心にもってくることによって、「死」をより身近に感じさせます。

■この建築の役割
理想を追い求めた結果としてできたように思える現代の中に、この建築を存在させることによって、今の生活を疑うことをしない人々に、自然の恐怖を、「死」の身近さを、今までの生活では見えてこなかったものを、この建築は思い知らせます。

>>Q&A[質疑応答]

門脇：設定を確認させてください。建物の周囲ではそれまでどおりの普通の生活が営まれているのか、それともマンガで描かれていたような縄文人的な生活があるのか、どちらでしょうか？
松本(253)：敷地の外側では今までどおりの生活が営まれています。敷地の内部にだけ、そういう特別な生活があって、別の空間ができ上がっています。

櫻井(進行)：先に描いたマンガでは、怪物が都市を破壊していく内容だったと思いますが、そのストーリーとは直接は関係していないということですか？
松本(253)：そうです、マンガのストーリーとは直接関係していません。私が最初に感じた社会への破壊の衝動をマンガで表現して、その過程で自分が考えていることを整理して、その中からこの建築案が生まれた、という経緯です。

赤松：この場所以外は今までどおりの生活で、ここでは特別な生活、という説明でしたが、この中ではどういう生活なのですか？ たまたまこのビルを使っていた人たちなのか、「選ばれた人たち」なのか、自分たちで「ここを選んでやって来た人たち」なのか？
松本(253)：ここには、「ここで生活したい人たち」が生活しています。資本主義が始まって以降、社会に大きな流れができてしまったと私自身は思っています。進学して、いい大学へ行って、いい就職先へ行って、という流れが「幸せ」のように感じられている社会で、そのためにみんなが必死に勉強している。でも、実際には、本当に自分のやりたいことをあきらめて、そういう方向へ進んでいる人がたくさんいる。だから、その「幸せ」の流れに乗れない人——まあ私もそうですが、そういう人たちが暮らせる場所をつくりました。

辻：松本さん(253)は縄文的な暮らしを実際にやってみたの？
松本(253)：私自身は、そういう暮らしをやってみたことは……。ないです。

辻：やってみなかったのは、どうしてなんだろう？ ドングリを食べたり、電気を使わない生活をしてみたり、など、この提案にリアリティを与えるために、自分でやってみたリサーチが何かあるのではないかと思って質問しているのですが。
松本(253)：それは……。ちょっとそこまではできていません。

青木：破壊がテーマになっているので、「誰が破壊しているんだろう？」と考えて、「あなたが破壊しているんだろう」と思いました。つまり、あなたに破壊の欲望があるということです。だけど、今の説明を聞くと、ちょっと違った。あなたと同じように考えている人たちがいる、と言う。だから、そういう人たちも破壊の共犯者になるわけですよね？
それと、もう1つ「共犯」の可能性があると思った。「縄文」と言っていた——もしくは自然との共生と言ったらいいのかな——ように、このパース(図1)を見ると、建物と自然とが一体になっているところがあります。となると、自然も今回の破壊の「共犯者」なのですか？
松本(253)：えーと、そうです。

青木：ということは、これは、自然と人間が共謀、あるいは協働して、だんだん、だんだん霞が関ビルディングを破壊していくストーリー、と見ればいいのですか？
松本(253)：はい、そうです。
各審査員：(しばし沈黙)

櫻井(進行)：他に何か質問などありますか？ 門脇審査員、いかがですか？
門脇：すごいフリが来ましたね(笑)。この作品については、意外と、自然を「道具」として使っている提案なのではないか、という疑念があります。つまり、都市からはみ出た人たちが、自分らしく生きるための「道具」として、さまざまな自然が動員されているのではないか、ということです。青木審査員長は、自然も「共犯者」だ、と言ったけれど、僕にはここでの自然は「道具」に見える。松本さん(253)としては、どちらの意図なのでしょうか？
松本(253)：とっかかりは「道具」としてでもいいのではないか、と思っていて、でもだんだんと「共犯者」的になっていくというか……。現在、社会が自然を「道具」として扱っているという印象があって……。

門脇：でも、そこでの生活は、自然を殺すことによって生命を得るし、逆に自然に殺されることもあるんですよ、きっと。だって「縄文」時代なんだから。でもどうなんだろう、その場合、自然は「共犯」なのか「道具」なのか？ ぜひ議論を深めたいと思っています。
松本(253)：……自然は人間が操れる世界の外側にあるので、人間が自然を「道具」として取り入れたとしても、「共犯者」として取り入れたとしても、知らないうちに、自然に人間は食べられてしまった、という流れになるのではないかと……。

門脇：自然を「道具」として呼び込んだ都市に、ここで暮らす人たちは、場合によっては殺されるし、あるいは都市そのものが、この自然によって破壊されるし、つまりは殺される。そういう想定なのですね？
松本(253)：それは……。
門脇：たとえば、発電をする、エネルギーを取り出す、食物を取り出そうなど、初期段階では、たぶん、自然を「道具」として、この都市に呼び込んでいると思います。でも、呼び込まれた自然は明らかに何かを破壊している。それは直接的には、この霞が関ビルディングだし、あるいはもっと視野を広げれば、この社会制度を破壊しているのだと思う。それは果たして「道具」の暴走なのか、他の何かなのか？ 松本さん(253)はどう考えているのか、を訊いています。
松本(253)：私はこの建築を、自然が人間より強い、というか、人間が自然の力を感じる場にしたいと思ったので、「道具」とか「共犯者」というよりも、自然に人間が打ち負かされていく、というイメージが最も近いです。

磯：審査員が、この作品をファイナリスト10選に残したのは、この霞が関ビルディングの立ち姿が、とても魅力的だったからだと思います。だから、その魅力とは何だったのだろう？と僕もずっと考えていました。松本さん(253)は「このビルが嫌いだから壊したかった」と言うけれど、本当にそうかしら？と思う。本当にこのビルが嫌いだったら、すべて跡形もなく壊してしまえばいい。でもそうせずに、つっかい棒などで支えてビルを残そうとしているではないですか？ だから、逆に、どんなに自然の脅威が襲ってきても、何とかしてこのビルを残そうとしているんだ、と感じました。
松本(253)：単純にビルを残したかったということではありません。このビルを残すことによって、周囲でこれまで通りの普通の生活をしている人々が、こういう自然の力に目を向けられる、そういうものになったらいいと思って、このビルを残しています。だから、ビルは残しつつ、自然を入れ込んでいくという形になっています。

五十嵐：僕は、こういう提案や説明を聞くと、通常なら大激怒するのですけれど、何だか、あなたのプレゼンテーションには、あまり腹が立たなくて……。(会場 笑) スーッと頭の中に入ってきた。だから、あなたの思想概念みたいなものが、かなり本気なのかな、と思った。ただし、あなたがやろうとしたことは、他の方法でもできたのではないか、ということで審査員はいろいろ質問しているのだと思います。そこは、どうなの？ なぜ、この方法を採らなければならなかったの？
松本(253)：この方法を……。ん？ ええと、建物を一から建てて、どんどん増やしていく方法ではなくて、破壊から何かを作れたらいい、という思いが最初にあったので、破壊しつつ残しつつ、という……。
門脇：近代都市を象徴する日本で最初の超高層ビルをこういう状態にして、しかも周囲の人々から見えている。だから、確かに、これは一種の象徴装置として働いている。でも、この建物が、「つっかえ棒をしながらでも超高層ビルを成立させるもの」だとするなら、同じように、「この装置自体が、東京という都市システムを何とか生き長らえさせるためのつっかえ棒として機能しています」という読み方もできるのではないか、という気もしてきました。

櫻井(進行)：この作品(253)は、来場者も感じていると思いますが、「派手にぶっ壊している」というか、展覧会場内でかなり目を引きます。最終審査に残ったのも、審査員がこの力強さにひかれたという点があると思います。そして、もう少し詳しい説明を聞きたい、奥にどういう思想があるのか読み解きたい、さらに、それをもとに議論したいという意向があったように思います。プレゼンテーションも印象的で、作者の強い意思を感じました。ただし、まだ疑問が残っていると思いますので後ほど議論したいと思います。

PROCESS_3 Final Round 01_Presentation [プレゼンテーション]

330 笹谷 匠生 Takumi Sasatani
関西大学
環境都市工学部　建築学科

話クワッチィ

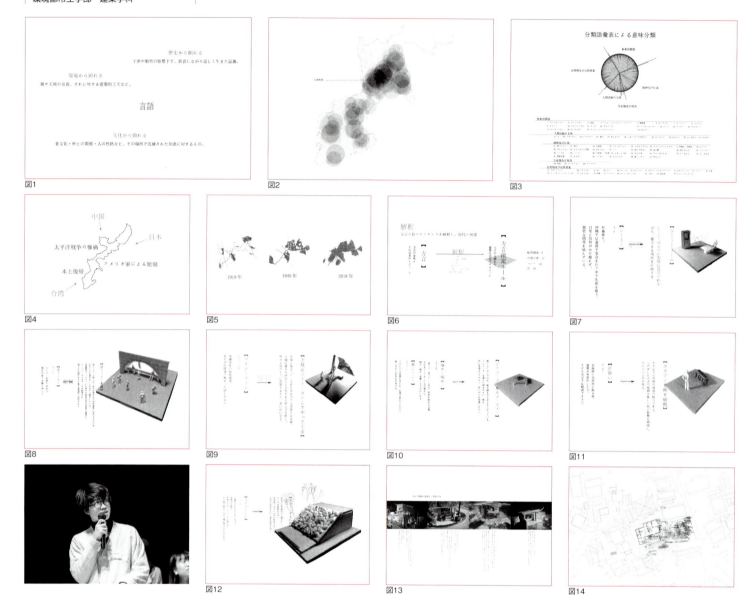

図1 / 図2 / 図3 / 図4 / 図5 / 図6 / 図7 / 図8 / 図9 / 図10 / 図11 / 図12 / 図13 / 図14

■「話クワッチィ」
「話クワッチィ」とは沖縄県沖縄市住吉で話されている言葉で、買い物や仕事帰りに友人宅の玄関先で行なう他愛もないごちそう話のことです。このような言葉を、兵庫県神戸市で育った私は知りませんでした。歴史的背景や文化的背景の中で変化を続ける言語には、その場所の世界観が詰まっています（図1）。

■方言の収集と分類
「場所」を表す言葉の中でも、「話クワッチィ」のように特に形容しがたいものを「方言」ととらえて、私の知る語彙との違いに注目しながら「方言」とそれに関わるエピソードを集めました。
「方言」とそのエピソードの収集範囲は、沖縄市住吉と言語環境が似ている沖縄本島の中南部とします（図2）。「方言」が継承されているかは色の濃淡で、話者の分布範囲の広さは円の径で表現しています。
注目したのは、収集した方言が本来持つ意味より、その言葉が持つ世界を解釈した後に表れたエッセンスのほうです（図3）。方言の持つエッセンスを現代に展開することで、複雑で価値が見出されにくく、失われつつある沖縄の価値を、精確にではないですが、上手に思い出して、沖縄にふさわしい建築を目指しました（図4）。

■敷地概要
敷地のある沖縄県沖縄市住吉は、嘉手納基地の門前町として栄え、豊かな環境・文化・歴史を有しながらも、中心市街地から焼き畑的に無秩序な宅地開発が行なわれています（図5）。また住吉は軍用地となっていた背景から遺構が少なく、貨幣・主権・言語を代表とした激しい世界変動によって住吉のジェネレーション（住民世代）は細分化されています。さらに伝統的集落の街区形態を持つ住吉では多くの住宅が更新の時期を迎えています。これら4つ（無秩序な宅地開発、遺構の寡少、ジェネレーションの細分化、老朽化住宅の更新時期）に代表される現状が相互に影響し合って、場所の持つ力を低下させています。

■無形物からの文化再編
そこで私は無形物からの文化再編を提案します。
言語の生成プロセスは、まず、環境・歴史・社会背景から世界が形成され、それが言語化されるという順序を辿ります。たとえば、日本という範囲で考えると、滑稽味を愛する社会から今の僕たちが好むアニメやマンガの豊かな世界ができて、それを形容するために「萌え」という言葉ができる、とも言えます。それが沖縄では、風水、宗教、環境などが織りなす世界観から、南に大きく関を取るような伝統的な集落形態が生まれ、たとえば、そこにおいて「ごちそうにありつく運のよい人」という意味で、「クウェーブー」という言葉が生まれています。こうした言語の生成プロセスを遡って、方言のエッセンスから沖縄のポテンシャル（潜在力）を解釈しました。
方言の持つエッセンスを解釈して現代へ展開する上で、この敷地が持つ問題点や、提案の敷地に住む祖母のライフスタイルや、方言を教えてくれた人たちの方言に対する思い出や思い入れを踏まえます。

■方言から建築への「決定ルール」
収集した特徴的な方言6つの中から一部の解釈を紹介します（図6）。
①シーミー：墓参りの意味ですが、沖縄では墓前でピクニックをします。そういう日常と信仰が親密な関係性をこの言葉の持つエッセンスと解釈して、「シーミー」のように先祖に見守られながら食事ができる「シーミーミール」を提案します（図7）。
②道ジュネー：盆の時期に行なわれる練り歩きのことです。「道ジュネー」は金品の上納や、休憩場の設置に協力してくれた場所に立ち止まって、特別に踊ります。双方がWIN-WINで、経済面も含めて地域に逞しく根付いている文化です。この言葉のエッセンスを解釈して生まれる「道ジュネー本部」とは、ここ住吉で伝承している「道ジュネー」の際の拠点、休憩所となるための縁側です。ファサード（建物正面）に高さを変更できる仮設の縁側が付いていて、腰掛ける他に、屋外空間と一体に使用できるために、盛大な沖縄の年中行事や催事の時に活躍します（図8）。
③ウチナータイム：沖縄県民が持つ独特の時間感覚で、このルーズとも、自分を大切にしているとも言える時間感覚があるために、宴席は全員がそろって始まるということはありません。そこから解釈される「主役はウチナータイムでやってくる」では、次第に集まってくる訪問客を引き立てる背景となる、空の色を映したような曲面壁が入口にくっつくという決定ルールに変換されました（図9）。
このような手順で、大きなスケールのもの、小さなスケールのもの、スケールを持たないものなど全部で29の「決定ルール」を空間の経験の1例として統合します（図10-12）。

■ある夜の物語
1例として、夜に通りから本建築を見た物語を紹介して、プレゼンテーションを終わります。
ある夜、「クウェーブーなファサード」により誘われた人が到着した宴席。そこは、「ウチナータイム」であったために、その人は、みんなの前で紹介され、主役のように歓迎される。宴もたけなわとなると、「カチャーせる石垣」によってみんなは気兼ねなく「カチャーせる」のであった（図13）。
以上のように、場の個性を顕在化させた建築から、その個性が住吉全体へ広がっていくような配置を考えています（図14）。場所の世界観が詰まった「方言」から、精確にではありませんが、沖縄を上手に思い出すことを目指しました。

>>Q&A [質疑応答]

五十嵐：説明が全く理解できなかったので、僕のアタマが悪いんでしょうかねえ(苦笑)。これは、予選でも「何かあるな」とは思いつつも、全くいいとは思わなかった。今の説明を聞いても、何もいいとは思わなかったのですけれど、何でこんな形態になるのですか？ 暑くて、雨や台風の多い沖縄において、これが、いい形なのですか？
笹谷(330)：これは、沖縄にすでに建っている建築や、沖縄にふさわしい建築を考えたのではなく、「方言」という言葉のリサーチから考えたので、いわゆる沖縄の伝統的な建築のイメージからは違和感があるかもしれません。リサーチによって得られた「方言」という言葉のエッセンスがより象徴的に、魅力的になるように形態を考えたので、僕はこれが沖縄にふさわしい形態だと思っています。

五十嵐：どういう意味で「ふさわしい」の？ 「方言」の言葉？
笹谷(330)：模型で例を挙げて説明します。
この住宅の一番上に載っている砂のようなものは、「赤ガーラ」という「方言」。沖縄の伝統的な赤い瓦について調べたところ、現在、赤い瓦は非常に高価で、止水機能の高い素材はもっと他にもあるため、伝統的な赤い瓦を葺くという選択肢にはなかなか至りません。けれども、赤い瓦は美しく、この瓦の特質である保水力は二重外皮のようなものとして、屋根裏に涼しい風を通す機能を持った伝統的な素材と解釈できます。このため、敷地に転がっていた割れた古い瓦をさらに砕いて、アルミ素材を貼ったコンクリート屋根の表面に撒いています。これによって赤瓦と同じように、二重外皮の皮膚のような屋根ができると解釈しました。

五十嵐：なぜ砕いた瓦を撒く範囲を狭く限定しているの？ 遮熱のことを問題にしているんだよね？ それなのに、瓦を蒔いた部分が室内全体の上を蔽っていないのはどうして？
笹谷(330)：確かに全部を蔽ってはいませんが、この砕いた瓦を撒いた部分だけでも汗をかく(＝結露する)ことで、室内の気温を下げることに期待して、このようにしています。
櫻井(進行)：五十嵐審査員、あまりよろしくないようですけれど、よろしいですか？(場内 笑)
五十嵐：(苦笑、うなずく)

辻：この建築の機能は何ですか？「方言」だけでプラン(計画)の説明がありましたが、実際には、何に使われる建物ですか？
笹谷(330)：これは二世帯住宅です。模型では手前の2階建ての部分が母の家で、奥の平屋部分が祖母の家です。祖母の家はリノベーション(改修)なのですが、母が住む2階建ての家は新築で、現在は空き家が建っている敷地です。祖母の住宅部分と、沖縄生まれで沖縄で育っていない母の住む住宅部分が、「方言」をよすがにしてつながるような、二世帯住宅のあり方を提案しています。

辻：敷地の外にベンチがありますが、意識的に設置したと考えていいのでしょうか？
笹谷(330)：そうです。模型で、鮮やかな色が着いている箇所はすべて、「方言」のエッセンスを用いて設計しています。

辻：「方言」を建築に置き換える時は、小さな家具に至るまで、何らかのルールに則って部材や空間にスケール(寸法)を与えると思います。そのルールはどういうものですか？
笹谷(330)：スケールについては、その「方言」を話してくれた人のエピソードを重視して変換しました。どういう場面でどのような重要さでその「方言」を使っているのか、ということをスケールに反映させました。自分の中で、建築的に「こういうものがほしい」と思った瞬間に、ゆがんで解釈してしまうと思ったので、そうならないように注意しました。

赤松：この提案の「方言」のリサーチや分析は、すごくおもしろいと評価しています。先の五十嵐審査員との質疑応答で、「方言」のみから発想したので、沖縄にすでに実際にある建築や気候風土については一切、考えていないという説明がありました。でも、方言は、その土地の文化や気候風土などから生まれているものだと思います。だから、疑問なのは、その土地ならではの言葉である「方言」を建築に置き換えていく時に、何で気候風土などを反映して、「沖縄にあるべくしてある」建築として構成しようとしなかったのか。それが不思議でしかたがない。その点はどうですか？
笹谷(330)：すみません、説明が不十分だったと思います。僕はこの敷地に提案を行なうということを決めた上で、「方言」を収集して、それぞれの言葉を解釈しています。ですから、僕がここに住んでいた記憶をもとに、どういう時期にどういう雨が降って、どういう気候か、敷地内のこの部分はどういう場所か、といった敷地特有の条件をすべて反映させて、より豊かな場所になるように考えて設計しています。つまり、設計手法として「方言」に拠っているということであって、そういう主観的な部分は文字には現れていませんが、すべて意識的に取り入れられています。

青木：設計する時に、沖縄なら沖縄という土地に住んでいる人たちの世界、言わば、目に見えない彼らの内面的な世界を、そのままでは建築という形に持ってこられないので、1回、言葉というものを介して理解して、理解した言葉を使って、もう1回、建築の形態として、現実の世界に戻してあげる、ということですよね？
笹谷(330)：はい、そうです。

青木：そこに住む人の世界観や感覚を無媒介に形に置き換えるのではなく、言葉というレイヤー(層)を一旦、間に挟んでみるという考え方はいいですね。先ほどの説明で、たとえば、沖縄の人たちにとって大事な「ウチナータイム」という時間を表す言葉がありましたが、その言葉は、模型でいうと、どの部分に反映されているの？
笹谷(330)：「ウチナータイム」という言葉は、2階建ての家屋の入口、アプローチの部分です。模型ではアプローチの壁の部分を、アルミホイルを使って表現しています。この壁をはじめ、ほとんどの壁面の角度や素材は、夏至や冬至などを含めた太陽の位置を考慮して決めています。季節や時間帯によって、どのように太陽光が壁面に照り映えて、時間差で宴席に入ってくる人たちの姿を効果的に演出できるかを考えています。遅れた人には、遅れた人の時間の空の色がその壁面に映り込んで見えるようになっています。

五十嵐：そのアプローチの周囲は、通年でコミュニケーション・スペース(交流の場所)だということ？
笹谷(330)：そうです。1階の入口付近は宴会を行なう場所です。
五十嵐：方位はどうなっているの？
笹谷(330)：入口付近は南側です。
五十嵐：沖縄は北半球だから、沖縄の家の南側なんて、夏はものすごい暑さだよね。太陽がほぼ真上ぐらいの角度で入射するよね？ このあたりは日陰になるの？ 少なくとも、人が集まるスペースは北側にあるとか、言葉の操作だけではなくて、実際にここは快適なんだ、ということが言えないと、成立するわけないじゃない？ ただでさえ暑いのに、さらに暑い南の空間に何で人が集まるわけ？
青木：あの……ただね、五十嵐審査員、沖縄は緯度が高いから南側でもあまり暑くないのよ。日射は真上からなので、壁なども日遮にはあまり関係ない。だから、宴会場の位置は大丈夫(笑)。本州から北海道では、壁による日遮などがすごく大切になるので、庇が重要だけど、沖縄では、建物にあまり庇を付けないんだよね。
五十嵐：そうなんですか。(太陽と緯度について考えあぐねる。青木審査員長がさらに説明)

櫻井(進行)：沖縄の方言から文化的なエッセンスを抽出して、建築の形態を考えていくという作品でした。手法そのものは明快だったのですが、それを空間に落とし込んでいく過程について、もう少し詳しい説明があったほうがよかったように思います。いろいろと考えているようなので、各部分の形態についても、もっと具体的な説明があったほうが説得力が出たのではないかと思いました。

PROCESS_3 Final Round 01_Presentation [プレゼンテーション]

360 渡辺 顕人 Kento Watanabe
工学院大学
建築学部 建築デザイン学科

建築の生命化

図1

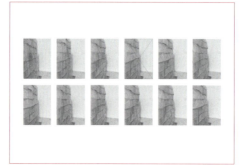
図2

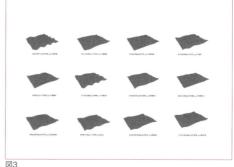
図3

図4

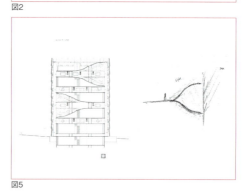
図5

図6

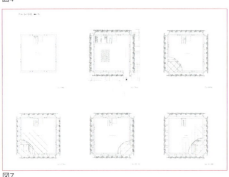
図7

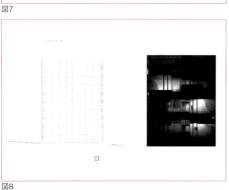
図8

■動く建築
（舞台の中央で、パソコンを使って模型を動かす。発言中、模型は動き続ける）
これまで建築は動かないものとして扱われてきました。それは純粋に技術的に困難であったからと考えます。これまでも自然をメタファ（暗喩）とした、動いているような建築は数多くありましたが、建築は形を決定しなければいけないという制約のために、どうしても、変化のある断片を切り取ったようなものにしか、なり得ませんでした。
僕は、そういう従来の建築の範疇を少しはみ出して、コンピュテーショナルなデザイン手法*1により、建築らしさを保ちながらも、生物的に動く、抽象的な生命をつくりました。
■ファサードを動かす仕組み
提案する建物のファサード（建物正面の外壁面）は空のような移ろいを表現しています（図1）。今回の提案では、その変化が、内外に影響を与えるような仕組みを考えました。
ギミック（仕掛け）は動画で説明します。このようにファサードが動きます。4枚のパネルの重なり合う中心に、スラブ（床水平材）から入れたモーターを設置しています。動きが横方向へ移動していくことで、曲面に豊かな表情を作っています（図2＝動画）。
この曲面の動きは、周囲の環境音をもとにした異なるパターンにより生成されます。Grasshopper*2の乱数を発生させるコンポーネントの変数に、外界の音の変化を変数として加えることで、波の始点、周期、高さが、無秩序的に変更されています（図3）。今回の提案では、音を変数として用いましたが、センサーを取り換えて、プログラムを書き換えれば、建築が生物のように、あらゆる環境要素とインタラクティブな（相互作用する）関係を築くことができます。

■敷地とプログラム
この建築に特定の敷地は設定していません（図4）。用途はギャラリー、形態は直方体、というようにユニバーサル（普遍的）に成立するものを選びました。重要だったのは、生物的に動く建築を、アートやインスタレーションのようなものではなく、人のアクティビティ（活動）が内部に収まった状態で、建築として成立させることでした。
■内部の設計提案
断面図とコンセプトスケッチ（図5）で示すように、内部空間は、光る洞窟のような展示スペースをイメージしています（図6）。ファサードの動きの変化を内部空間に引き込むことを模索しました。そこで、スラブ（床の水平材）の一端を大きく開き、外装に半透明の素材を用いることで、揺らぐ自然光を屋内に取り込みます。スラブの表情を含め、自然の無秩序的な要素を抽出して、それによる人工的な自然を構築することで、恣意性の消去された中性的な環境を、ギャラリーの展示スペースとして提供します。
建物は地下1階〜地上5階です（図7）。内観模型に示すように、内部は洞窟のような印象になっています（図8）。

編註
*1 コンピュテーショナルなデザイン手法：手仕事を超越し、コンピュータにしかできないようなデザインの新たな可能性を探る。
*2 Grasshopper：Robert McNeel & Associatesの開発した自由曲面を含む3次元形状をアルゴリズムにより生成するモデリング支援ツール。Rhinoceros上で動作するプラグイン（補助）・ソフト。

>>Q&A [質疑応答]

門脇：僕がすごくいいと思ったのは、これが、環境と勝手にコミュニケート（応対）する、大きな1個の生物のような建築であるところです。建物が環境とコミュニケーションをとっていて、その中で人間が活動している。それは、まるで珊瑚礁の中で魚が活動しているようなイメージだと思います。これは従来の建築、つまり人間が明確な目的を持って作った構造物とは異なる、独自の意思や生態を持った生命のようなもので、そういうものは、従来の我々の自然との共生感のようなものを更新すると思う。それが、すごくいいと思う点です。
一方で、ギャラリーにしたことには、すごく疑問があります。この作品は、住宅でないにしても、何らかの生活空間にしたらよかったのではないか、と思いました。その点については、いかがでしょうか？

渡辺(360)：そうですね……。自分でもそう思います。個人的にギャラリーがすごく好きだったので、ギャラリーにしました。

門脇：でも、提案の狙いは、とてもよくわかります。先ほど、パソコンを使って模型を動かそうとして、なかなか動かなかった時に、渡辺さん(360)というより、この「ブレゲンツくん*3」を応援してしまう僕らがいたんです（笑）。つまり、これは作者を超えた、1つの生命として振る舞っている。「ブレゲンツくん」を動かしたプレゼンテーションでのパフォーマンスも含めて狙いが明解だった。審査員の間で、この建築に「ブレゲンツくん」という愛称を付けてしまいました（笑）。

中田：今の門脇審査員の「これは1個の生命体である」という理解に、渡辺さん(360)自身は共感できているの？

渡辺(360)：はい、共感できています。

中田：なるほど。ところで、最初に「建築は動かない」という発言がありました。でも建築というものは、いろいろな応力に耐えて頑張っていて、動いていないように見えるけれども、実は微妙に動いています。このように応力に対して必死に抵抗して動いている建築について、渡辺さん(360)は、やはり「動いていない」と主張する？

渡辺(360)：（しばらく思案）いや、一般の建築も動いているし、変化していると思いますけれども……。

中田：なぜ、そういうことを訊きたいかというと、「動く」「動かない」と明解に2つに分けて、仕掛けで動くものを「動く」と定義した瞬間に、建築が本来持っているポテンシャル（潜在力）のようなものをスルー（無視）しているように思えるからです。メカニズムで動いて、中にギャラリーがあって、ということで議論を進めてしまうと、先ほど門脇審査員が指摘した内容がきちんと消化されないままになるような気がする。その部分について、渡辺さん(360)はわかっていたのかどうかを訊きたい。

渡辺(360)：「生命」の定義が結構、難しいと思うのですけれど、その……。

門脇：少し助け舟を出すと、これはスマートハウス*4のオルタナティブ（別案）だと考えればいいです。今のス

マートハウスは、人間の快適環境に合わせるように、たとえば、空調などを自律的に制御したりする。この建築の場合はそうではなくて、スマートハウスに置き換えて言えば、そのスマートハウスが人間の意志や快適性などとは関係なく動く。そういうところで、これが他者的な生命たり得ている。そういうことですよね？

渡辺(360)：はい、そうです。

門脇：だから僕は、これはこれで、全然、いいと思います。

青木：僕も助け舟を出したいと思います。自律する生命であるということは、人間とその生命との関係は、通常の人とモノとの関係とは逆になってしまうと思うので。先ほどの中田審査員の発言に関わる点で言えば、通常は人間のために建築があるけれど、この場合は、逆になり得る、ということです。つまり、この独自の生命を持つ建築のために人間がいる……。実際に、先ほど、渡辺さん(360)がコンピュータを使って模型を動かしたでしょう？　その時、あなたはこの生き物（生命）が動くために使われた、というわけ（笑）。
同様に見ると、いわゆるメンテナンスというものも、意味が逆転して、機械（生命）が人間に命じるという関係になる。だから、この作品で惜しいと思うところは、これは確かに自律する生命なのだけれど、そこにはメンテナンスする人が必要だということです。つまり、この生命体である建築をケア（世話）する人が、どこにどのようにいるのか、ということが提案の中に含まれていたら、人間と機械、人間と建築の関係が引っ繰り返ったと思う。その提案のなかったところが惜しかった、と思っています。

櫻井(進行)：今のコメントについて、どうですか？

渡辺(360)：いやあ、ちょっと……（苦笑）。

櫻井(進行)：「動けばいいや」くらいに考えていた？　そんなことないよね？

渡辺(360)：いや、そうではないですが。

辻：僕も、評価しています。というか、この「ブレゲンツくん」を見た時にちょっと変な気持ちになったのです。僕も設計者として、スケールは小さいですが、設計している建築物がいつも動いているのに立ち合っている。この作品は、建築物を擬人化するというきっかけを与えてくれていると思います。
それで、今の青木審査員長の話とも近い内容についての質問ですが、「ブレゲンツくん」の動力源というか、食べ物について、もし理想像があれば聞かせてください。たとえば、これが勝手に自走して、自分で食べたり、排泄したりするようになると、どんどん、人間のコントロールから離れていく。つまり、この作品では、電源を抜くと止まってしまうという点がジレンマになっているのではないか、と思ったのです。

渡辺(360)：本当は、ファサードの1枚1枚のパネルにソーラーパネルみたいなものを貼って、自律的に動かしたかったのです。しかし、この模型では、電源からコードでつなぐ形でやらざるを得ませんでした。

五十嵐：助け舟ばかりだとつまらないので質問します。これは、なぜ既存の科学を前提に考えたのですか？　もっと「未来にはこういう技術ができるだろう」だから「このように自由に動くことができるようになるんだ」という視点では考えなかったの？　また、何でファサードだけしか動かさなかったの？　内部の壁も床も天井も全部動いて、素材も「現在はまだ生まれていないけれども、将来的には、こういう素材が生まれるであろう」というような提案があってもよかったのではないか。
要するに、全部を未来形にして、この作品を提案してほしかった。確かにモーターでこの模型のファサードを動かすこと自体、大変だったとは思う。けれど図面上では、そういう現実とは離れて、思想を語ってほしかった。たとえば、建物に入った瞬間に床が動き出して、歩かずに目的地に運ばれていく、それこそ、正に生物の内臓の中に入っていったような状況になる、とかいったことを、なぜ考えなかったんだろう？　これを現時点で実現する

ためには、というビジョンだったのですか？

渡辺(360)：今回は、現時点で実現するためにはどうしたらよいか、というビジョンでした。しかし、本当に目指したい将来像としては、霧のような状態のものをコンピュータで制御して、室内外がシームレスに（継ぎ目なく）つながっている、というモヤモヤとしたイメージがあります。ただし、それは、今できないから、まずはファサードを動かすというところから……。

赤松：ファサードを動かす建築はすでに実現しているので、この作品はその点では新しい建築ではありません。たとえば、私の所属するシーラカンスが島根県の出雲で手がけた、『ビッグハート出雲』は、ガラスのダブル・ジャロジー*5の外壁面が呼吸しているように常に動いていて、センサーで読み込んだ屋外の気象条件に応じて、最適な屋内環境を自動的につくり出します。もちろん、今までの議論の流れでは、『ビッグハート出雲』は「内部の空間を人の快適さのためにどうしていくか」という建築だから、自律的に建築のファサードが動くこの建築案とは違うけれど、こういう技術自体はそれほど目新しいことではない。
また、内部空間を「アクティビティ（人の活動）」があるものとして作りたい」と言っているわりに、そのアクティビティを具体的に想定していないところが不満な点です。だから、こういう模型を作るところはいいと思いましたが、他の審査員の意見を聞きながら「この提案は、そこまですごいのか？」と疑問に思っています。それで、具体的にはどういうアクティビティを考えているのか、について訊かせてください。

渡辺(360)：んーと、こういうものに似た提案はあるけれど、生物っぽい動きをしてくれる建築はあまりない、と思っています。僕は、自分が予期しないような動きをする、動く建築を見てみたくて……。で、なんだろうな。「人のために」というよりは……。

櫻井(進行)：動きのスピードの違いもあるのではないですか？　すごくゆっくり動くか、それともバンバンと速く動くとより生物に近づくというような……。

門脇：いや、僕は、渡辺さん(360)の挑発が、まだ足りないのだと思う。たとえば、『アラブ世界研究所*6』なども、これにとても近い建築だと思うけれど、そこで想定されている人間と建築の関係とは違うものをこの作品ではつくろうとしているのです。それは、たとえば、宮崎駿監督のアニメ『となりのトトロ』で、トトロとトトロのお腹の上で眠るメイちゃんみたいな関係。トトロのお腹がウワーンと動いていると、それがメイちゃんにとって心地いい、などという関係なんです。だけど、それをもっと明解にわかりやすく、プレゼンテーションするべきだった。そこが、大人（審査員）を挑発しきれない点だったのでしょう。

櫻井(進行)：渡辺さん(360)が動く建築の片付けに入りましたが、その光景を見ると、やはり人間が建物に使われているように感じられます。そのあたりが議論の中核になっていたように思います。これは予選審査で展覧会場内のたくさんの作品を見て回る際に、ものすごく目立った作品でした。モーターの音も気になりました。そして「建築ってどういうことなんだろう」という問題意識をかなり突きつけられた作品でもありました。

編註
*3 ブレゲンツくん：この模型の外観が『ブレゲンツ美術館』に似通っていることから、審査過程で審査員が付けた愛称。本書8ページ「審査講評」、編註1参照。
*4 スマートハウス：IT（情報技術）を使って、室内環境やエネルギー消費効率などを制御できる住宅。
*5 ダブル・ジャロジー：細長い複数のガラス板をブラインド状に並べ、その角度を調整することで採光や通風を調整する窓がジャロジー窓（ルーバー窓）。そのガラスを二重構造にして断熱性をアップさせたもの。
*6 アラブ世界研究所：1987年、フランス、パリに竣工した、フランス人建築家、ジャン・ヌーヴェル（Jean Nouvel、1945年-）の代表作。アラブの伝統的な窓飾りをモチーフにしたガラスとアルミパネルの外壁の随所に、カメラの絞りのような機構をもつ窓がはめ込まれている。絞り機構を開閉して、採光の調整ができる。

363 山本 黎　Rei Yamamoto
明治大学
理工学部　建築学科

嶽（ガク）──富士山をリノベーションする

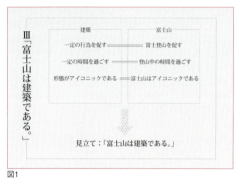
図1

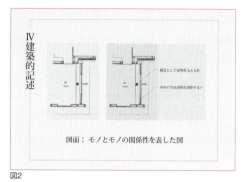
図2

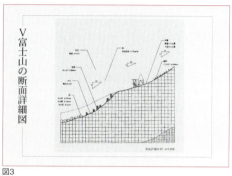
図3

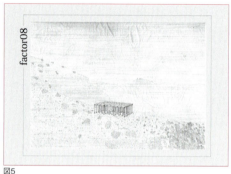
図4

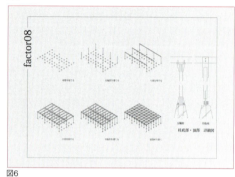
図5

図6

図7

図8

図9

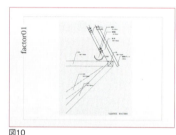
図10

図11

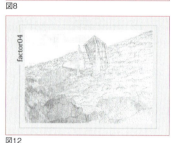
図12

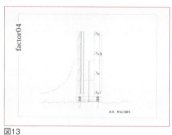
図13

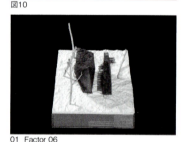
01　Factor 06

■嶽（ガク）──富士山をリノベーションする
これは富士山のディテール（細部）から富士山全体を揺るがす物語である。

■富士山の現状
世界遺産富士山。この明るいニュースとは裏腹に、冷淡無情な富士登山の現状がありました。具体的に言うと、現在の富士山と人の関わり方はその頂上に着くことだけが目的となっていて、登山の過程が無視されていることです。
一方で富士山は建築なのではないかと思いました（図1）。それはなぜかと言うと、建築の持ついくつかの特徴を、富士山も同じように持っていることに気がついたからです。よって「富士山は建築である」という仮説を立てます。

■建築的記述
仮説をもとに富士山を建築的に記述していきます。代表的な建築の記述法が図面です。図面とはモノとモノの関係性を表した図です。このように既存の図面で見ても、建物を構造として支える柱と、そのすぐ横には室内外の空気環境を調節する戸。別々の役割を持ちながら共存しているモノたちの姿が露わになっています（図2）。
同じように富士山の断面詳細図を描いていきます（図3）。ここに描かれる1つ1つのモノは富士山で起こっている事象の断片としてここに描かれます。ここに描かれる1つ1つのモノを建築として建ち上げていきます（図4）。

■モノの建築化
具体的に説明していきます。
①Factor 08：山頂の気圧は約640hPaで、地上の半分ほどの低さです。この気圧の変化を建築として建ち上げました（図5）。これだけ気圧が低いとそれだけ空気が膨張します。山頂に持っていく過程で大型化し、建築ではじめて建築の構成要素となる部材を設計しました。自重が非常に軽くなるため、柱は細くなっていきます。一方で富士山の山頂では下から上へ吹き上げる風が非常に強く吹いています。よって下から上への風圧力が非常に大きくなります。このような場合、通常、圧縮力に耐える圧縮柱は、むしろ引張力に耐える引張材として働きます。そこで圧縮柱に大梁が載り、大梁に小梁が架かり、小梁を引張の柱が支えます（図6）。このように富士山独特の建築が建ち上がってきます。

②Factor 02：富士山の斜面に人間の登れる勾配を充てるとジグザグ路が生まれます。このジグザグ路は人間の視線を2方向に制限します。これに対して、全く方向性のない水平な床を富士山に挿入しました（図8）。この床を支える柱は富士山の斜面に合わせた土着的な方法でできています。富士山にある岩を積み上げて金網で垂直に立ち上げ、構造的に合理的な末広がり型の形になります。この柱の群は逆末広がり型のボイド（空白）空間を生み、富士山独特の空間をつくっています（図7）。
③Factor 01：富士山には40個ほどの線状の火口があります。この亀裂に沿って風が流れ、風に乗って雲が流れています。この気流を建築として建ち上げたのが屋根状の構造物です（図9）。図面で見ると、通常は屋根の外側にある樋が、ここでは屋根の内側にあります（図10）。屋根の内側を流れる雲から水という新しい要素を建築に取り込みます。
④Factor 07：建築は、表面を取り繕う「仕上げ」と、その裏に隠された「原理」の2層によってできています。一面に低木が生い茂るこの一帯は、正にこれと同じ状況でした。つまり、人の歩く登山道の部分だけには植物が生えていなくて、言わば「仕上げ」をはがされた状態でした。この登山道には、富士山の噴火の歴史や形成の原理が見え隠れしています。だとすると、「図と地」で言えば、登山道は「地」ではなくむしろ「図」です。この登山道を見るための第2の登山道を設計しました（図11）。
⑤Factor 04：富士山は非常にボリューム（塊）が大きく、末広がり型の形をしているため、富士山に当たった風は上に登っていきます。よって富士山では雨が下から降ってくると言われています（図12）。そうすると富士山独特の雨仕舞いを考えれば、下見板張りは上見板張り*¹になります（図13）。

このように富士山の断面詳細図（図3）に描かれた1つ1つの事象を建築として建ち上げていきます。そうすることで、全体に比べると非常に小さな富士山のディテールにむしろ富士山の本質や全体性が宿ります。建築においてディテールが全体を揺るがしてしまうのと同じように、富士山のディテールから富士山全体を揺るがすことを試みます。
設計の結果、富士山が再解釈できたのであれば、これはつまり富士山のリノベーションなのです。

編註
*1　下見板張りは上見板張り：本書58ページ編註8参照。

>>Q&A [質疑応答]

辻：僕は静岡県の浜松で活動していて、その活動のあり方が、この提案によく似ていると感じています。我々の活動は、1個1個、かなり小さい部分的なリノベーション（改修）が多くて、一定の範囲の中にプロジェクトがまとまっています。そのため、感覚としては、個々のプロジェクトを通じて街全体をリノベーションしているような実感があります。君も提案した個々の建築は新築なのに、作品全体をリノベーションと呼んでいて、その設計感覚には街のリノベーションと非常に近いものがあった。そして、些細な環境因子や、富士山の中にあるコンテクスト（背景や状況）の差異をきちんと取り上げて建築化していくというところを見て、僕らは街のリノベーションでそういうことをやっているのだな、と改めてこの作品から学んだところもあります。
ところで、富士山にはもともとの解釈があって、このリノベーションによって、それを揺るがす解釈ができるのだとすると、それによって山本さん（363）は、根本的には何を伝えたいのですか？　富士山をどのように見せたいのか。単に、それぞれの部分のコンテクストを顕在化させる、というだけでは、この提案自体の動機が見えません。たとえば、僕らが設計する時にはクライアント（施主）がいるので、その設計を行なう客観的な理由はひとまず担保されます。しかし、この提案にはクライアントがいないので、どこへ向かってこのリノベーションを提案しているのか、について聞かせてもらえますか？
山本（363）：僕にとってのクライアントのようなものは、富士山を登る人たちです。それで……。すみません、質問をもう一度お願いします。
辻：このリノベーションによって、富士山のどこを揺るがせたいのか？　富士山をどのように見せたいのか？　今の富士山については、僕らはあるイメージを共有しているし、揺るがないものがある。それを揺るがせたいと言っているのは、どうしてなのか。そして、揺るがしたことによって何が生まれているのか、という点を聞きたいということです。
山本（363）：富士山には、登山者が歩いていくにつれて、変化していくものがたくさんあります。けれど、多くの登山者は、それらを見過ごして通り過ぎてしまっています。そこで、富士山が内在させている、富士山に眠っている、富士山の潜在的な魅力を、建築として立ち上げることで暴き出す。それによって、今までは気づけなかった富士山の本当のおもしろさや奥深さを、建築を通して知覚でき、登山者に富士山が再解釈されるということを目指しました。

磯：現状の富士山にもいくつか小屋などの施設が建っていると思いますが、それらの施設は山本さん（363）から見て、富士山的ではない、ということでしょうか？
山本（363）：そうです。僕から見ると富士山的ではない、ということです。現状では、たとえば、山小屋などは、確かにそこに建っていて、壊れないような仕組みが備わっているのですが、どちらかというと消極的で、最低限、そこに建てられる設定を施された建物です。でも富士山には隠れている魅力がたくさんあるので、それを建築化して顕在化させ視覚化することによって、人々が知覚できるようにすることが大事だと思って設計しています。

五十嵐：それぞれ大体、何人が同時に使えるとか、利用人数を考えて作っているの？　使えないものを作ってもしょうがないし。
山本（363）：具体的に「この建築は何人を想定」ということは決めていません。もちろん、作るにあたって大体の想像はしています。

五十嵐：では、この模型のこの建造物（Factor 08、図5-6参照）は何をするの？　何に使うの？
山本（363）：これは山頂付近に設置される、屋根を持つ構造物です。人数的には10人から最大20人が想定されます。富士山山頂近くにはもちろん日陰になるところは何もないので、山頂まで登って疲れた人たちにとって、強い日差しを除ける休憩施設となります。また、この袋葺きの屋根は、山頂付近でしか成り立たないものです。気圧の変化によって、こうして成立しています。これを視覚化することで、この屋根の形状を通して、登山者は富士山の山頂と地上との気圧の大きな変化を知覚できると思います。

五十嵐：他の建築は？　全部、説明してみて。
山本（363）：これはFactor 07、登山道を見るための第2の登山道です（図11参照）。富士山は水はけがよくて、あれだけ大きいのに川が1つもないので、富士山では水が非常に貴重です。そのため、通常の切妻屋根を上下反転させるだけで、これが富士山の水を集める樋になるという機能も付加しています。
次はFactor 02、物見台と呼んでもいいと思います（図7-8参照）。柱が林立している空間が特徴的で、登山者に柱の間を冒険するように歩いてもらって、最後には富士山の下界を見下ろすことができます。山頂を目指す登山客にとって、下方の景色は通常、見落とされているものです。
こちらはFactor 01、登山道の視界を制限する方向に対して垂直方向にチューブ状の空間を配置しています。そして、この地点から見える最も遠い地点へ向けて木製の椅子を設置しています（図9-10参照）。このチューブに入ることによって人の視線を制限して、美しい構図に切り取った景色を見ることができるし、この椅子に座ることによって、登山者のリフレッシュや休憩になると思います。
次はFactor 06、富士山の植生を知覚化する装置です（写真01参照）。富士山の麓のほうには場所によって多様で豊かな植生があります。それらをさまざまな向きや素材の壁に置換することによって、多角形の壁の1つ1つにそれぞれ違う植物が生えている様子を見ることができます。この装置を通して富士山が持つ豊かな植生を知覚できるようになっています。富士山登山という斜面を登る連続的な動作に対して、この垂直な壁によって、登山者に真上に登る断続的な動作を与えることで、富士山の新たな姿を知覚できるようになっています。
こちらが最後Factor 04ですが、富士山は山頂に近づくにしたがって傾斜がきつくなっています。変化していく傾斜に対して立ち上がっているのがこの建造物です（図12-13参照）。山頂に近づくにしたがってだんだん人は這うように登っていきます。山頂に向けて刃向かうように登っていく際に、このような屋根が架かる場所があることによって、ふと人は立ち止まって、振り返るだろう、という装置です。そのような、傾斜の変化に合わせて立ち上がった屋根です。
簡単ですが、以上が、それぞれの部分の説明です。

五十嵐：僕は富士山に登ったことがありませんが、富士山の上は、こんなに過保護なことをしなければ、富士山を感じることができないような状態なのですか？
山本（363）：はい、冒頭で説明した写真のように、登山者はどうしても先を急いでしまう。僕は2回、登りましたが、今は、山頂に着くことだけが目的になっているように感じました。でも一方で、山を登っていく過程にこそ、富士山の魅力があるので、それを建築の設計を通して表すことができたら、それは自分のやりたいことだ、と思って、このような設計をしています。

櫻井（進行）：言わば微気候を細かく読み解いていって、それに応じて、各所にいろいろな仕掛けを作るという提案でした。気圧の変化で屋根が膨らむとか、水が足りないので水を貯めるとか、それぞれの部分に工夫がされている、おもしろい作品でした。

PROCESS_3 **Final Round**
02＿Final Discussion
［ファイナル・ディスカッション］

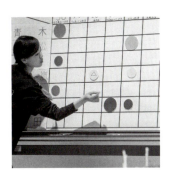

*文中の作品名は、サブタイトルを省略
*（　）内の3桁数字は出展作品のID番号
*SDL＝せんだいデザインリーグ　卒業設計日本一決定戦

櫻井（進行）：それでは、これから審査の最終段階、ファイナル・ディスカッションを行ないます。ファイナリスト10作品の中から日本一、日本二、日本三の3作品、特別賞2作品を、ディスカッションを通して決めていきます。
それでは、まず、ファイナル審査に残ったファイナリスト10作品を改めて、確認しておきましょう。
まず、工業化住宅を再構成した谷繁案『住宅構法の詩学』（036）、住宅地の基礎部分を扱った平井案『縁の下のまち』（115）、商店街のファサードを操作する山口案『ファサードの転回による都市風景の再編計画』（118）、物語の構成要素を建築化した髙橋案『建物語』（168）、谷中の防災計画の櫻井案『防災地区ターザン計画』（177）、伊豆諸島で塩を作る建築の柳沼案『モヤイの航海』（227）、霞が関ビルディングを壊す松本案『死離滅裂』（253）、沖縄の方言をもとに住宅を発想した笹谷案『話クワッチィ』（330）、生命体のように動く建築の渡辺案『建築の生命化』（360）、富士山を扱った山本案『嶽（ガク）』（363）の10作品です。
では、ディスカッションに入る前に、まず、最初の投票をしたいと思います。各審査員に推薦する3作品に投票してもらい、その結果を見ながら、議論を進めたいと思います。「強く推したい」作品（●印）、そこまでではないが「消極的に推したい」作品（▲印）の2種類を混ぜてもいいので、推したい3作品を選んでください。投票後、推薦する3作品について、推す理由を説明してください。それでは、投票をお願いします。

（審査員一同　投票）

表1　上位3作品への投票（1人3票をめやす）

ID	氏名	青木	赤松	磯	五十嵐	門脇	辻	中田	合計	
036	谷繁 玲央	●		▲		▲		▲	4	3票以上獲得
115	平井 未央	▲	●	●	●				4	3票以上獲得
118	山口 大輝							▲→×	1→0	
168	髙橋 万里江			▲				×→●	1→2	
177	櫻井 友美						●		1	
227	柳沼 明日香		●		▲	▲			3	3票以上獲得
253	松本 悠以									
330	笹谷 匠生					▲			1	
360	渡辺 顕人	●		●		▲			3	3票以上獲得
363	山本 黎		▲				▲	▲	3	3票以上獲得

凡例　＊●は強く推す1票（以下、同）
　　　＊▲は消極的に推す1票（以下、同）
　　　＊×は0票

櫻井（進行）：では、各審査員に、それぞれ投票した作品を推す理由についてコメントいただきたいと思います。青木審査員長からお願いします。
青木：谷繁案『住宅構法の詩学』（036）については、構法に興味を持って取り組んでいるという点が、まず、おもしろい。加えて、各住宅メーカーの外に対して完全に閉じた独自のシステム同士を、システムを外に開くのではなくて、閉じたままでつないでいくという考え方がおもしろかった。そして、その方法を現実にあるプレファブ[*1]住宅で試している。また、機能や何かのためといった建築に関わる他の要素を一切絡めずに、方法論だけを追求する、という潔さもすごくよかったと思い、強く推します。
渡辺案『建築の生命化』（360）は、先ほども言ったように、建築が独自の生命体としてあるという、そのあり方に可能性を感じます。たぶん、こういう建築は、今後、重要になってくる。「動く」ということよりも、人間とは違う存在として生命体のような建築がある、ということに興味があり、強く推しました。
平井案『縁の下のまち』（115）は詳しく説明していなかったけれど、「公共的だけど誰のものでもないような空間」ではなくて、「その人が持っている空間が公共的になる」という考え方には、すごく可能性がある。不動産会社の管理ということになるかもしれませんが、たぶん、これからは自分の家の下の公共的空間を、自分が掃除したり工夫していったりするのではないか、と思う。半公共的というあり方は、これからの公共性において意味がありそうだという実感を持ち、消極的に推しました。以上です。
櫻井（進行）：ありがとうございました。
では続いて赤松審査員、お願いします。

赤松：私は、建築単体というよりは、その周辺環境や都市に対する視点がある、それが建つことで周辺が変わる、何か新しいことにつながる、といったことが大事だと思っているので、そういう視点で選びました。
そういう意味で、平井案『縁の下のまち』（115）は、今、その場所に起こっている問題に対して、ていねいに答えている。そして人が住む場所を確保しながら「コモン[*2]」という問題にも取り組んでいる。そういう意味で、オリジナリティのあるおもしろい提案だと思い、強く推しました。
柳沼案『モヤイの航海』（227）も同様です。島しょ間の生業（なりわい）と人々の生活に非常にていねいにアプローチし、これまで地域にあった塩田をどのように新しいかたちで継続させていくのか、という問題に真摯に答えていると思い、強く推しました。
山本案『嶽（ガク）』（363）は、都市や人々の暮らしとは少し異なる提案ですが、富士山独特の

95

微気候などを読み込み、人が住む場所ではあまり考えないような視点から建築を構想していくところがよかった。気候条件を考慮して、「下見板が上見板*3になる」という説明は、この立地だからこそ説得力がある。そういう新しい建築の視点を示しているという意味でおもしろい。複数の小さな建造物を建てることで富士山を体験しよう、という方法もおもしろい発想だと思い、消極的に推しました。
櫻井（進行）：どうもありがとうございました。
続いて磯審査員、どうでしょうか。

磯：まず、渡辺案『建築の生命化』(360)は、「人間のためではない建築」というものを、確信を持って作っているところが評価できる点だと思います。そもそも、ファサード（建物正立面の外壁面）は人間に見られるためのものなのに、それを意識せずに勝手に動いている、というところが魅力的でした。中に住む人も使う人もいない建築があり得ることを示しています。一応、ギャラリーという機能が設定されていましたが、そこに飾られている絵さえも、たぶん、人間でなくAI（人工知能）が描いたものだと思います。そのように人間が全く介在しないまま建築が作られ存在し続ける、ということを提示した点が魅力的でした。赤松審査員からの「アクティビティ（人々の活動）は？」という質問に、渡辺さん(360)は「人のため、とかいうのはどうでもいい」といった回答をしていましたが、そういう点も渡辺さん(360)は自覚的にやっている。そこが強く推せるところだと思いました。

工業化住宅を接いでいくという谷繁案『住宅構法の詩学』(036)については、やろうとしていることはすばらしいと思いました。説明はうまくなかったところがありましたが。五十嵐審査員に「そこでどういう生活があるんだ？」と突っ込まれた時、谷繁さん(036)は「そこはどうでもいい。建築の空間なんてどうでもよくて、どう建築を作るかということにこだわっているんだ」という内容を答えていた。その確信的なところが、やはり、いいと思い、消極的に推しました。
『縁の下のまち』(115)は、遺跡のような模型がとても美しいと思いました。そこを評価し、消極的に推しました。
櫻井（進行）：ありがとうございました。
では続いて五十嵐審査員、お願いします。

五十嵐：ファイナリスト10作品に限らず、100選についても、全出展作332作品についても、何を評価軸に判断するかで、全く変わっていたと思います。でも今は、この10作品から選ばなければならない。
プレゼンテーションを聞いた上で選ぶとなると、相対的にすばらしい、と思ったのは平井案『縁の下のまち』(115)です。どう考えても、これが一番いいと思い、強く推しました。相対的に、ですよ。
相対的に、次にいいと思ったのは柳沼案『モヤイの航海』(227)で、消極的に推します。それから髙橋案『建物語』(168)は、相対的な評価はよくないのですが、それでも「これはやっぱりいい建築だ」と思いました。建築を作るためにはいろいろな能力が必要ですが、僕は、10人の中では髙橋さん(168)の能力に最もひかれました。めちゃめちゃ抽象的な批評になっていますが（笑）……。本当にそう思い、消極的に推しました。そういう3作品です。

櫻井（進行）：どうもありがとうございます。
では、続いて門脇審査員、お願いします。

門脇：いずれも消極的に推す票ですが、まず谷繁案『住宅構法の詩学』(036)です。これは、構法が専門の僕は推さざるを得ない……。というのはウソです（笑）。構法に関心を持つ出展作は、増えているように思います。10年前のSDLでは、ほとんどの学生が物語だとか、形式や図式などに興味を持っていた。しかし、今年のファイナリスト10作品を見ると、この谷繁案『住宅構法の詩学』(036)の他にも平井案『縁の下のまち』(115)、山本案『嶽（ガク）』(363)などは、構法や細部の納まり、ディテール（詳細部）に関心を持っている。そういう意味では、だいぶ、卒業設計自体のモード（状態）が変わってきている。建築は本来的に、社会に対して実効的です。つまり社会に対して直接的に働きかけることができるという点に、最近の学生たちはロマンティシズムを見出しているということだと思います。

その点で平井案『縁の下のまち』(115)は、いいと思うのですが、内容の広がりが少し足りないと思います。同様にディテールにこだわりながら、それを横滑りさせるようにして非常に大きなものをとらえようという提案もいくつかあって、その1つが山本案『嶽（ガク）』(363)です。
そういう意味では、谷繁案『住宅構法の詩学』(036)は、接合部のディテールを発明することによって、住宅メーカーがそれぞれ開発してきた構法を、人の手を加えられる在来の木造構法的な一種の資源に転化することができる、という提案です。他の審査員から「空間の提案がない」と言われていましたが、むしろ私は、そのことから、谷繁さん(036)はプラットフォーマー（建築を設計する環境としてのプラットフォームを提供する役割）になろうとしている、という気概を感じた。こうした大きな課題にまで対象を広げているところに1票入れました。
それから笹谷案『話クワッチィ』(330)です。評価の話としては、票を投じなかった髙橋案『建物語』(168)から始めなくてはならない。髙橋案『建物語』(168)では物語世界の外部が問題になっていましたが、その問題に対して、笹谷案『話クワッチィ』(330)は、物語や言葉の世界の外は現実世界なのである、と明確に示したものだと思う。そして、言葉を介して、明らかに現実そのものの空間を変えようとしている。だから、

言葉の力を使って現実の世界を操作できるのである、という気概に1票を入れました。それから渡辺案『建築の生命化』(360)です。これと関連して語りたいのは、いずれも票を入れませんでしたが櫻井案『防災地区ターザン計画』(177)と松本案『死離滅裂』(253)です。両案とも、現在の社会が人間のために精緻につくられてきたことによって、かえって人間は息苦しくなっているという状況に対して、何とか提案をしてやろう、としている。櫻井案『防災地区ターザン計画』(177)は息苦しいところに「スキ(隙)」をつくって、その「スキ」を人間力で乗り越える。松本案『死離滅裂』(253)は自然を使って霞が関ビルディングを破壊しよう、と言う。ただし、これは人間社会の延命策にも見えるけれども。一方、渡辺案『建築の生命化』(360)は、機械を一種の乱数のようにして我々の社会にそっと介入させることによって、社会にある種の「スキ」をつくろうとしている。この、技術を使って「スキ」をつくるという渡辺案『建築の生命化』(360)の方法は、3作品の中で最も前向きに見えた。実は櫻井案『防災地区ターザン計画』(177)も魅力的な提案だと思ったけれど……。

加えて、渡辺さん(360)の、赤松審査員のあおる質問に一切、乗らないあのクールさもなかなか新世代、次世代の建築家の相貌ではないか、と感じて1票を入れました。

櫻井(進行):ありがとうございました。続いて辻審査員、お願いします。

辻:ファイナリスト10作品の中には、敷地とプログラムを設定しない提案がいくつかありましたが、その割り切り方が、僕にはちょっと寂しかった。こういう場で、限られた条件の中で提案の特徴を最大化して一瞬で伝えるために、敷地とプログラムを犠牲にする、という手法に、僕は抵抗があります。

推した作品は、まず櫻井案『防災地区ターザン計画』(177)です。この提案自体「スキ(隙)」だらけ、というか……。僕の意見も「スキ」だらけというか(笑)……。この作品については、みなさん、いろいろ不満があると思うのですが、まあ、「スキ」がない提案を推すとしたら、柳沼案『モヤイの航海』(227)を一番に推します。それから票は入れませんでしたが、松本案『死離滅裂』(253)に近い、社会に対する違和感を僕も感じている。このせんだいメディアテークでの審査もそうですが、こういう巨大な空間の中で、すべてが統制されていて、タバコもロクに吸いにいけないような……。そういう「スキ」のなさの中で建築を考えていること自体が、ちょっと切ないと言うか……。(会場 笑)

そういう状況の中で、櫻井案『防災地区ターザン計画』(177)は、人間や自分をきちんと持ち出して、ユーモアを持って提案している。まずリアリティがあって、そこにユーモアをくっ付けるという方法だと、それは単なる「イジリ」になってしまいますが、これはユーモアが先にあって、それにリアリティが引っ張られていくような提案になっている。たとえば、「ばあちゃんが、毎日、健康であり続けることを意識できるような街のシンボルを設計した」というような引張り方が、ユーモラスにできている。そういう部分に僕は可能性を感じたので、推したいと思いました。

他に推した柳沼案『モヤイの航海』(227)、山本案『嶽』(363)の2作品について、一番いいと思ったところは、部分と全体の射程がずれている、というところです。非常に小さな部分を設計しているのだけれど、実際には伊豆諸島全体とか、富士山全体とかを射程にしている。だから、とらえ方によっては「東京から見える富士山はどう見えるかな」というところまで広がる可能性を感じた。そういう意味では、逆に平井案『縁の下のまち』(115)の提案には「スキ」がないけれど、部分と全体の射程が一致してしまっている。だからこそ推し切れなかった面がある。

櫻井(進行):ありがとうございました。

最後に中田審査員、お願いします。

中田:谷繁案『住宅構法の詩学』(036)は、「形あるものは、いずれ壊れるものである」ということで、1回、瓦解したものを「金継ぎ*4」という手法で「壊れたこと」をなかったことにする」と言う。あたかも何かを超越する価値を与えるようなそのボキャブラリーと、この構法の提案内容がマッチしていてよかった。ただし、それが「クランプでつなげる」というだけだと、少し弱いと思い、消極的に推します。

山口案『ファサードの転回による都市風景の再編計画』(118)については、「屋内を設計していますか?」という問いに対して「設計しています」という回答があったけれど、そこにはまだ疑問も残る。本当に「どこまで責任を持って設計しているのか」について、納得できる説明があれば、もっと強く推せると思います。

山本案『嶽』(363)は、富士山に登る人の認識を変えたい、という内容だった。それを建築家がやるのだとしたら、地理学、気象学、地学、物理学などをしっかり理解していないと、その建物の有様はわからないので、疑問は残る。でも、そういう視点を掲げているところがおもしろいと思いました。それは、逆に富士山に登るべき人を定義しているような気がしたからです。それで、これも消極的に推しています。

ただし、当初は、髙橋案『建物語』(168)と櫻井案『防災地区ターザン計画』(177)を推したいと僕は考えていた。でもプレゼンテーションでの説明を聞いて、外したという経緯があります。ですから、この2作品がかなりの力を持って議論の渦中に入ってきたら、入れ替えて、こちらを推したいという気持ちがあります。というのは、髙橋案『建物語』(168)は、ブロックを連続させて物語を建築化している。でも実は、物語そのものから照射された世界を見ているからおもしろい、ということを建築化できている気がしたからです。先ほどの議論の「物語の外にあるすき間」についての話です。髙橋さん(168)はそれを「自覚して設計した」という回答でしたが、そのことに確信を持てるほど明確に伝わってくる説明がなかったので、推しませんでした。櫻井案『防災地区ターザン計画』(177)は、建築家、吉阪隆正の話から建築の「スキ(隙)」の話になり、「スキ」が魅力だ、「スキ」があるのは谷中だ、谷中は木密(木造住宅密集地域)だから危険だ、危険だから防災だ、となり、最後はターザンで「えいっ」と避難する話。でも「では、避難の時、高齢者はどうするの?」という質問に、櫻井さん(177)は「私は、それはやりません」と言う。提案の実現に向けて、一緒に考えておきたいこうした部分をすべて、切り捨ててしまう。しかし、本来は、関係するものすべてを結び付けて一緒に考えていくのが建築の設計だ。だから、櫻井さん(177)が覚悟を決めて、「建築として、この計画に関わる問題を総合的に解決するための設計だ」と言ってくれたら、僕は『防災地区ターザン計画』(177)を推したいと思う。

櫻井(進行):ありがとうございました。

これで一通り、審査員から、投票した作品を推した理由を聞きました。ここからは、作品を絞り込んでいく作業に入ります。時間の制約もありますので、バッサバッサと切っていきます。

先ほどの投票で、消極的な票も含めて、3票以上の作品が5作品あります。谷繁案『住宅構法の詩学』(036)、平井案『縁の下のまち』(115)、柳沼案『モヤイの航海』(227)、渡辺案『建築の生命化』(360)、山本案『嶽』(363)です(表1参照)。

たまたま5作品ありますので、票数から見ると、これらを日本一、日本二、日本三と特別賞2作品にするのが、順当ですが、そのように決めてしまっていいかどうか。いかがでしょうか?

青木：今、審査員みなさんの話を聞いて思ったのは、やはり「卒業設計というものをどう評価するか」というところ。評価基準がいろいろあって、その評価基準の違いが投票の結果に反映されているということです。ですから、各審査員に、どのような審査基準で選んでいるのかを簡潔に述べてもらって、今度は1人1作品を推す、という方法はどうでしょうか？

櫻井（進行）：なるほど。ただ、時間的な制約もあるので、できれば5作品に絞ってから、そういう絞り込みをしたいのです。

青木：うーん。たとえば、辻審査員は、今の5作品に入っていない、櫻井案『防災地区ターザン計画』(177)を強く推している。「強く推す」1票は結構、大きな意味を持っていると思うのです。だから櫻井案『防災地区ターザン計画』(177)をここで落とすことには問題がある。先ほどの5作品に、櫻井案『防災地区ターザン計画』(177)を加えて、6作品を残してから絞り込むというのなら、僕はそれでも構わない。

櫻井（進行）：なるほど。辻審査員、櫻井案『防災地区ターザン計画』(177)に入れた1票については、どうでしょうか。特別賞以上の5作品に入れたいですか？

辻：建築に「『スキ』があるかどうか」について議論したかったということが一番、大きい。青木審査員長が言うように、評価軸という話でもあります。「こっちから見ても、そっちから見ても、あっちから見ても『スキ』がない」という作品が、建築的に統合されている作品だとは、僕も思うのですが……。うーん。根本的な思いとしては、こういう卒業設計の審査会では、ものすごく短時間で作品を判断して評価をしなければならない、ということへの違和感を表明したかった、という面もあります。しっかりした議論ができるのなら、投票結果に従うということで、櫻井案『防災地区ターザン計画』(177)を外していいのかもしれません。しかし、個人的には、この作品を評価して一石を投じ、みなさんの議論を呼びたいと思う。こうして非常に短時間で評価しなければならないという「『スキ』のない」システムについて、みなさんがどう考えているのか、という……。

磯：出来の悪い子ほどかわいい、とか、そういうこと？

辻：出来の問題というより、「スキ」というテーマを扱いながら、かつ「スキ」をさらけ出した度胸に強く共感したということです。

五十嵐：櫻井案『防災地区ターザン計画』(177)が、建築設計として、投げかけている問題提起にそれなりの飛距離があれば（＝広がりのある提案になっていれば）、あなたの言っていることは、正しいと思う。だけど、この作品はその飛距離がほぼゼロに近い……。

辻：（笑）

五十嵐：だから、あなたが一石を投じたいという気持ちはわかるけれど、それがこの『防災地区ターザン計画』(177)を推すということには絶対にならないと思います。

櫻井（進行）：なるほど、ではそれについて、本人の意見を聞いてみましょうか？　櫻井さん(177)、どうですか？　「あなたは全然、わかってない」とか、審査員に対して説明したいことがいろいろあるのではないですか？

櫻井(177)：（なかば困って笑いながら）私は、すごく合理的な社会の中から生まれてくる建築たちについて、「それが本当に人間の身近に寄り添える建築か？」という疑問があります。本来、自然の中に存在している人間のための建築というのは、もっと人間が入り込めるような「スキ」を持つ建築であるべきだと考えています。

門脇：非常によくわかる。けれど、僕は、「『スキ』なく設計したら結果的に『スキ』が生まれて、そこで人間が活躍するのである」という建築に仕立てたほうがよかったと思う。いずれにしても、実際の設計自体に「スキ」が多いので「これは推せない」というのが五十嵐審査員の意見だと思う。そこには僕も賛同する。

櫻井（進行）：櫻井さん(177)、反論がありますか？

櫻井(177)：うーん（苦笑）……。

門脇：「世の中には『スキ』が必要である」という、その主張はよくわかる。みんな、共感する。だがしかし、その主張のために講じた手立てがまだまだ「スキ」だらけなのではないか、と……。

櫻井（進行）：櫻井さん(177)、反論はどうですか？

櫻井(177)：（苦笑）はい、そうかもしれません……。

櫻井（進行）：では、どうでしょうねえ……。

中田：すみません、今、票を移してもいいですか？

櫻井（進行）：はい、どうぞ。

中田：では、山口案『ファサードの転回による都市風景の再編計画』(118)の1票を抜いて、髙橋案『建物語』(168)に強く推す1票を入れます。それでも全体の情勢には影響しないかもしれないけれど、抵抗します。

櫻井（進行）：髙橋案『建物語』(168)に強く推す1票が入って、ますます複雑になってしまいました。（会場　笑）
では、3票以上を集めている5作品について、入賞5作品に入れるかどうか、をそれぞれ順に確認していいでしょうか？

審査員一同：（了承）

櫻井（進行）：では確認していきます。
まず、谷繁案『住宅構法の詩学』(036)は、入賞5作品に入るということで、よろしいでしょうか？　反対の人はいますか？

審査員一同：（入賞に同意）

櫻井（進行）：では、工業化住宅の谷繁案『住宅構法の詩学』(036)は入賞5作品に残ります。

櫻井（進行）：次に、平井案『縁の下のまち』(115)はどうでしょうか？

審査員一同：（入賞に同意の様子）

櫻井（進行）：では、平井案『縁の下のまち』(115)も入賞5作品に入ります。
それから、塩田の柳沼案『モヤイの航海』(227)はどうでしょうか？

審査員一同：（同意の様子）

櫻井（進行）：では柳沼案『モヤイの航海』(227)も入賞5作品に入るということで確定。
次、動く建築である渡辺案『建築の生命化』(360)はどうでしょうか？

各審査員：（決め方について議論）

青木：卒業設計は、作品を提出した人はみんな、それぞれ重要だと思う課題に取り組んで、それに対してその人なりの回答を出している。そういう意味では、本当は同じ物差しで評価するのは無理な話なのを、ここでは無理矢理に評価しようとしているわけです。そうであれば、得票の多さではなくて、やはり各審査員が「これは共感できる」という作品をそれぞれ1作品ずつ選んで、その投票結果で選んだほうがいいのではな

99

いですか？（各審査員を見回して同意を求める）
たとえば、先ほど、怖い(笑)五十嵐審査員が言っていたのは「『スキ』がない作品を評価すべきではないか？」ということだし、一方で「『スキ』がないのが問題だ」という意見もある。これはたぶん、議論して解決できる問題ではない。そしてもちろん、ファイナルに残った10作品は、どれが日本一になってもおかしくない、というのが前提としてあると思う。ですから、1人1票ずつ推す作品に入れて、それで日本一を決めませんか？
櫻井（進行）：なるほど。青木審査員長から提案がありました。それで、よろしいでしょうか？
各審査員：（同意）

櫻井（進行）：では、1人が1票ずつ推薦する作品に投票する、ということで、改めて投票を行ないます。
青木：まず、先ほど提案した、各審査員の「一言評価軸コメント」を言いましょうよ。
櫻井（進行）：では赤松審査員から、お願いします。

赤松：私は先ほど話したとおり、建築は、人や場所、社会というものと、絶対に切り離せないものだと思っています。だから、それに対してきちんとした思考と回答がない作品は「建築としてどうなの？」と思うので、評価できません。
櫻井（進行）：ありがとうございます。
では磯審査員、どうでしょうか？

磯：基本的には、僕にとって、影響を与える作品。僕の心を揺さぶる作品を選びました。そして、この審査の最終段階においては、作った本人がそれをきちんと意識してやっていること。まぐれ当たりではない、という部分はしっかり見極めて評価しておきたい。
櫻井（進行）：なるほど、わかりました。
五十嵐審査員、どうでしょうか？

五十嵐：どんなに発明的で発見に満ちた提案でも、やはり、人間を置き去りにするような作品は評価できない。つまり、共有、共感できる作品でないとダメなんだと思います。だから、どんなに投げかけている問題提起に飛距離があっても、「え？」というものは避けたいと思います(笑)。
櫻井（進行）：ありがとうございます。門脇審査員はいかがですか？

門脇：僕は、この人が世に出てきたら怖いな、という作品を推します。
櫻井（進行）：なるほど。ありがとうございます。
では辻審査員、評価の基準は何ですか？

辻：学生に、ばれないように言わないといけないですかね？（会場 笑）
敷地とプログラムが設定されてリアリティを持ちつつ、「遊び」や「ユーモア」がきちんと提案に結び付いている、というところ……。ですかね。一言ではないですが。
櫻井（進行）：ありがとうございます。
では中田審査員、お願いします。

中田：私は、もし、その空間を体験したらショックで死にそうな作品を選びます(笑)。
櫻井（進行）：ありがとうございます。では最後に青木審査員長、どうでしょう？

青木：僕には、刺激的なものがおもしろいです。つまり、僕が「知らない世界を持っているなあ」と思う作品が、いいと思っています。
櫻井（進行）：ありがとうございます。
今、各審査員それぞれの評価軸を手短に説明してもらいました。それをもとに、それぞれが推す1作品に投票してもらいます。

（審査員一同 投票）

表2 日本一への投票（1人1票）

ID	氏名	青木	赤松	磯	五十嵐	門脇	辻	中田	合計	
036	谷繁 玲央	●							1	得票
115	平井 未央		●						1	得票
118	山口 大輝								0	
168	髙橋 万里江				●			●	2	日本一決選投票へ
177	櫻井 友美						●		1	得票
227	柳沼 明日香								0	
253	松本 悠以								0	
330	笹谷 匠生								0	
360	渡辺 顕人			●		●			2	日本一決選投票へ
363	山本 黎								0	

櫻井(進行)：投票結果は、票が入った作品が、5作品。美しい！ これがちょうど、入賞5作品という感じでしょうか。
では、まず、票が入った5作品を特別賞以上の入賞作品とさせていただきます。みなさん、よろしいですね？
審査員一同：(同意)
櫻井(進行)：では、入賞の上位5作品が決まりました。谷繁案『住宅構法の詩学』(036)、平井案『縁の下のまち』(115)、髙橋案『建物語』(168)、櫻井案『防災地区ターザン計画』(177)、渡辺案『建築の生命化』(360)が、特別賞以上の入賞5作品に決定です。
みなさん、拍手をお願いします。
(会場　拍手)

櫻井(進行)：それでは、順当にというか、「スキ」のない方法で決めると、得票が多い作品が日本一ということになるのですが、それではおもしろくないので、特別賞から決めましょうか。得票が少ない作品から特別賞を選ぶというのはいかがでしょうか？
中田：すみません、最後に弁明を聞いてもいいですか？ 僕は髙橋案『建物語』(168)に「本当にこれでいいのか」というところを聞いてみたいんだ。
櫻井(進行)：では髙橋さん(168)、何か弁明があれば、お願いします。あなたの作品の「ここが魅力なんだ」「ここを評価してほしい」という内容でいいと思います。
髙橋(168)：あの、評価していただき、本当にありがとうございました(笑)。この作品の魅力は、審査員のみなさんの評価のように、設計した空間と空間のすき間という、ネガティブな場所だと、私も思います。実際に本を読んでいる時に、文字を目で追っている時というよりも、本から目を離した時の感覚を、建築的に味わえるところです。ああ、……。説明が下手ですね(苦笑)。ちょっと難しいんですけれど、すみません。
櫻井(進行)：ありがとうございます。中田審査員、よろしいでしょうか？
中田：(了承)

櫻井(進行)：とりあえず今、入賞5作品を決めましたが、他に、追加で話を聞きたい作品はありますか？
五十嵐：その5作品についてですが、かなり出来のよかった柳沼案『モヤイの航海』(227)が投票で一気に落選してしまったというのは、あまりにもひどすぎないか、という気がします(苦笑)。
櫻井(進行)：なるほど。しかし、柳沼案『モヤイの航海』(227)を上位5作品に上げるとすると、何かを落とさなければなりませんが、どうでしょうか？
青木：というか、今回の投票は各審査員、1票にしたから、これは日本一を決める投票と考えたらいいのではないですか？ それ以外の受賞については改めて考えるということで。そうすれば、『モヤイの航海』(227)が日本二になることもあり得るし。
各審査員：(当惑の様子)
門脇：「進行を変えた破壊師、青木が修復に走る」、みたいな。
(会場　笑)
櫻井(進行)：青木審査員長からの意見が出ましたが、それではこの投票をもとに日本一を決めるということで、みなさん、よろしいですか(苦笑)？ 票が入った作品を対象に、改めて1人1作品に投票して決めますか？
各審査員：(同意、困惑の様子)
青木：2票入っている作品は、もう候補に残っているわけだから、1票の作品に入れた残りの人が、2票を獲得した作品のどちらかに票を移動するということになるんじゃないの？ (各審査員に同意を求める)

櫻井(進行)：では急浮上しました、2票を獲得した髙橋案『建物語』(168)と渡辺案『建築の生命化』(360)のどちらが日本一か、1人1作品に投票してもらって決めます。いいですね？
審査員席：(騒然。急な展開に混乱)
赤松：え？ いきなりここで投票して日本一が決まってしまうんですか？ それは「ちょっと待った！」という感じなのですが……。

渡辺(360)：(発言の意思表示)
櫻井(進行)：ではどうぞ。
渡辺(360)：弁明というか、僕の評価軸について話しておきたいと思います。
卒業設計は建築の実務とは全然違うし、はっきり言えば、僕は実務なんて全く知らない。そういう中で、実際には建たない設計に一生懸命、取り組むのは結構、大変なことです。それで僕自身は、実際には建たないアンビルドの建築にどういう力があるかということを考えて、卒業設計に取り組みました。実際には建たない建築なので、他の人々にどれだけ可能性を感じてもらえるか、を重視しました。僕の作品はコンピューテーショナルなデザイン手法[*5]でしたが、今回の出展作にはバーチャル(仮想的)や、サイバー(コンピュータ・ネットワークの利用)、AI(人工知能)といった同様の分野の作品が全然ありません。たぶん、建築だけを見ているとそういう提案は出てこないと思うのです。だから、そういう提案が来年以降に、もっと出てくれたらいいな、と思って、そういうつもりで僕は今、ここに参加しています。
僕はここで1位を取らなくても全然いい。1位を取っても建築家になれるわけじゃないし、建築家という職種はこれからもっと、曖昧になってくると思います。でも、僕は、別にここで1位にならなくても、今後変わっていく建築家に匹敵するものには、なり

たいと思っています……。それだけです。

櫻井(進行)：ありがとうございます。『建築の生命化』の渡辺さん(360)でした。
ところで、赤松審査員から、ここで1位をいきなり決めてもいいのか、という意見が出ました。どうでしょうか？　企画的には特別賞から決めて、最後に日本一を決める、という順序のほうが盛り上がるのですが、それでいいですか？　もう時間もないので、そうさせてください。

各審査員：(困惑、同意などさまざま)

磯：では、2票を取った上位の2作品、髙橋案『建物語』(168)と渡辺案『建築の生命化』(360)は、どちらが日本一かを最後まで決めないでおいて、他を先に進行してはどうでしょうか？

櫻井(進行)：なるほど。では髙橋案『建物語』(168)と渡辺案『建築の生命化』(360)は上位5作品入ると確定して、その他に、票を獲得している谷繁案『住宅構法の詩学』(036)、平井案『縁の下のまち』(115)、櫻井案『防災地区ターザン計画』(177)の3作品を……。しかし、先ほど、五十嵐審査員より、入賞候補作品から柳沼案『モヤイの航海』(227)がいきなり消えたことは看過できない、という意見がありました。確かに私にもそういう思いはありますが、そういう話をしていると決まらないので、ここはバッサリとこの作品を切って、先に進めていいですか？

門脇：柳沼案『モヤイの航海』(227)を、僕は入賞5作品に残したいです。

辻：僕も残したい。

五十嵐：もう、先に日本一を決めるということで進めませんか？

櫻井(進行)：どうでしょうか？　では、ここは審査員長権限ということで、投票上位2作品から決選投票で日本一を決めるということでいいでしょうか？

青木：まあ、そうなるでしょうね。先ほども言ったように、1人1票の投票で、少なくとも2人の票を集めた作品が2作品あったわけだから、この2作品の決選投票にすることは、しかたがないですよね。1票入った作品に投票した人が、2票を集めた作品のどちらかを選び直すということになるのではないでしょうか。

櫻井(進行)：わかりました。ではそうさせていただきます。
髙橋案『建物語』(168)と渡辺案『建築の生命化』(360)の2作品です。各審査員、必ず、どちらか1作品に投票してください。

(審査員一同　投票)

表3　日本一の決選投票(1人1票)

ID	氏名	青木	赤松	磯	五十嵐	門脇	辻	中田	合計	
168	髙橋 万里江		●		●			●	3	日本二
360	渡辺 顕人	●		●		●	●		4	日本一

櫻井(進行)：髙橋案『建物語』(168)が、赤松、五十嵐、中田審査員の3票。渡辺案『建築の生命化』(360)が、青木、磯、門脇、辻の4票。ということで、『建築の生命化』(360)、工学院大学の渡辺顕人さんを日本一に決定したいと思います(表3参照)。
渡辺顕人さん、おめでとうございます。
(会場　大きな拍手)

渡辺(360)：(神妙な表情で、会釈)

櫻井(進行)：続いて、日本二についてはどうでしょうか？　順当に、今の投票結果をもとに決めていいですか？

各審査員：(頷く、首を傾げるなど、さまざま)

磯：僕は、今の投票結果でそのまま日本二を決めることに疑義があります。

五十嵐：それを言い出すなら、僕も日本一に疑義がある(苦笑)。

赤松：私も日本一に圧倒的な異議があります(苦笑)。全く納得がいかない！

各審査員：(口々に発言、まとまらない)

櫻井(進行)：そうですね、では、ここは最後の投票結果(表3参照)にしたがって決めましょう。よろしいでしょうか？

各審査員：(さまざまな表情ながら、異議なし)

櫻井(進行)：では、『建物語』(168)の髙橋万里江さんが日本二ということで決めさせていただきます。髙橋万里江さん、おめでとうございます。
(会場　大きな拍手)

髙橋(168)：(当惑しつつも微笑み会釈)

櫻井(進行)：では、ここからは、日本三と特別賞2作品を選びます。さて、どうしましょうか。
各審査員1人1票ずつの投票(表2参照)で票を獲得した作品の内、残っている3作品から選ぶか。しかし、その投票で票が入らなかった『モヤイの航海』(227)を入賞5作品から外すことには強い異議がありました。どうでしょうか？

五十嵐：最初に、各審査員が3作品を推した投票(表1参照)で、強く推す票を含めて3票以上を集めた4作品の内、『建築の生命化』(360)以外の3作品から選べばいいんじゃ

ないの？

櫻井(進行)：では、『住宅構法の詩学』(036)と、『縁の下のまち』(115)と、『モヤイの航海』(227)の3作品ですね。

門脇：これは、日本三を決める議論ですよね？　特別賞は改めて、特別な評価軸から決めるということですね？

櫻井(進行)：そうです、今は日本三を決める議論です。

門脇：それでは、進めて結構です。

櫻井(進行)：よろしいでしょうか？　ではこの3作品から日本三を決めます。1票だったけれど、辻さんが強く推していた櫻井案『防災地区ターザン計画』(177)はどうしますか？

辻：日本一にならないなら、もういいです。日本三というタマじゃないです。(会場　笑)

櫻井(177)：(笑顔)

櫻井(進行)：それは潔いですね(笑)。わかりました。
それでは、最初の投票で4票獲得し(表1)、1人1票の投票でも1票獲得(表2)していた谷繁案『住宅構法の詩学』(036)と平井案『縁の下のまち』(115)、それから、1人1票の投票では得票がなかったですが(表2)、最初の投票では3票を獲得(表1)していた『モヤイの航海』(227)、この3作品から日本三を選びます。

審査員一同：(同意)

櫻井(進行)：では、各審査員は、谷繁案『住宅構法の詩学』(036)、平井案『縁の下のまち』(115)、柳沼案『モヤイの航海』(227)から、日本三にふさわしいと思う1作品に必ず投票してください。

(審査員一同　投票)

表4　日本三への投票(1人1票)

ID	氏名	青木	赤松	磯	五十嵐	門脇	辻	中田	合計	
036	谷繁 玲央	●		●		●		●	4	日本三
115	平井 未央		●		●				2	特別賞
168	髙橋 万里江									日本二
227	柳沼 明日香						●		1	特別賞
360	渡辺 顕人									日本一

＊最初の投票(表1)で強く推す票を含めて3票以上獲得した作品を対象に投票

櫻井(進行)：投票の結果、谷繁案『住宅構法の詩学』(036)が青木、磯、門脇、中田審査員の4票、平井案『縁の下のまち』(115)が赤松、五十嵐審査員の2票、柳沼案『モヤイの航海』(227)が辻審査員の1票。ということで、『住宅構法の詩学』(036)、谷繁玲央さんが日本三に決まりました(表4参照)。おめでとうございます。
(会場　大きな拍手)

谷繁(036)：(無表情、小さく会釈)

櫻井(進行)：続いて、特別賞が2作品です。特別賞には優劣を付けませんので、今の日本三への投票の対象となった残りの2作品でよろしいでしょうか？

審査員一同：(異議なし)

櫻井(進行)：それでは、『縁の下のまち』(115)の平井未央さん、『モヤイの航海』(227)の柳沼明日香さんを特別賞とします(表4参照)。おめでとうございます。
(会場　大きな拍手)

平井(115)、柳沼(227)：(拍手しつつ、軽く会釈)

櫻井(進行)：審査員のみなさん、長時間にわたって熱い議論をどうもありがとうございました。ご覧のように、SDL2018の日本一、日本二、日本三、それから特別賞の2作品が決まりました。どうもありがとうございました。
それでは、マイクを司会にお返しします。

編註
＊1　プレファブ：プレファブリケーションの略。本書18ページ編註1参照。
＊2　コモン(Common)：近隣地域の住民が共同で使える用地。集合住宅で、居住者が共同で使える私的な共有の庭のこと。
＊3　下見板が上見板：本書58ページ編註9参照。
＊4　金継ぎ：本書55ページ編註2参照。
＊5　コンピューテーショナルなデザイン手法：本書90ページ編註1参照。

JURY
| 審査員紹介 |

青木 淳
ファイナル & セミファイナル 審査員長

奇嬉怪快

当時はフリカケと呼んだのですが、仕上げに図面をマスキングして金網の上から絵の具を刷毛でこすると、エアブラシのような効果になる方法があるのです。卒業設計の提出前日、このフリカケで図面の最終仕上げをしていたのですが、誰だったかがインクを図面の上にバシャーッとこぼしちゃって、1枚が完全にダメになっちゃった。僕は「もういいよ、出さない。留年するからいい。寝させて」と寝てしまったのですね。でも目が覚めたら、松村くんだったか、あるいはみんなでだったかのか、それは聞いても答えてくれなかったけれど、彼らが全部描き直してくれて、奇跡のように完成していたのです。そのうれしかったこと。
それ以上のうれしさは、それ以前もそれ以降もないです。

あおき・じゅん/建築家

1956年　神奈川県横浜市生まれ。
1980年　東京大学工学部建築学科卒業。
1982年　同学大学院工学系研究科建築学専攻修士課程修了。
1983年　磯崎新アトリエに勤務(-1990年)。
1991年- 青木淳建築計画事務所設立、主宰。

個人住宅をはじめ、公共建築から商業施設まで、多方面で活躍。
主な建築作品に、『H』(1994年／1994年東京建築士会住宅賞)、『馬見原橋』(1995年／1995年くまもと景観賞)、『潟博物館』(1997年／1999年日本建築学会賞作品賞)、『遊水館』(1997年)、『ルイ・ヴィトン表参道』(2002年)、『青森県立美術館』(2006年)、『杉並区大宮前体育館』(2014年)など。
その他の主な受賞に、2004年度芸術選奨文部科学大臣新人賞など。
主な著書に、『JUN AOKI COMPLETE WORKS 1: 1991-2004』『同　第2巻Aomori Museum of Art』(INAX出版刊、2004年、2006年)、『同　第3巻2005-2014』(LIXIL出版刊、2016年)、『原っぱと遊園地(1-2巻)』(王国社刊、2004年、2008年)、『フラジャイル・コンセプト』(NTT出版刊、2018年)など。

青森県立美術館／2006年／Photo: Daici Ano

＊smt=せんだいメディアテーク
＊SDL=せんだいデザインリーグ　卒業設計日本一決定戦
＊アドバイザリーボード=本書5ページ編註1参照。

Portrait photos pp.106-109 by Toru Ito.
Photos except as noted by Toru Ito, Izuru Echigoya.

赤松 佳珠子
ファイナル & セミファイナル

自由でいい

日本女子大学では我々が4年生になる年にはじめて卒業設計を選択できることになったが、私は選択しなかった。設計は好きだけれど、得意だとは思っていなかったから。
設計課題としては最後となる4年生前期、東京の渋谷から恵比寿にかけての線路沿い、ひっそりとした所に、親のない子供たちのための場所をつくった。なぜ、そんな所に、そんなプログラムを設定したのかはよく覚えていないが、思うように進められずにいた。そんな時、非常勤講師であった建築家、伊東豊雄さんの「頭が固いなぁ。建築はもっと楽しんで、自由にやらなきゃ!!」の一言に目から鱗が落ち、一気にスイッチが入ったのか、「ここまで変わるとはなぁ」と、指導教員たちから、その「伸び代？」を評価されたことを今でも覚えている。
建築は苦しくて、でも楽しくて、自由でいいのだという感覚。徹夜続きの先の充実感に、極めて遅くではあるが、設計への欲望が目覚めてしまった。卒業設計を通して同じように目覚めた人たちもいるのではないだろうか。
もがき苦しみながらも、自由に、楽しく設計することは、相反することではなく、それが設計という行為そのものであり、魅力なのかもしれない。その深みにどっぷりとはまり、そして這い上がってきた人たちの話を聞くために、覚悟を決めて仙台（SDL2018）に向かいたいと思う。

あかまつ・かずこ／建築家、法政大学教授
1968年　東京生まれ。
1990年　日本女子大学家政学部住居学科卒業。
　　　　シーラカンスに加わる。
2002年-　C+Aパートナー。
2005年-　CAt(C+Aトウキョウ)に改組。
2013年　法政大学デザイン工学部建築学科准教授(-2016年)。
2016年-　同教授。

主な建築作品に、『柿畑のサンクン・ハウス』（2010年／2014年日本建築学会作品選奨）、『宇土市立宇土小学校』（2011年／2013年日本建築学会作品選奨、第20回村野藤吾賞）、『BWTあすとぴあ工場』（2013年／2016年日本建築学会作品選奨）『流山市立おおたかの森小・中学校　おおたかの森センター　こども図書館』（2015年／2016年日本建築学会賞（作品））、『南方熊楠記念館新館』（2016年）、『恵比寿SAビル』『釜石市立釜石東中学校　鵜住居小学校　鵜住居幼稚園　釜石市鵜住居児童館』『京都外国語大学新4号館』（2017年）など。
主な著書に、『CULTIVATE』（TOTO出版刊、2007年）、『Essence Behind 背後にあるもの　先にあるもの』（LIXIL出版刊、2016年）など。

流山市立おおたかの森小・中学校　おおたかの森センター　こども図書館／2015年／Photo: Makoto Yoshida

---

磯 達雄
ファイナル 、セミファイナル & 予選

しっかりと取り組めなかった後悔

もともとは建築の設計がやりたくて、大学の建築学科に進んだはずだった。にもかかわらず設計の課題はすぐにサボるようになり、人に評価してもらえるようなものは一度もつくれなかった。卒業設計についても、披露できるようなエピソードは何もない。
そんな本当にダメな建築学生だったので、建築設計の仕事にも就けるわけもなく、卒業後は出版社に就職した。そこからはずっと、建築ジャーナリズムの世界に関わっている。自分で建築を設計をしたいという気持ちは、とうに失われていた。
ところがそんな中、縁のある大学の教員から設計課題の講評会に呼ばれる。行くまでは不安だったが、いざ始まると意外なほどのめり込み、「自分だったらこう設計するのに」と学生の目線で課題を見るようになっていた。そして思った。設計はおもしろい、学生の時にしっかりやっておけばよかった、と。
僕のような後悔をしないよう、学生のみなさんは今のうちに全力を出し切って、卒業設計に取り組んでほしいと思う。

いそ・たつお／建築ジャーナリスト
1963年　埼玉県東松山市生まれ。
1988年　名古屋大学工学部建築学科卒業。
　　　　日経BP社入社、日経アーキテクチュア編集部に勤務(-1999年)。
2001年-　桑沢デザイン研究所非常勤講師。
2002年-　フリックスタジオ共同主宰。
2008年-　武蔵野美術大学造形学部芸術文化学科非常勤講師。

主な著作に、『昭和モダン建築巡礼　西日本編／東日本編』（宮沢洋との共著、日経BP社刊、2006年／2008年）、『ポストモダン建築巡礼』（同、同、2011年）、『菊竹清訓巡礼』（同、同、2012年）、『旅行が楽しくなる　日本遺産巡礼　東日本30選／西日本30選』（同、同、2014年）、『ぼくらが夢見た未来都市』（五十嵐太郎との共著、PHP研究所刊、2010年）、『東京スカイツリー公認 634の魂』（徳間書店刊、2012年）など。

『ポストモダン建築巡礼』（宮沢洋との共著、日経BP社刊）／2011年

五十嵐 淳

ファイナル、セミファイナル & 予選

光の矩形／2007年／Photo: Jun Igarashi Architects

使う建物

僕は専門学校で学んだので、みなさんが取り組んでいる卒業設計とは随分と違う経験だったし、20歳の時の設計だから大学生に置き換えると学部の2年生の設計ということになる。

僕は学生時代、安藤忠雄さんぐらいしか建築家を知らなかった。その影響で教会の設計をしてみたいと思い、卒業設計では教会を設計した。僕はクリスチャンではないので、それまでリアルな教会を体験したことがなかった。指導教員に「教会を設計します」と伝えたところ、「紹介するので日曜礼拝に参加するのがよいです」と言われ、はじめて礼拝に参加した。それまで「式場教会」と「リアルな教会」の差を全く認識していなかった僕には、これが非常にショッキングな体験となった。朝、札幌市内の南部にある小さな木造2階建ての教会へ行った。礼拝参加者たちは僕をやさしく迎え入れてくれた。礼拝後、参加者と一緒に昼食を取り、教会の活動内容を聞き、教会内を案内してもらった。それまで教会に対して抽象的な空間や光のイメージしか持っていなかった僕は、このリアルな経験によって、教会を使う人々を想像しながら設計することが可能となった。結果、できあがった提案は一見、抽象的な平面図、断面図、立面図だったが、その抽象性の中にリアリティを感じ取れる作品となったと思っている。

どんなに魅力的な妄想や想像を持っていても、他者を置き去りにしてしまう設計では悲しい。多様なリアリティを持って想像を膨らませることで、他者と共有可能な新しい設計が生まれると考えている。

いがらし・じゅん／建築家

1970年　北海道生まれ。
1991年　北海道中央工学院専門学校建築工学科卒業。
　　　　BEN建築設計事務所に勤務(-1997年)。
1997年-　五十嵐淳建築設計事務所設立、主宰。

主な建築作品に、『矩形の森』(2000年／第19回吉岡賞(現・新建築賞))、『風の輪』(2003年／2005年BARBARA CAPPOCHINビエンナーレ国際建築賞グランプリ)、大阪現代演劇祭仮設劇場(2004年／コンペ最優秀賞、JCDデザイン賞2005優秀賞、グッドデザイン賞)、『tea house』(2005年／AR AWARDS 2006 Honorable Mentions)、『Annex』(2007年／第8回JIA環境建築賞住宅部門優秀賞)、『光の矩形』(2007年／第21回JIA新人賞)、『Small Atelier』(2010年)、『repository』(2012年／第38回日本建築学会北海道建築賞)、『屋根と矩形』(2016年)など。
主な展覧会に、『五十嵐淳×松岡恭子──北海道と九州の若き建築家の交錯』展(2009年、デザインギャラリー1953(東京、松屋銀座))、『状態の構築』展(2011年、TOTOギャラリー間(東京・乃木坂))など。
その他の主な受賞に、北の聲アート賞奨励賞(2012年)、豊田市生涯学習センター逢妻交流館プロポーザルコンペ優秀賞(2013年)など。
主な著書に、『五十嵐淳／状態の表示』(彰国社刊、2010年)、『五十嵐淳／状態の構築』(TOTO出版刊、2011年)など。

門脇 耕三

ファイナル、セミファイナル & 予選

元速水医院／2017年／Photo: Kozo Kadowaki

多様に開かれた建築への道

1990年代の後半、学部生だった頃の自分は、建築のことを全く何も知らなかった。当時はインターネットも日常的なものではなかったし、大学の図書館にある建築の本は古いものばかりで、得られる情報は同級生が買って製図室に置いておくわずかな雑誌からのものに限られていた。大学に建築家が呼ばれることも皆無で、建築家がどのような議論をしているのかもわかっていなかった。だからというわけでもないが、その頃は建築よりもむしろ映画に興味があって、アジアン・ヌーヴェルヴァーグと呼ばれた動きの中心にいた台湾や香港の映画監督のモンタージュ技法を、空間構成へと応用する卒業設計を試みたのだけれど、肝心の建築の議論を知らないのだから、箸にも棒にも引っかかるはずがなかった。何とも苦い思い出である。

その意味では、僕の建築人生にとって、卒業設計は大きな存在ではないし、おそらくこの文章を読んでいるあなたの卒業設計のほうがずっと立派である。にもかかわらず、この場所に僕がいることは、建築へと向かう道がさまざまな方向に開かれていることの証左に違いない。建築のそういうところを、僕は何よりも信頼している。

かどわき・こうぞう／建築家、建築学者、明治大学専任講師

1977年　神奈川県藤沢市生まれ。
2000年　東京都立大学(現・首都大学東京)工学部建築学科卒業。
2001年　同学大学院工学研究科建築学専攻修士課程修了。
2001年　同学大学院工学研究科助手(-2007年)。
2007年　首都大学東京都市環境学部都市環境学科助教(-2012年)。
2012年-　明治大学理工学部建築学科専任講師。
　　　　アソシエイツ設立、パートナー。

主な建築作品に、『元速水医院』(2017年)、『つつじヶ丘の家』(長坂常／スキーマ建築計画との共同設計、2015年)など。
主な著書に、『「シェア」の思想／または愛と制度と空間の関係』(共編著、LIXIL出版刊、2015年)など。

辻 琢磨
ファイナル、セミファイナル & 予選

誠実さで建築を語る

卒業設計には10年ほど前に取り組んだ。何かをひっくり返してやろうと斜に構えて、半年かけて「首都高速道路(以下、首都高)の高架下をすべて墓地にする」という提案に行き着いた。これは誰も提案したことがなく、墓地が高齢化によって足りなくなるという社会問題への解答でもあって、東京全体を相手にする都市的な広がりを持つ提案だと自負していた。

しかし提出の2週間前、当時、非常勤講師だった建築家の吉村寿博さんに直前のエスキスをしてもらった時に、「こんな案は全然ダメ。何も伝わらないし判断が主観的すぎる。1からやり直しなさい」と痛烈にダメ出しをくらい、盛大に凹んだ。悩んだ結果、墓地を諦め、敷地を縮小し首都高の高架下を美術館に転用する提案に再設計した。講評会ではそれなりに評価された。全然ダメではなかったが、1等には程遠かった。

この時僕は、誰もが理解可能な誠実さで建築を語ることの価値を学んだ。世界をひっくり返してやろうと息巻いて建築に取り組む野心は必要だが、その野心自体が目的になると到底、本当の意味での建築には届かない。とても大事なことを学んだと思う。

つじ・たくま／建築家
1986年　静岡県浜松市生まれ。
2008年　横浜国立大学建設学科建築学コース卒業。
2010年　横浜国立大学大学院建築都市スクールY-GSA修了。
　　　　Urban Nouveau*に勤務。
2011年-　Untenor企画運営。
　　　　403architecture [dajiba]共同設立、共同主宰。
2017年-　辻琢磨建築企画事務所設立、主宰。
主な建築作品に、『渥美の床』(2011年)、『富塚の天井』(2012年／2014年吉岡賞)、『東貝塚の納屋』(2018年)など。
主な著書に、『応答・漂うモダニズム』(共著、左右社刊、2015年)、『地方で建築を仕事にする』(共著、学芸出版社刊、2016年)、『建築で思考し、都市でつくる』(LIXIL出版刊、2017年)など。

富塚の天井／2012年／ Photo: kentahasegawa

中田 千彦
ファイナル、セミファイナル & 予選
アドバイザリーボード

3.11と「せんだいデザインリーグ　卒業設計日本一決定戦」

2011年の「せんだいデザインリーグ　卒業設計日本一決定戦」(以下、SDL)のことを思い出している。その年は本選と並行して、この大会に縁の深い、言わばSDLの卒業生たちを集め、自由に話し合うような機会が設けられていた。社会に出てまだ間もない、SDLの若いOBやOGの顔を見ながら、卒業設計でやりたかったこと、やりきれなかったこと、SDLを経て感じたことなどを聞くことはとても楽しく、このイベントに関わっていることを幸せに思う時間であった。

「ファイナルの壇上で不甲斐ない自己主張により失速する作品、ある瞬間に審査員との会話が思わぬ反応を生み強力な浮力を得て評価を上げる作品、遠くから囃るも審査員に声の届かない作品、会場でこうした空中戦を見聞きしながらドキドキする自分。そのような生々しい体験を経て、建築を続けることの楽しさが身に染みついている」という言葉がことに感慨深かった。

その数日後、3.11東日本大震災が発生し、大地震が会場を襲う。数日後に駆けつけてみると、ヘルメットを被り被災した作品の搬出に必死に取り組むSDL運営の学生たちの姿に大いに感心させられた。その彼らも大学を卒業して、建築の世界で活躍するものも少なくない。若い才能の多様さに勇気づけられるSDLであった。

なかた・せんひこ／建築家、宮城大学教授
1965年　東京都生まれ。
1990年　東京藝術大学美術学部建築科卒業。
1993年　コロンビア大学大学院建築・都市・歴史保存学科Master of Architecture(建築修士課程)修了
　　　　(アメリカ合衆国ニューヨーク州)。
1994年　東京藝術大学美術学部建築科常勤助手(-1997年)。
1997年　京都造形芸術大学通信教育部専任講師(-2000年)。
　　　　コロンビア大学大学院建築・都市・歴史保存学科研究員(-2000年)。
2000年　京都造形芸術大学芸術学部環境デザイン学科助教授(-2003年)。
2003年-　新建築社に在籍。『新建築』誌、『a+u』誌副編集長(-2006年)。
2005年　東京藝術大学大学院美術研究科建築専攻博士課程満期退学。
2006年-　宮城大学事業構想学部デザイン情報学科准教授(-2016年)。
　　　　rengoDMS：連合設計社市谷建築事務所プロジェクトアーキテクト。
2016年-　宮城大学事業構想学部デザイン情報学科教授。
主な活動に、企業のブランド・ビルディングと空間デザインに関連する記事の作成、国土交通省、慶應義塾大学、日本建築センターとの共同によるプロジェクト、建築・空間デジタルアーカイブス(DAAS)の設立など。

M Showroom + Cafe 計画案／2017年／戎居連太、越野俊と共同設計(rengo DMS)／ Photo: rengo DMS

PRELIMINARY JURY　｜予選審査員｜

小野田 泰明
アドバイザリーボード

おのだ・やすあき／建築計画者、東北大学大学院教授

1963年　石川県金沢市生まれ。
1986年　東北大学工学部建築学科卒業。
1993年　同学にて博士号（工学）取得。
1997年　同大学院工学研究科都市・建築学専攻助教。
1998年　UCLA（アメリカ合衆国）客員研究員（-1999年）。
2007年　東北大学大学院工学研究科都市・建築学専攻教授。
2010年　重慶大学建築学院（中華人民共和国）客員教授。
2012年-　東北大学大学院工学研究科都市・建築学専攻長（-2014年）。
　　　　同大学院災害科学国際研究所災害復興実践学教授。
2015年　香港大学客員教授(-2016年）。

建築計画者として参画した主な建築作品に、『せんだいメディアテーク』(2000年)、『横須賀美術館』(2006年)、『東北大学百周年記念会館 川内萩ホール』(2008年)など。
東日本大震災後は、岩手県釜石市にて復興ディレクター、宮城県石巻市復興推進会議副会長、宮城県七ヶ浜町復興アドバイザーなどを務めながら各地の復興計画に参画。アーキエイド発起人(2011年)。
主な受賞に、日本建築学会作品賞(2003年、阿部仁史と共同)、同著作賞(2016年)、公共建築賞(2017年、阿部仁史らと共同)など。
主な著書に、『プレ・デザインの思想』(TOTO出版刊、2013年)など。

櫻井 一弥
ファイナル 司会
アドバイザリーボード

さくらい・かずや／建築家、東北学院大学教授

1972年　宮城県仙台市生まれ。
1996年　東北大学工学部建築学科卒業。
1998年　同学大学院工学研究科都市・建築学専攻修士課程修了。
1999年　修了。
2000年　伊藤邦明都市・建築研究所に勤務（-2000年）。
2004年　東北大学大学院工学研究科都市・建築学専攻助手(-2007年)。
2005年　博士(工学)取得。
2007年-　SOY source建築設計事務所を共同設立。
　　　　東北大学大学院工学研究科都市・建築学専攻助教(-2010年)。
2010年　東北学院大学工学部環境建設工学科准教授(-2014年)。
2014年-　同教授。
2017年-　学校法人東北学院理事長特別補佐。

主な建築作品に、『日本バプテスト仙台基督教会』(2007年／グッドデザイン賞2008、他)、『S博士の家』(2008年／第5回キッズデザイン賞、他)、『田郷医院』(2012年／第1回北上市景観賞)、『富谷ファミリーメンタルクリニック』(2014年／日本建築学会第36回東北建築賞作品賞)など。
http://www.soy-source.com

西澤 高男
ファイナル コメンテータ
(smt 7階シアター)
アドバイザリーボード

にしざわ・たかお／建築家、メディアアーティスト、東北芸術工科大学准教授

1971年　東京都生まれ。
1993年　横浜国立大学工学部建設学科建築学コース卒業。
1994年　メディアアートユニットResponsive Environmentを共同設立、共同主宰。
1995年　横浜国立大学大学院工学研究科計画建設学専攻修士課程修了。
　　　　長谷川逸子・建築計画工房に勤務（-1998年）。
2002年　ビルディングランドスケープ一級建築士事務所を山代悟と共同設立、共同主宰。
2007年　東北芸術工科大学デザイン工学部プロダクトデザイン学科准教授(-2012年)。
2012年-　同建築・環境デザイン学科准教授。

近年の主な建築作品に、LVL厚板による木造準耐火建築『みやむら動物病院』(2015年／第19回木材活用コンクール 林野庁長官賞、ウッドデザイン賞2015、他)、リサーチとワークショップの積層で実現した『上島町ゆげ海の駅舎』(2017年／SDレビュー2016入選)など。

小杉 栄次郎
アドバイザリーボード

こすぎ・えいじろう／建築家、秋田公立美術大学教授

1968年　東京都生まれ。
1992年　東京大学工学部建築学科卒業。
　　　　磯崎新アトリエに勤務(-2001年)。
2002年　KUS一級建築士事務所を設立(-2015年)。
2011年-　NPO法人team Timberizeを設立、副理事長。
2013年　秋田公立美術大学美術学部美術学科景観デザイン専攻准教授(-2017年)。
2017年-　一級建築士事務所コードアーキテクツを設立、共同代表。
2018年-　秋田公立美術大学美術学部美術学科景観デザイン専攻教授。

建築・都市の設計理論と実践を専門とし、木質・木造建築の新たな可能性を追求している。
主な建築作品に、『下馬の集合住宅』(2013年／第41回東京建築賞「共同住宅部門」奨励賞(2015年)、他)、『JR秋田駅待合ラウンジ』(2017年／Wood-Design賞2017最優秀賞(農林水産大臣賞))など。
主な著書に、『都市木造のヴィジョンと技術』(共著、オーム社刊、2012年)など。

佃 悠
ファイナル コメンテータ
(smt 7階シアター)
アドバイザリーボード

つくだ・はるか／東北大学大学院助教

1981年　福岡県北九州市生まれ。
2004年　東京大学工学部建築学科卒業。
2006年　同学大学院工学系研究科建築学専攻修士課程修了。
2012年　同博士課程修了。
　　　　博士(工学)取得。
2012年-　東北大学大学院工学研究科都市・建築学専攻助教。

福屋 粧子
ファイナル コメンテータ
(smt 7階シアター)
アドバイザリーボード

ふくや・しょうこ／建築家、東北工業大学准教授

1971年　東京都生まれ。
1994年　東京大学工学部反応化学科卒業。
1996年　同建築学科卒業。
1998年　東京大学大学院工学系研究科建築学専攻修士課程修了。
1999年　妹島和世+西沢立衛／SANAAに勤務（-2004年）。
2005年　福屋粧子建築設計事務所を設立(-2013年)。
2006年　慶應義塾大学理工学部システムデザイン工学科助教(-2010年)。
2010年　東北工業大学工学部建築学科講師(-2015年)。
2013年　AL建築設計事務所を小島善文、堀井義博と共同設立。
2015年-　東北工業大学工学部建築学科准教授。

主な建築作品に、『梅田阪急ビルスカイロビー tomarigi』(2010年)、『八木山ゲートテラス』(2017年)など。
「東日本大震災における建築家による復興支援ネットワーク[アーキエイド]」から始まった宮城県石巻市牡鹿半島での復興まちづくりから、建築設計、家具デザインまで幅広いスケールでデザイン活動を行なっている。
主な受賞に、日本建築学会業績賞(共同受賞、2015年)。第3回吉阪隆正賞(2015年)など。

齋藤 和哉
アドバイザリーボード

さいとう・かずや／建築家

1979年　宮城県仙台市生まれ。
2003年　東北工業大学大学院工学研究科建築学専攻修士課程修了。
　　　　阿部仁史アトリエに勤務(-2004年)。
2004年　ティーハウス建築設計事務所に勤務(-2009年)。
2010年　齋藤和哉建築設計事務所を設立、主宰。

主な建築作品に、『八木山のハウス』(2012年)など。

土岐 文乃
アドバイザリーボード

とき・あやの／東北大学大学院助教

1983年　青森県弘前市生まれ。
2005年　筑波大学芸術専門学群建築デザイン専攻卒業。
2007年　同学大学院芸術研究科デザイン学専攻修士課程修了。
2012年　同大学院人間総合科学研究科芸術学専攻博士課程修了。
　　　　博士(デザイン学)取得。
　　　　東北大学大学院工学研究科都市・建築学専攻助教。

本江 正茂
セミファイナル 司会
ファイナル コメンテータ
(smt 7階シアター)
アドバイザリーボード

もとえ・まさしげ／建築家、東北大学大学院准教授

1966年　富山県富山市生まれ。
1989年　東京大学工学部建築学科卒業。
1993年　同学大学院工学系研究科建築学専攻博士課程中退。
　　　　同助手(-2001年)。
2001年　宮城大学事業構想学部デザイン情報学科講師(-2006年)。
2006年-　東北大学大学院工学研究科都市・建築学専攻准教授。
2010年　せんだいスクール・オブ・デザイン校長(-2015年)。
2015年-　東北大学大学院工学研究科フィールドデザインセンター長。

システムデザイン作品に、『時空間ポエマー』、『MEGAHOUSE』など。
主な著訳書に、『シティ・オブ・ビット』(W.J. ミッチェル著、共訳、彰国社刊、1996年)、『Office Urbanism』(共著、新建築社刊、2003年)、『プロジェクト・ブック』(共著、彰国社刊、2005年)など。
http://www.motoelab.com/

Curator's View

「建築」の新しいページをひらく

清水 有 *Tamotsu Shimizu*
せんだいメディアテーク　企画事業係長、学芸員

しみず・たもつ
1971年、山口県下関市生まれ。1994年、多摩美術大学美術学部芸術学科卒業。1994-98年、山口県徳山市美術博物館（現・周南市）美術担当学芸員。1999年から、せんだいメディアテーク学芸員。主な共著書に『1985／写真がアートになったとき』（青弓社刊、2014年）など。

2018年3月4日22時。昼間の喧噪が嘘のようなせんだいメディアテークのオフィスには「せんだいデザインリーグ2018　卒業設計日本一決定戦（以下、SDL2018）」が今年も恙（つつが）なく終わったという安堵感が漂っていた。館内のあらゆる場所に来館者が足の踏み場もなく座り込み、殺伐としていた10年前の観戦風景に比べると、ゆったりとした観戦環境に改善されてきた（ウェブでの動画配信によるところも大きい）と自負している。

観戦会場の環境が整った一方で、今年の「ファイナル」の壇上は、限られた審査時間の中で意見が割れたこと、「日本一」にふさわしい作品の判断基準を十全に議論することができなかったことなどもあり、消化不良のモヤモヤした空気にも包ま

Photos by Izuru Echigoya.

れた。今年のファイナリストには、圧倒的な作品力を内在するものが少なかった反面、「もう一歩で化ける！」という今後の可能性や将来への期待を感じさせる印象の作品が多かった。そんな中、審査員たちが、多彩な作品それぞれに潜む可能性を見通し、その延長線上に議論の基点を置こうとしていたのは、すばらしかった。未熟さを指摘するだけでなく、その先にある個々の可能性にまで言及する、言わば小さな芽を大事に育む大会。その姿勢こそが、卒業設計展の「元祖」や「本家」といった呼び声にふさわしい、16年続くSDLの経験と余裕だろう。

それと同様の空気は、2016年以来毎年、「ファイナル」の翌日に開催している「エスキス塾」にも濃厚に漂う。ボランタリー（自発的）に集った建築界の猛者（講評者）から、参加した出展者の卒業設計に厳しくも暖かい激励の言葉が飛ぶ「エスキス塾」は、出展者の間で年々人気が高まってきている。

唯一孤高の存在を尊ぶよりも、多様な価値を認めることが是となる現在。その年の卒業設計の「日本一」を絞り込むことがメインであるこのイベントは、一段と困難な局面に立たされることも多くなってくるだろう。しかし、だからこそ「日本一」になることにも、それを決める知恵にも、大きな価値があると信じる。また、同時に審査過程で垣間見える、小さな芽を応援し育て、その成長を見守るような寛容さは特筆に値する。この東北の地で一線級の建築家たちとともに、そんな大会を続けていきたいと思う。

EXHIBITOR 2018

出展者・作品一覧

332

ID = SDL応募登録時に発行された出展ID番号。下3桁表示

Ⓨ = 予選通過作品 (100選)

Ⓢ = セミファイナルのグループ審査で選出。セミファイナルのディスカッション審査の対象となった作品

Ⓢ Ⓓ = セミファイナルのグループ審査で選外ながら、審査員の推薦によりセミファイナルのディスカッション審査の対象となった作品

Ⓕ = ファイナリスト、受賞名は別記　Ⓝ 1 = 日本一、Ⓝ 2 = 日本二、Ⓝ 3 = 日本三、Ⓢ P = 特別賞

116〜143ページのリストは、仙台建築都市学生会議+せんだいメディアテーク発行の
『せんだいデザインリーグ2018　卒業設計日本一決定戦　公式パンフレット』内「作品紹介」からの転載である。
学校学部学科名は、学校の改組再編などにより入学時と卒業時の名称が異なるものがあるが、原則として出展者の登録申
請時の名称を優先し、混在する場合はSDL2018開催時点の名称に統一した。
作品名は、原則として出展時のものに変更した。「作品概要／コンセプト」は、原則として原文のままであるが、読者の混乱
を避けるために、一部、出展作品の文章を変更したり、意味の取りにくい点を修正したり、数字や記号などの表記を統一した。
パンフレットには出展登録時の未完成状態の画像が多く含まれているため、出展模型を中心に会場で再度撮影を行なった。

＊SDL＝せんだいデザインリーグ　卒業設計日本一決定戦

撮影監修：越後谷 出／模型撮影：仙台建築都市学生会議
Photos by Toru Ito, Izuru Echigoya.

作品名

作品概要／コンセプト

ID 名前 なまえ
学校名 学部名 学科名

復刻都市

その場所には、少なくともかつて50年間は何もなかった。しかし突然、時間を遡るようにして1,500年前が現れた。重ね書きされた都市の歴史の底層を辿りながら、「Site」：現場＝敷地＝遺跡＝場所を現代へ復刻していく。

009 楊 光耀 やん こうよう
東京大学　工学部　建築学科

ぶどう荘
ぶどうの下に集まって棲む。

ニュータウンから取り残されたぶどう園。ニュータウンで取り残された変化する家族。2つを掬った時、新しい家族のかたちとライフスタイルが生まれる。

001 越智 誠 おち まこと
神戸大学　工学部　建築学専攻・建築学科

ユンタンザ鳳
日常化された境界

さまざまなかたちでさまざまな場所に現れた境界が日常化された世界。境界は時に我々を恐怖へと突き落とすが、それ自体が日常化された虚構である。沖縄の境界に生まれ羽を与えられた鳥は、場所と人をつなぎ未来へ羽ばたく。

010 大澤 真生子 おおさわ まきこ
東京理科大学　理工学部　建築学科

異国のよすが

近年、日本において在留外国人や観光客が増加し続けている。これからの日本の一端を担うであろう外国人たちが日本に来て勢いよく羽ばたけるように外国人たちの身寄りとなるような建築を提案する。

002 橋詰 隼弥 はしづめ しゅんや
京都大学　工学部　建築学科

水と都市、水と建築
多摩川がつくるウォーターフロント

神奈川県の等々力緑地にあるスポーツ施設群に囲まれ、孤立した住宅地。洪水や津波を警戒し、堤防という壁で分断された多摩川。この2つの問題を解決するようなウォーターフロントと建築を考えた。

011 島田 悠太 しまだ ゆうた
東京都市大学　工学部　建築学科

URBAN WEAVER

神奈川県川崎市にサッカー専用スタジアムを設計した。固定席のないフリーアドレス式の座席を採用し、従来とは異なる観戦形式や空間体験が生まれた。キールアーチと吊構造を3次元的に展開した構造方式で軽やかな外観が実現できた。

004 小嶋 一耀 こじま かずあき
慶應義塾大学　環境情報学部　環境情報学科

「往復業」のワークプレイス

持続可能な地域社会について「働き方」から考える。1次産業が基幹産業である地方に3次産業を持ち込むことが重要な課題であると位置付け、都市と地方を行き来する複業のあり方、そして、受け皿としての建築を考える。

012 豊 康範 とよ やすのり
九州産業大学　工学部
住居・インテリア設計学科

取り壊される地方商店街にスタジアムを挿入する
寺家町商店街再生計画

取り壊される地方商店街にスタジアムを挿入する。この商店街のほとんどの建物では、まだ商店の経営を続けている。商店街の機能を維持したスタジアムを設計することによって商店街を再生する。

005 平岡 和麿 ひらおか かずま
信州大学　工学部　建築学科

きっかけのカケラ
商業から考える合理的空間から媒体空間へ

出会いのきっかけをつくる駅。SNSの普及で、わかりやすいものが評価される時代。目的地への検索が容易になっている。人々の目的は固定化される。きっかけをちりばめた居場所をつくることで、その問題について考える。

013 田中 千江里 たなか ちえり
近畿大学　工学部　建築学科

稲田石切山脈
採石場跡地の崖に建つ建築

茨城県笠間市稲田の「石切山脈」と呼ばれる採石場の跡地に、この街の「石」を感じることのできる建築を提案する。

008 高木 駿輔 たかぎ しゅんすけ
東京都市大学　工学部　建築学科

東京斜景
現代都市における斜面地空間の活用

東京において斜面は山の手と下町における境界として、都市をつくる上での1つの風景となっていた。しかし現在、建物の高密度化によって、その風景の面影もない。そこで、東京における斜面と建築の共存の仕方を考える。

014 遠西 裕也 とおにし ゆうや
東京都市大学　工学部　建築学科

自然の景過
事故の記憶の継承

平成28年(2016年)熊本地震によって新たに生まれた事故の景色と断たれた道。その事故の記憶を残し、自然の回復の経過を見守り、新たな景色とともに過ごす方法を提案する。

015 工藤 崇史 くどう たかふみ
近畿大学　工学部　建築学科

ハレの櫓
集う仮設舞台装置的建築

私の故郷には、平安時代から続く誇らしい祭が存在する。故郷への愛着、祭への愛着を建築へと置き換えることで、街の衰退に歯止めをかける。これからの地方都市の未来を描く。

016 白石 雄也 しらいし ゆうや
近畿大学　工学部　建築学科

道後湯気街道物語

観光地として発展してきた愛媛県の道後。しかし、本館への一極集中により、観光客と住民の賑わいとの乖離が生じている。そこで、長期改修工事を機に新たな賑わいを構築し、工事完了後は再生した賑わいの双方がこの地を昇華していく。

017 竹國 亮太 たけくに りょうた
近畿大学　工学部　建築学科

海景の移り変わり
都市に向けた賑わいの場

海岸は、都市に対して「機能性」と「安全性」を向上させた。しかし、海辺に工場が立ち並ぶにつれて、「人」の居場所が喪失しているのではないだろうか。本計画では、変化する建築を通して新たな居場所を提示する。

018 平岡 蒔士 ひらおか まきし
近畿大学　工学部　建築学科

OBIGUMO

大阪府東大阪市の住宅地と工業団地を分断する緩衝緑地帯。高度成長期の産業公害が生み出した広大な緩衝緑地帯は全国にも数多く残っている。消極的な緩衝帯として周囲との関係を断つ緩衝緑地帯に街の活動の場となるもう1つの帯を重ねる。

019 伊藤 克敏 いとう かつゆき
京都大学　工学部　建築学科

GATE

旅の始まりの場とも言える空港。しかし空港は、旅人がただただ案内板を探し列に並び検査を受けるような、手続きをこなす場となってしまっている。そこで、空港を利用する旅人が「旅」を意識できる空間を提案する。

020 三澤 葉月 みさわ はづき
千葉大学　工学部　建築学科

Missinglink A
断片的風景の接続による建築の発掘

私たちは日常のすべてを認識できていないが、断片的な風景をつなぎ合わせることで「見える」をつくり出していると考える。この考えをもとに、いくつかの風景のつなぎ合わせを誤った場合にできる新たな全体像を提示したい。

021 本田 圭 ほんだ けい
東北大学　工学部　建築・社会環境工学科

記憶の暴走と都市の裏のバザール
六本木の米軍基地跡地における即興的建築設計と遺品収集所の提案

東京、六本木の米軍基地返還地において、即興的・帰納的な設計手法によって土地の記憶を暴走させ、遺品収集所をつくる。

022 二上 和也 にかみ かずや
東京大学　工学部　建築学科

北千住の創造性

東京、北千住は人間味のあるあたたかい雰囲気で満ちていた。ここに暮らす人々の創造性を引き出すことで、新しくも豊かな街の経験を生み出す。

023 江口 哉子 えぐち かなこ
奈良女子大学　生活環境学部　住環境学科

窓の宇宙
場所から解放する美術館

詩人、まど・みちおは「自分は人の窓になりたい」と述べている。言葉の意味と向き合い、その解放を試みた彼がなりたかった窓とは「人を場所から解放する窓」ではないだろうか。まどの宇宙を体感する美術館を提案する。

025 福留 愛 ふくどめ あい
熊本大学　工学部　建築学科

水と人の間に

都市は雨に強くなろうとして逆に弱くなった。水と人の間のさまざまな障壁は雨を潜在的なものとした。身近なところから順に、都市水害を意識的に減災する。雨の道「流路」と調節池の提案。水との関係を再考し空間へと展開させる。

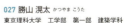

027 勝山 滉太 かつやま こうた
東京理科大学　工学部　第一部　建築学科

The Revolutionary School
カンボジアにおける新教育システムに対応する小学校

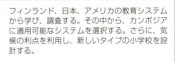

フィンランド、日本、アメリカの教育システムから学び、調査する。その中から、カンボジアに適用可能なシステムを選択する。さらに、気候の利点を利用し、新しいタイプの小学校を設計する。

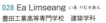

028 Ea Limseang いあ りむせあん
豊田工業高等専門学校　建築学科

時灯の井
京を支える水の盆

古くからずっと京都の街の文化、産業、生活を支えてきた地下水。忘れられつつある京都の地下水の顕在化と、それに基づく京料理の創造と継承を行なう施設の提案。時を映し、場を灯す井戸のような建築。

029 内貴 美侑 ないき みゆう
立命館大学　理工学部　建築都市デザイン学科

都市の潜窟

高層化する現代都市において、核シェルターという新たなビルディングタイプとしての地下建築を提案する。

030 米倉 良輔 よねくら りょうすけ
神戸大学　工学部　建築学専攻・建築学科

前途の走馬灯
都市・葬儀所・火葬場・霊園とそれらをつなぐプロムナード　Y

人はなぜ死を忌み嫌うのだろうか。現代人は葬祭場、火葬場、墓地を都市から隔離し、来たるべき未来を拒絶しているように思える。変動する葬儀のスタイルや死生観と、変わらない死という運命に対峙する壁を都市に築く。

031 住司 峻 すみし りょう
東京都市大学　工学部　建築学科

クルマが拓く、径のえき
クルマの建築化とそれに呼応する建築の在り方

2030年モビリティ革命到来。新技術に建築はどう呼応するか。クルマの安全性が高まり、人との距離が近くなる。クルマは移動空間となり躯体の一部となる。クルマの建築化は地方から始まり、建築は地方の核となる。

032 大岡 彩佳 おおおか あやか
東京理科大学　工学部　第一部　建築学科

かつて神殿だった上物たちへ
Y　S

かくも簡単に抹消される、文化財のラベルのない過去の建築作品は、我々にとって何なのか。あらゆる他者が相対化された現代における、時間と環境の座標系としての建築を考える。

033 﨑元 誠 さきもと まこと
九州大学　工学部　建築学科

人体と都市のΔ-topia

伝統的な屋台を現代というコンテクスト（背景）で再解釈することにより、小さく、動き、接触可能で、施工の容易な、私という個人の場所をつくる建築システムの提案。

034 石黒 大喜 いしぐろ だいき
東京理科大学　工学部　第一部　建築学科

清澄のジム

運動やスポーツは、多くの人と出会い、体験を共有し、コミュニケーションを活発にするきっかけとして有効な活動である。この提案では、たくさんの興奮や笑顔があふれ、人々がともに活動し共感できる場所を水辺空間につくる。

035 菅沼 響子 すがぬま きょうこ
慶應義塾大学　理工学部　システムデザイン工学科

住宅構法の詩学
The Poetics of Construction for industrialized houses made in 1970s

Y　S　F　N

昭和40年代半ば（1970年代）に造営された工業化住宅が並ぶ宅地。本提案は各々に閉じられたシステムを持つ工業化住宅を解体し、多様なエレメントと構法を即物的にコラージュすることで、「1世帯1住戸1構法」の図式に対抗する。

036 谷繁 玲央 たにしげ れお
東京大学　工学部　建築学科

都市路地の快楽
他者の営みと匿名的住まい　Y　S

これは、都市的住居が持つ匿名性と歴史が色濃く残る大阪市北区中崎町の路地空間による、他者の存在を感じながらも個人の私的空間は担保した都市型住居群の提案である。

037 髙藤 友穂 たかふじ ともお
近畿大学　建築学部　建築学科

まちにほどける混在郷
インフラ化する庁舎建築

今後、縮小・単純化していく庁舎建築に冠婚葬祭を取り込み、人々が行き交う豊かな場をつくりたい。さまざまな記憶を断絶・包含し、体験の断片をつなぎながら新しいインフラとして街の中にほどけていく道のような庁舎の提案。

038 津田 加奈子 つだ かなこ
日本女子大学　家政学部　住居学科

水窪アンダーグラウンド
調整池・遊水池利用の再考

街中で不自然なボイド（余白）となっている調整池・遊水池に、その特殊な環境を活かした建築を作る。水の溜まる窪地に、水や自然に親しむ地下広場と集合住宅を提案する。

039 伊勢 尚史 いせ なおふみ
東北大学　工学部　建築・社会環境工学科

道を編む
駐車施設の再考と地方都市における交通拠点の提案

群馬県太田市中心部を対象として、これからの駐車場と次世代型自動車の普及を見据え、交通拠点を軸とする新たな地方都市のあり方を提案する。

040 神谷 将大 かみや まさひろ
東北大学　工学部　建築・社会環境工学科

Tangent
延長線の先にあるもの

大学に通って、本当に大学は必要なのか、とふと疑問に思った。大学の社会的役割、学びのあり方を解き直して建築化した。既存の大学の機能を担保した状態で建て替え、街に溶け、森にまで溶けていくような建築を目指した。

041 菊地 崇寛 きくち たかひろ
京都工芸繊維大学 工芸科学部
造形科学域 デザイン・建築学課程

まちに重なる等高線
農と場のマウントスケープ

山という地形を冒険するように歩く時、場や風景の発見や居場所づくり、また、それらを誘発するものがある。私はそれらをマウントスケープと名づけた。残土の新たな価値と利用を考え、マウントスケープを提案する。

042 岡田 大樹 おかだ だいき
千葉工業大学 工学部 建築都市環境学科

Live on
場所性と共に生き続ける建築

東京の「新宿ゴールデン街」を敷地とし、この場所の建築物における特徴的な要素を抽出し、再定義する。建築要素的アプローチによって「ここでしか成り立たない場所性」を守り、可能性を切り開いていく建築の提案。

044 井出 彩乃 いで あやの
武蔵野美術大学 造形学部 建築学科

お墓の終着点
「無縁仏」となる墓石の行方

「供養すること」について考えたことがあるだろうか。時代の変化に伴い、供養の方法や考え方も変化している。本計画では、今までにない新しい供養プロセスを提案する。

045 長谷川 清人 はせがわ きよと
琉球大学 工学部 環境建設工学科
建築コース

street weaving

江戸時代の道は日常の延長の重なり合いであった。しかし、現代の道は建物と乖離している。そこで道と建物内のプログラムが一体となる空間を提案する。

046 立石 愛理沙 たていし ありさ
大阪市立大学 工学部 建築学科

MoSA, Omachi
Museum city of Site-specific Art

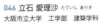 S

現代アートに関する環境は今、変革の時期を迎えている。芸術祭は街のための活動にも関わらず街の人々に理解されていない。そこで、サイトスペシフィック・アートの分析から、展示空間および都市計画の提案を行なう。

047 齋藤 裕 さいとう ゆたか
信州大学 工学部 建築学科

建築の可能性

近年、一人親、相対的貧困世帯などで生活する子供が増加傾向にあり、その生育環境の差により将来に希望を持てない子供たちが増えている。そこで、生育環境に左右されず、将来に希望を持てるような住環境を提案する。

048 猪川 健太 いのかわ けんた
東海大学 工学部 建築学科

Refuse Incineration Hub
ごみ焼却場に付随した公共空間の提案

ゴミ焼却場はゴミの減量やテクノロジーの発達の結果、これまでの大規模な施設である必要はなくなっていくと考えられる。むしろ、そのエネルギーを利用した公共空間として、ゴミ焼却場を都市部へリプレイス(再配置)する提案。

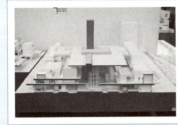

049 鏡 亮太 かがみ りょうた
名古屋市立大学 芸術工学部
建築都市デザイン学科

大和巡礼
十分の九を見直すまほろばの日記

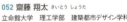 Y

近年、日本の経済成長はめまぐるしく、高精細かつ高速な社会が展開している。忙しさはさらに忙しさを呼び、人々は自分で自分の首を絞めている。そこで忙しさに追われる人が社会から距離をとる施設を提案する。

052 齋藤 翔太 さいとう しょうた
立命館大学 理工学部 建築都市デザイン学科

終の建築
故人を送り出す火葬空間

「火葬場とはどのような場所であるか」という問いに対し、「故人を思い、送り出すための最後の建築である」と考える。故人を送り出すことに軸を置いて、会葬者の感情に適した空間を計画する。

053 田村 隼人 たむら はやと
日本大学 理工学部 建築学科

発酵都市

戦後都市開発に取り残され、独自の文化が発酵した街、東京の下北沢。かつて都市を分断していた旧・小田急線跡に、さまざまな文化を内包する都市を挿入する。互いに膨らみ侵食し触発する空間群は、自由を許容する。

055 菱田 吾朗 ひしだ ごろう
京都大学 工学部 建築学科

小さな島の大きな受け皿

瀬戸内海の豊島では、少子高齢化が進む一方で芸術祭の影響を受け観光業が発展している。人々の接点となる港にアーティスト・イン・レジデンスを設け、アートと島民を結び付けながら地域活性化の拠点としての港を設計する。

056 岩田 昇也 いわた しょうや
日本工業大学 建築デザイン学群
生活環境デザイン学科

公私をまたぐ屋根並み、呼応する群居

青森県黒石市中町こみせ通り。縮小する歴史的街路に、街で培われてきた空間共有作法と都市空間の型を継承した、公私にまたがる建築群を構想する。通過動線としての線的な街路から、大きな家としての面的な街路へ。

057 小比類巻 洋太 こひるいまき ようた
東北工業大学　工学部　建築学科

道を繋ぐ

それぞれの時代に生きた人の、神社へのまなざしに思いを巡らせ、伝統的に受け継がれてきたものを守りながらも、神社に携わるすべての人々によって新たな歴史や未来をつくっていけるような建築を提案する。

058 横田 笑華 よこた えみか
東北工業大学　工学部　建築学科

みえない小学校

現代の小学校はまるで監獄のようである。そこで、小学校を街の空きスペース、空き地、駐車場に分散して配置し、街に溶け込ませる。子供は興味のある授業を受けに街の中を歩いて移動する。街全体が小学校になり、建築で教育を変える。

059 山道 崚介 やまみち りょうすけ
東京都市大学　工学部　建築学科

行為の積層を支える建築としての在り方

建築保存のあり方について、さまざまに議論された時期を経たが、明解な答えはまだ出ていない。一時点で凍結させることは、その建築の変遷を終えることを意味する。生活に根差した建築の保存には特殊な方法を要すると考えた。

060 小谷 春花 こたに はるか
　　吉川 大輔 よしかわ だいすけ
　　後藤 夕希奈 ごとう ゆきな
早稲田大学　創造理工学部　建築学科

TRINITY
建築による地形の再構築

3つの水門、3つの川の流れ、3角形の固定堰。この敷地は水位と水流が多様に変化する。ここに環境の変化を享受する地形のような美術館を提案し、現代のホワイト・キューブ・ミュージアムから脱却を図る。

061 中林 顕斗 なかばやし けんと
大阪市立大学　工学部　建築学科

集合遊宅

日本における「こどもあそび」は大きく変化している。本提案では、遊び方を規定しない自由で創造的な「こどもあそび」をきっかけに空間が展開し、子供と子供、人と人を再びつなぎ合わせていく建築を考える。

062 大沼 亮太郎 おおぬま りょうたろう
仙台高等専門学校名取キャンパス
建築デザイン学科

生き都市生ける者へ

コミュニケーション・ツールが進化する21世紀。結果として、いじめ、引きこもり、孤独死、対人恐怖症などが増えた。最先端を走り、さまざまな人が訪れる都市、東京の銀座において、「心の豊かさ」とは何かを人々に再認識させたい。

063 元山 雅仁 もとやま まさひと
慶應義塾大学　理工学部
システムデザイン工学科

護岸転成

川と街を分断している護岸壁において、渡船場を親水空間を再構築できる可能性のある唯一のものとしてとらえ、川と街をつなぐ接続空間として提案する。現代における親水空間での人のふるまいを生産する。

064 円田 翔太 えんだ しょうた
大阪大学　工学部　地球総合工学科

遊廻する村役場
移動する木造仮設ユニット

多様なスケール、性質、機能を持つ木造ユニットを村民が移動させていく。異なるユニットがそれぞれの周期で動き、出合い、重なり合い、多様な空間が生まれていく。

065 林 和典 はやし かずのり
大阪大学　工学部　地球総合工学科

非機能的機能スラブの建築

都市の床はすべて一続きである。一続きの床を「機能」によってとらえる。すると従属関係にある「第一スラブ（機能的機能スラブ）」と「第二スラブ（機能的非機能スラブ）」が見えてきた。

066 後藤 眞皓 ごとう まひろ
大阪大学　工学部　地球総合工学科

地域に根付く力を育む建築
けんちくあそび鉄団　手作り基地プロジェクトの設計・企画・実施を通して

地域文化としてのヤンキー文化からヒントを得て、「今、ここ」を「カスタマイズ」して地域を住みこなすための装置を設計し、空間化するワークショップを「地元」で実施した。小さな地域性を纏い、多様に変化する建築。

067 板部 玲子 いたべ れいこ
日本女子大学　家政学部　住居学科

旅のなかでひいていく補助線

奈良県の吉野に遊んだ作家、谷崎潤一郎は『吉野葛』という小説を残した。私はその物語の跡を辿っていく中で出合った風景と歴史に補助線（建築）を引き、小説の舞台を浮かび上がらせる。

068 井岡 晃人 いおか あきと
大阪市立大学　工学部　建築学科

HOTEL ISHIBASHIRO

戦後の闇市の名残のある、東京、三軒茶屋の三角地帯。そのドヤ街の賑わい、培ってきたストーリーを壊してまで新たなコンテンツをつくるのではなく、残しつつ新規のものと共生し、拡大する街を描いた。

069 丸野 悠太 まるの ゆうた
武蔵野美術大学 造形学部
空間演出デザイン学科

暮らしを填めて馴染ませて
多国籍団地の新しい住まい方

多国籍団地の再生計画として、団地内部を一掃して居住空間や商業施設、キッチンなどの生活空間を提案する。さらに、各階の床に小さな穴を開け、中庭から屋上までの空間をつなぐ。

070 松浦 航大 まつうら こうだい
東京都市大学 工学部 建築学科

そして軒は連鎖する
解けて交わる暮らし

生活空間は軒であふれ、周囲に連鎖する。広がった生活の領域が重なり合うことで、人々は緩やかにつながる。つながった領域を歩くことで健康を保つ高齢者住居が拠点となり、周囲に広がる軒は街の人々をつなげていく。

072 矢田 寛 やだ ひろし
東京都市大学 工学部 建築学科

みえない水がみんなを繋ぐ
十条の木造密集地域の持続を目指して

一見脆弱な東京、十条の木造密集地域には、豊富な地下水と、地下水とともに営まれた人々の暮らしが息づいている。地域を未来へつなぐ芽を育む防災拠点を設計し、新たな延焼遮断帯のあり方を提案する。

074 菊池 文江 きくち もえ
法政大学 デザイン工学部 建築学科

芸術発展都市
ARTを通したコミュニケーション

「アートによるコミュニティ」:
1 コミュニティの場の提供
2 地域の特性を生かしたまちづくり

075 星野 智美 ほしの さとみ
日本大学 理工学部 海洋建築工学科

栞
思い遣る

Y

がん患者とそうではない人の動線を混ぜ、両者につながりを生み出す。不安や、悩みだけでなく楽しい思い出、喜びを人に伝え、思いを残していけないだろうか。私は、さまざまな人が気兼ねなく訪れ、思いを共有できる場をつくる。

076 尾上 一輝 おのうえ かずき
京都建築大学校 建築学科

蟲の塔

Y S

日本一の高密都市、東京の銀座において、虫たちと共存する都市型ビルを提案する。環境に配慮した虫たちの住処を、銀座の各所にちりばめていくことで、虫は都市に回帰し、街とこのビルの姿を変えていく。

077 鮫島 卓臣 さめじま たくおみ
慶應義塾大学 理工学部
システムデザイン工学科

Art Harbor
造船所跡地の再編

かつて造船所の街として栄えた大阪の北加賀屋。造船業の衰退とともに街の誇りを失ったこの場所に残された造船業の面影に対して提案を行なう。土木計画的な空間における水辺の拠り所。

078 近藤 太郎 こんどう たろう
近畿大学 建築学部 建築学科

相対実験

阪神高速道路と近畿自動車道の東大阪ジャンクションの大きな2つの空き地に工場と住宅を設計する。職・住近接の関係から2種類の住環境を計画する。これは東大阪の新しいあり方の提案であり、私たちの生活に対する根本的な問いでもある。

079 梅本 晟司 うめもと せいじ
近畿大学 建築学部 建築学科

淀ノ大花会

Y

大阪と京都の狭間にある三川合流地域において、近代化によって形成された土木インフラや老朽化した妓楼建築を利用して、この地の記憶を継承する建築へと再編し、新たな文化の発信の場を創出する。

080 小林 稜治 こばやし りょうじ
立命館大学 理工学部 建築都市デザイン学科

消えた海と町

Y

建築には、人にモノの見方を変えさせることができる。福島県広野町で2つの建築は「海と町が消える」という現象を浮かび上がらせる。2つの建築がつくる1つの物語が、街の良さや残すべきことを継承していくことを期待する。

082 日下 あすか くさか あすか
工学院大学 建築学部 建築デザイン学科

圕
余白のためのプロトコル

図書館にいる時、他の場所にはない感覚をもつ。図書館にしか生み出せない空間を考察し、拡張させる。保存や貸出、複合に注力した図書館もいいが、人が読書をするための空間に力を注ぐ図書館があってもいい。

083 新井 育実 あらい いくみ
千葉大学 工学部 建築学科

121

棲み処の再誕

板状で強固な階段室型団地の階段室を「ほどく」。「ほどかれた」団地は、従来と違い共用部分を豊富に持ち、複数の動線が交差するカタチとなる。多世代が共生する場所としてふさわしい棲み処へと生まれ変わる。

084 吉田 智裕 よしだ ともひろ
東京理科大学　工学部　第一部　建築学科

理想への干渉
郊外住宅地の明日を考察する (Y)

郊外住宅地は理想を掲げたまま死んでいくのだろうか？　本計画は住宅生産の中で見捨てられた「M1」の持つ可能性を再発見・再評価し、それを現代商品化住宅群に落とし込む実験的な試みである。

085 木村 愼太朗 きむら しんたろう
日本大学　理工学部　建築学科

移ろいを導く
葭原とともに変容する道空間

安土桃山時代から葭とともに暮らしを営んできた栃木県の西ノ湖界隈。戦後、農業の大規模化により葭原と人の暮らしが乖離してしまった。葭原を維持していくために、自然の移り変わりを受け入れ、自然とともに移ろいゆく道を提案する。

086 柴田 樹人 しばた たつと
名古屋大学　工学部　環境土木・建築学科

Building at the Time of recession After 2020
(Y)

理想の都市に本当に必要なコトとは、多様性のあること。社会的秩序を持った近代的な空間、インフォーマルで雑然とした空間、都市の余白としてどちらにも加担しない空間。これらが混ざり合い、関係性をもつ都市。

087 井上 雅也 いのうえ まさや
神戸芸術工科大学　芸術工学部
環境デザイン学科

滲出するアクティビティ
庁舎の過渡期 (Y)

今、庁舎の生まれ変わるチャンスが来ている。建替えの時期になった今、公共建築として、人々とどんな関係を結ぶのか。施設自体が公園のような、変化していく市庁舎を提案する。

088 毛利 友紀野 もうり ゆきの
立命館大学　理工学部　建築都市デザイン学科

うつろうもの
衰退するまちに寄り添う建築

人口減少の果てに、街が廃棄される未来が来る。人がいなくなっていく街で、建築はどう佇むべきなのか。私たち人間は何をすべきなのか。地方の衰退を受け入れることで、廃棄されゆく街に遺る風景を考える。

089 芳賀 耕介 はが こうすけ
東北芸術工科大学　デザイン工学部
建築・環境デザイン学科

踊る建築
ノンバーバルコミュニケーションが誘発する創発的メッセ

ダンスとは行為同調によって、人々が感情を共有するノンバーバル・コミュニケーションである。行為同調を誘発する空間を、創発的メッセ空間として東京の産業貿易センターに挿入し、Inovativeな出会いの場所を提供する。

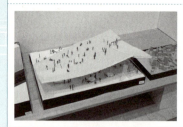

090 三浦 桃子 みうら ももこ
芝浦工業大学　工学部　建築・土木学群
建築学科

pando
(Y) S

pandoとは8万年生きる、1つの根をもつ単一の生物としての森である。東京、新宿の地下通路、その上の中央分離帯を新しいインフラ、アクティビティ（活動）ととらえ、各エリアに対応する人の居場所を計画する。都市が呼吸する建築。

094 岸田 淳之介 きしだ じゅんのすけ
東京都市大学　工学部　建築学科

路地の交差点
思いが重なる場所

世界各国に点在する非正規市街地。その中で良好な環境を保つガーナの首都アクラにあるKowe地区において、さらなる住環境改善の提案を行なう。そして、住環境改善のコアモデルを他の非正規市街地へと応用していく。

095 田頭 佑子 たがしら ゆうこ
大阪大学　工学部　地球総合工学科

bit wall city
広告の舞台と消費者が出会うとき

流行や文化を個人から発信できる複合施設。広告単価によって建築の形態が変化し、建築内の用途やスラブ（床水平材）の位置は周囲からのインプレッションを反映する。東京、渋谷の街とリンクしながら時代とともに変化していく建築である。

096 前田 佳乃 まえだ かの
東京理科大学　工学部　第一部　建築学科

INTERMEDIAR SPACE
現実空間と仮想空間を繋げる媒介空間の提案 (Y)

現在自分たちが生活している現実空間と、この世の中に存在しない死者がいる仮想空間（霊界）をつなぎ合わせる媒介空間（墓地）を提案する。

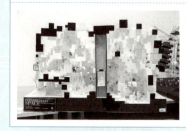

097 矢吹 拓也 やぶき たくや
神奈川大学　工学部　建築学科

ParaHome

都市の隙間にParasite（寄生）する海外からの観光客向けのホテル。滞在期間を1日、1週間、1カ月に分け、それぞれの期間に適したホテルを10個設計した。

098 大竹 俊 おおたけ すぐる
東京都市大学　工学部　建築学科

水縁ハナレ

愛知県豊田市足助の家々にある、もともと生活空間の一部であった川側に建ち並ぶ離れを再生し、地域住民と観光客との結節線をつくる。それとともに、足助の特有のナカドオリによって、その離れまで通り抜け可能な通路空間をつくる。

100 仙波 宏章 せんば ひろあき
日本大学　生産工学部　建築工学科

拝啓○○様．
時に囲まれたあなたの居場所

もちろん、歴史ある景観は一切損ねてはいません。観光客であふれる通りからは知る由もない街並みの内側に、それはあります。拝啓○○様、観光に包囲された街に住むみなさまのためのささやかな居場所の提案です。

101 外山 純輝 とやま じゅんき
日本大学　生産工学部　建築工学科

Kaleidoscope
階段の可能性を映し出す建築

階段は人と時間を映し出す装置である。使う人の性格や目的によって意味を変え、1つ1つの段が、日の陰りや砂の動きで表情を変える。常に変化し続ける階段の可能性を映し出し、観測するための建築の提案。

102 林 泰宏 はやし やすひろ
京都大学　工学部　建築学科

時計の無い明治神宮駅
非日常のエッジと時間の流れ

東京の明治神宮を訪れる時に、都市や杜、日常の時間を対比した、蓄積される時間ではなくその空間の時間の質を感じる「時の駅」を提案する。そして、明治神宮は、未来の人々が失った非日常の時間の概念を取り戻す場所となる。

103 中里 祐輝 なかざと ゆうき
東海大学　工学部　建築学科

川に溢れる日本橋界隈の賑わい
革新の道　継承の川

東京、日本橋の川はかつて運河として栄えていたが、現在は上空を首都高速道路（以下、首都高）が覆い、都市の暗い隙間になっている。近い将来、首都高が地下化され、空を取り戻した川と建築で1つの空間をつくることにより、川に賑わいがあふれ出す。

104 川田 夏実 かわた なつみ
東京都市大学　工学部　建築学科

史記祭の遊歩道
インポートされた長崎文化

歴史や文化で賑わう港町、長崎。長崎の良さをインポートした遊歩道は「人」「物」「イベント」「情報」が出入りし、季節や時間帯によってさまざまな表情を見せる。遊歩道から街へ人々が巡っていく、長崎の心臓となることを期待する。

105 三浦 恭輔 みうら きょうすけ
日本大学　生産工学部　建築工学科

Deployable Architecture
折り紙建築

「故きを温ね新しきを知る」精神を持ち、身近なものを見つめ直してみると、そこには新たな世界が広がっている。「農業」、そして「折り紙」の新たな可能性を見つける場を提案する。

106 早川 健太郎 はやかわ けんたろう
京都大学　工学部　建築学科

烈風のマディーナ
大地を纏い広がる街

Y

多面体の建物がつながって増殖することで、地表にメッシュ状の構造物を作る。建物が砂に覆われると街は地形の一部になり、さまざまな生物の往来を可能にする。砂漠の力を受け入れ、新たに空間をつくる街、マディーナの提案。

107 小室 昂久 こむろ たかひさ
日本大学　生産工学部　建築工学科

まちの見え方が変わった、ある建築女子学生のものがたり
自分史の建築的表現

建築に冷めていた私は「まちづくり」に出会うと「まちの見え方」が変わり、建築の見え方が変わり、何だか楽しくなってきた。その感動を、「自分史」を、建築的に表現する。

108 江端 木環 えばし もわ
大阪大学　工学部　地球総合工学科

鮮明化する役割
空堀における更新の作法

Y

空堀は、回遊性のある小さな生活圏となる小さな街の集合体として存在する。小さな街同士は空堀という1つのエリアに属し、互いに関係性を持つ。その関係性が、都市の更新に住居側から対抗するための手法となる。

109 森下 啓太朗 もりした けいたろう
近畿大学　建築学部　建築学科

結びを織り成す駅
終点から広がりを持つ場所へ

現在、衰退し続ける鉄道の地方路線。駅に地域の人々の生活の拠点と観光客の拠点を集約することで、その地域に賑わいをつくると同時に、今後の地方路線の駅のあり方を問う提案である。

111 櫻本 敦士 さくらもと あつし
工学院大学　建築学部　建築デザイン学科

ダツヒャッカテン　脱百貨店

Y　S

新しい観光のあり方を設定し、それに対して建築、特に商業建築には何ができるのかを考察した。これは、これまでの商業建築が持っていたある種の均質性を打破する、全く新しい建築のあり方の提示である。

112 紫村 耀 しむら よう
京都工芸繊維大学　工芸科学部
造形科学域　デザイン・建築学課程

Runway
街の高揚

有事以外には飛行機の離着陸のない滑走路がある。その広大な空き地を日常的な公共空間として利用するため、街と滑走路の境界に人々の拠り所となる建築を設け、街の新しいネットワークをつくる。

113 石井 亨和 いしい あきかず
東京電機大学　未来科学部　建築学科

日常を紡ぐ斜めの建築
障がい者の認知補助を主題とした協同型就労施設の設計

障害者就労施設での障害者の認知への補助支援に着目し、必要な4つの空間条件を導いた。条件を満たす斜めの操作による空間を提案し、長野市中心市街地にて地域ケアの中心となる障害者の働く場を設計する。

121 有田 一貴 ありた かずたか
信州大学　工学部　建築学科

縁の下のまち
基礎から導く私有公用

Y S F 即

2004年の福井豪雨で被害を受けた住宅地。1階を剥がし、公共へと開放することで、「皆のものであり私のもの」という私有公用空間を実現する。むき出しになった建物の基礎構造（以下、基礎）を縁のように見立てて、つなぐことで、基礎が街の基盤となっていく。

115 平井 未央 ひらい みお
日本女子大学　家政学部　住居学科

日常の間隙を縫う

Y S

認知症の祖母の世話をする母へ贈る建築。今の住まいにささやかな操作を施していくことで、介護という想像を超える大変さの中でくすんでいった母の心を彩る提案。

122 岩波 宏佳 いわなみ ひろか
新潟工科大学　工学部　建築学科

灰色の建築

建築から機能を解放する。既存建築すべてを対象とした、リノベーション（改修）の設計プロセスの提案。

117 加藤 隆也 かとう たかや
新潟工科大学　工学部　建築学科

昼夜の屋台建築

福岡市の中洲の屋台は、単体で建築物として成立している。今回、その屋台群を格納する建築を提案する。この建築物では、休業時に屋台の集まる昼と、屋台が各所に営業に出かける夜とで異なる空間が生まれ、屋台の持つ独自の空間も変化していく。

125 原田 伊織 はらだ いおり
九州大学　芸術工学部　環境設計学科

ファサードの転回による都市風景の再編計画

Y S F

大阪市福島特有の「雑多」な質を保ちながら、ストリートレベルで途切れている賑わいを垂直方向に延ばし、新しい都市風景を提案する。

118 山口 大輝 やまぐち だいき
近畿大学　建築学部　建築学科

観光の器、交通の器

かつて水運の要であった宇治川派流と京都の伏見に点在する観光施設の関係は、整備計画により希薄になった。派流と観光地をつなぐ観光の器を作り、観光地を水路で巡ることのできる、歴史的な都市構造を生かしたまちづくりを提案する。

127 吉田 亜矢 よしだ あや
近畿大学　建築学部　建築学科

凹凸に居る
滲む生活

東京の八王子に他大学との関わりの少ない大学生のための学生寮を設計する。凹凸を利用することで学生同士の偶発的コミュニティの発生を促す。

119 宇野 泰弘 うの やすひろ
東洋大学　理工学部　建築学科

季節移住に伴う仮設住居の更新に関する提案
水上集落カンポンブロック村を事例として

4カ月／1年が湖に浸るカンボジアのトンレサップ湖畔に位置するカンポンブロック村。住民は生業（漁業）を営むために季節移住していて、渇水期には仮設住居を建てて生活し、雨期に湖の水位が上がると帰省する。この生活サイクルに残り続ける建築を加える。

128 百家 祐生 ももか ゆうき
九州大学　芸術工学部　環境設計学科

邂逅する十一ノ景
酒蔵が醸造する世界

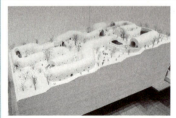

歴史的な田園風景の残る新潟県南魚沼市霊土は、これまで稲作や酒造により支えられてきたが、現在は、地域衰退の一途を辿っている。連なる11の酒蔵の酒造プロセス、斜面地標高差と四季変化による景に邂逅し、日本酒の魅力は醸造される。

120 大沼 謙太郎 おおぬま けんたろう
日本大学　生産工学部　建築工学科

街並玄関孔

都市の風景に1つの巨大な風穴が空いた時、その風穴は街の玄関となり、分断されていた都市と都市とを結び付ける。

129 今埜 歩 こんの あゆみ
東京理科大学　理工学部　建築学科

成長の城
児童養護施設のあり方を問う

子供の成長には、安定した家庭環境と多くの出会いが必要である。訳あって親と一緒に過ごせない子供たちが集団生活を営む児童養護施設を見つめ、施設に収容されている児童と、地域における児童の育ちの場のあり方を考える。

131 西丸 健 にしまる けん
芝浦工業大学　工学部　建築・土木学群
建築工学科

蛇落地悪谷再考
八・二〇の記憶

2014年8月20日、平成26年8月豪雨により広島市安佐南区で土砂災害が発生し、一瞬にして地域一帯が土砂に飲み込まれた。大蛇伝説が残るこの地で、自然と共生する集落のあり方を再考する。

137 山田 清香 やまだ さやか
東京理科大学　理工学部　建築学科

養殖魚介類の付加価値向上
水産業の復興へ向けて

現在、天然物よりすぐれた品質をもつ養殖物が、市場に商品として出回り始めた。しかし、生産者の取組みが消費者に理解されず、十分な消費に至らない。生産者と消費者の双方が協同して「商品品質」を向上させ、両者が理解し合う場を提案する。

132 杉浦 豪 すぎうら ごう
芝浦工業大学　工学部　建築・土木学群
建築工学科

逃現郷
セミラティス空間が括る多層的中学校の提案

建築は人間を閉じ込める箱であり、秩序に従った空間には人間の逃げ場がない。現状の建築空間を階層的で一義的な「ツリー空間」と定義。その形式が特に顕著で人間の逃げ場のない中学校を複層的で多義的な「セミラティス空間」として再構築する。

138 堀場 陸 ほりば りく
芝浦工業大学　工学部　建築・土木学群
建築学科

線から面へ
川越城跡を用いた新たな街の中心計画

テレビの普及によって、ある日、紙芝居屋は街に来なくなった。人々は便利さに内包され、偶発的な出会いを失った。この訴えを建築と道の関係性に置き換え、具体化することから私の設計は始まった。

133 岸 晴香 きし はるか
芝浦工業大学　工学部　建築・土木学群
建築工学科

「フクシマ」Tourism 2031

3.11東日本大震災の遺構を巡るバスツアーの核となる原発資料館を設計した。さまざまな立場からの事件の話、体験、感情によるカオスを、展示と語り部の話、コンテクスト（背景）による体験として内包し、観光客自身に「災害と今」の再解釈を促す。

139 堺 由輝 さかい ゆうき
東京工業大学　工学部　建築学科

都市の血管

取壊しの決まっている首都高速道路を歩行空間にし、そこに建築を付随することにより、首都高速道路に人々を寄り添わせる。インフラである土木構築物の表層に人々の振る舞いが現れることにより、都市に新たな景観を生み出す。

134 中村 篤志 なかむら あつし
千葉工業大学　工学部　建築都市環境学科

日暮らしの里
地域社会につながる集合と包摂のカタチ

根強いコミュニティを持つ地域の中に、外部から来る人にとってのイバショをつくり、そこから地域に還元するミチをつくる。

140 諸橋 克哉 もろはし かつや
神奈川大学　工学部　建築学科

時の印

人口流出に従い忘却される土地への記憶。過去、未来を1日で行き来する膨大な時間。結婚式場を計画する。季節や時代に伴い移り変わる自然に対して、佇み続ける建築により、この場でしかできない特別な時間をつくり出す。

135 加藤 颯斗 かとう はやと
京都建築大学校　建築学科

記憶の地勢図
Topography for the Memories of Kamaishi Naval Bombardments

伝承空間のあり方には検討すべき点が多い中で、いかに場所の力を引き出し、惨禍の伝承にふさわしい空間をつくり出せるか。太平洋戦争での岩手県、釜石への2度の艦砲射撃を題材に、新しい伝承空間を提案する。

141 平松 建人 ひらまつ けんと
東北大学　工学部　建築・社会環境工学科

出会いの犬築
アニマルシェルターの設計

犬のアニマル・シェルターを設計する。従来の動物管理優先の建築から脱却したシェルターを設計し、新しい人と犬の出会い方を提案する。犬の生態特性を手がかりに空間を構成し、人と犬の共存を図る。

136 鈴木 麻夕 すずき まゆ
東京理科大学　理工学部　建築学科

ひとの灯火
空き家改修による大三島らしい暮らしの場の提案

地方には空き家が増え、活気がなくなっている。空き家の改修により移住者の暮らしの場を計画する。活動拠点、レストラン、住居+客室。これにより、愛媛県、大三島の魅力の再確認と移住者の増加を期待する。

143 馬鳥 夏美 ばとり なつみ
神奈川大学　工学部　建築学科

時を編む巨塔
建築の終焉と新たな神話

資本主義の神話の下、発展の象徴として崇められてきた高層建築は、不滅な屍のように都市に林立している。「箱」の生産だけに過ぎない建築は終焉を迎える。中国、香港の、今はなき九龍城塞の記憶を辿り、新たな建築の神話を模索する。

144 楊 翌呈 ようよくてい
東京理科大学　理工学部　建築学科

Transition
「機械」から「情報」へ

長年、日本社会に根付いていた東京一極集中通勤制度を打開するため、新たな職住一体の生活とその住居空間モデルを提案。

151 熊田 翼 くまだ つばさ
千葉大学　工学部　建築学科

19000m²の記念碑
空に憧れた少年たち

太平洋戦争の予科練の歴史が刻まれた地に記念碑を設計する。終戦までの15年間、大空に飛び立つことに夢を抱いた予科練生は祖国のためにと信じ、命を捧げた。戦死者は約19,000人に及ぶ。来訪者に、戦争の悲惨さを空間的に体感させる。

145 池田 光 いけだ ひかる
日本大学　生産工学部　建築工学科

BIBLIO TERMINAL

京都の北大路にバスターミナルを含有する図書館を設計する。バスの利用者と周辺地域住民をターゲットとし、彼らの「活動の場」と「本棚」とを掛け合わせることで、日常生活に新たな体験を生むメディア・コンプレックスを目指す。

152 角田 悠衣 かくだ ゆい
京都大学　工学部　建築学科

都市転生

戦後開発された人工都市つくばは、人の生活を第一につくられた。しかし近年、国家公務員宿舎の取壊しとともに自動車優先の住環境に移り変わりつつある。茨城県のつくばを舞台に自動車のないシステムを考案し、住宅地のあるべき姿を提案する。

146 尾瀬 優香理 おせ ゆかり
東北大学　工学部　建築・社会環境工学科

記憶の叙景
とかいなか創生特区における農産業継承拠点の提案

大阪府内で唯一の「とかいなか創生特区（通称：どぶろく特区）」。農産業の歴史を発信し体験するために制定されている。この特区としてのポテンシャル（潜在能力）を活かし、村興しの拠点となる3つの敷地と3つの計画を考える。

153 寺田 晃 てらだ あきら
近畿大学　建築学部　建築学科

趣都の再考
アキハバラにおけるケーススタディ

建築学者、森川嘉一郎が打ち出した「趣都」という概念は、都市の均質化に抵抗し得るものとして、多くの人にとらえられていた。『趣都の誕生』刊行から10年以上たった今、「趣都」がどこへでも広がっている様子から、「趣都市」のあり方を、東京の秋葉原を対象に再考する。

147 河畑 淳子 かわはた じゅんこ
　　 根本 悠希 ねもと ゆうき
　　 生井 俊輝 なまい としき
早稲田大学　創造理工学部　建築学科

融けだすウラロジ
高架下を拠点とした元町再編計画

兵庫県神戸市の都心部に位置しながら、周囲に対して閉じ続けてきたモトコー（元町高架通商店街）。自然発生的な賑わいを生み出してきた「ウラロジ」の賑わいを増幅し、直交する南北の道路にも賑わいを融け出させることで、縮小社会における新たなモトコーのあり方を提案する。

154 井上 凌成 いのうえ りょうせい
神戸大学　工学部　建築学専攻・建築学科

奈良古今美術館
歴史の流れを感じ具現化した美術館

古都の歴史ある景観と現代の建物が混在した奈良市に、古今の調和を目的とした美術館を提案する。奈良市の歴史的遺産である美術品と躍動する現代アートとを1つの建物に集約。美術から古今の調和を図る。

149 森 周平 もり しゅうへい
北九州市立大学　国際環境工学部　建築デザイン学科

治具ノ家

我々は本当に建築によって居場所を獲得できているのか。人々を土地に定着させる治具としての家を提案する。人々は建築によって土地に定着することで自身の存在価値を認識し、本当の居場所を獲得するだろう。

155 西本 光 にしもと ひかる
金沢工業大学　環境・建築学部　建築デザイン学科

高齢者の居場所
森の里ニュータウンにおける高齢者と多世代の交流拠点施設の提案

今日、医療や福祉を必要とする高齢者の増加と介護者の不足が課題になっている。住み慣れた街で、身近な人たちに介護されながら、認知症患者を含む高齢者たちにとって生きがいのある環境となることを目指す。

150 内山 大輝 うちやま だいき
神奈川大学　工学部　建築学科
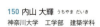

DEPARTMENT STORE 2.9
既存スケルトンを用いたラウムプラン型百貨店

地方百貨店の建物は売場面積を重視した空間構成を採用し続けているが、この方針は現代の消費活動の実体には即していないと考えられる。百貨店固有の立面構成と「ラウムプラン型内部空間」によって新たな百貨店のあり方を提案する。

158 鈴木 巧 すずき たくみ
信州大学　工学部　建築学科

水の囁き
見えない水の説き方

「私の故郷には、水景のカケラが落ちています」。カケラを拾い集めると、この街が豊かな街であったことを再認識することができる。私の描く物語は架空であり、空想でしかない。しかし、この物語を通して伝えたいことは真実である。

159 一條 武寛 いちじょう たけひろ
東北工業大学　工学部　建築学科

七つの落し物

街がアートに満ちているはずなのに、重要な何かを忘れてきてしまったようなモノクロの世界。それらを1つ1つ拾い上げていくことで、街に色どりを与える。

166 一里山 健 いちりやま けん
大阪大学　工学部　地球総合工学科

自主映画小路でつなぐ
鶴岡友達計画

山形県のJR鶴岡駅と、周辺に観光名所の多い鶴岡公園をつなぎ、自主映画を楽しむことのできる親水路を計画する。これにより、来街者と鶴岡市民を友達にし、鶴岡市の地域活性化を図る。

160 伊藤 匡平 いとう きょうへい
千葉大学　工学部　都市環境システム学科

観光を再定義する温泉施設
「観光空間と地元空間」、「自然と人工」の弱いつながり

「観光空間」と「地元空間」が混在する街に、両者が見え隠れする新たな観光施設の形態を提案。2面角が60°と90°の空間充填三角錐をユニットとして用い設計することで、自然と街(人工)がともに60°の幾何学の世界に溶けていく。

167 下田 彩加 しもだ さやか
日本女子大学　家政学部　住居学科

200mアーキテクチャ
都心における外部空間の再考

昨今のソリッド(密実)な建築に対して、屋外空間や半屋外空間を多数設けた多孔質な建築とすることで、より屋外空間と融合された建築を提案する。

161 都築 澪 つづき みお
東京理科大学　理工学部　建築学科

建物語
物語の空間化

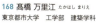

『建物語』とは、人々が既存の童話を文面からだけでなく、五感を通して読むことのできるbibliotheque(図書館)である。また、来訪者自らが童話の作者となり、新しい展開を紡ぎ出すこともできる。物語と建築の新しい共存の形を図る。

168 髙橋 万里江 たかはし まりえ
東京都市大学　工学部　建築学科

街ナカの駅

和歌山市の中心市街地を取り囲む和歌山市駅、和歌山駅、宮前駅。地域の高齢化、車社会化により鉄道の利用者が減少し、駅という存在が人々の生活から離れていく中で、街と結び付き、街に愛される駅を考える。

163 鈴木 保澄 すずき ほずみ
京都大学　工学部　建築学科

農住共生帯
境界を浸透させる3つの手法

二極化した「生産」と「消費」の境界のあり方は、3つのタイプに分かれる。均質化した現代の農産物直売所をそれぞれのタイプに適応した機能と形態をもつ生産と消費の拠点として設計し直すことで、新しい生産と消費の関係性を築く。

170 梶谷 紗世子 かじや さよこ
東京都市大学　工学部　建築学科

繁殖する界隈
分散型大学による市街地再組織化のシステム

金銭によらず居場所が手に入る方法を提案する。空き商店を大学施設や学生宿舎に改装することで地域に賑わいを与え、代わりに、学生は住居を手に入れる。既存建築の外形を超えた領域を生み出すことで新たな界隈の賑わいが生まれる。

164 小池 正夫 こいけ まさお
芝浦工業大学　工学部　建築・土木学群　建築学科

塵海の廻都
海洋ごみで成長する洋上都市の提案

日本ではあまり話題にならない海洋のプラスチック汚染。しかし見方を変えれば、ゴミを資源と見ることができる。ゴミ山から金鉱山へ、海洋ゴミによって成り立つ洋上の農業都市を提案する。

171 黄 起範 ふぁん りの
日本大学　理工学部　海洋建築工学科

わくらば橋
人と橋との繋がりの再考

橋は両端をつなぎ、人や物を渡すものだ。しかし、交通インフラの発展により人のための空間が失われてきた。私は建築を学んできた立場から新しい橋空間を創造する。人々に橋のあり方について考えさせるような橋を提案する。

165 椛嶋 優太 かばしま ゆうた
工学院大学　建築学部　建築デザイン学科

巡りの群島

日本三景の1つ、宮城県の松島を歩いた松尾芭蕉の紀行『おくのほそ道』を建築に落とし込み、多島海に新たな「群島」を作る。多様性を失った観光ルートと、行き場を失った漁業・林業廃棄物資源の循環の中心となる施設を提案する。

172 伊藤 翼 いとう つばさ
東北学院大学　工学部　環境建設工学科

四.五＋
四畳半空間から構成する新たな街

外国人労働者と日本人単身者のために住宅を建てる。四畳半の個室を基準に構成したシェアハウス群を庭園を介して結んで生まれた新たな街。各個室の自己拡張性によって生まれる余白空間と透過性の高い共用空間が人と人との心地よい距離をつくる。

173 小池 真央 こいけ まお
千葉大学　工学部　建築学科

トライポフォビアが考える集合体建築
Y S

私はトライポフォビアである。日本語では集合体恐怖症、物体の集合体を観察することで嫌悪や不快を感じる恐怖症である。この恐怖症の感じる空間性の差異を建築と結び付けて、高橋和巳著『邪宗門』に登場する宗教施設を設計し、新たな空間を見出す。

174 須藤 悠果 すとう ゆうか
東北大学　工学部　建築・社会環境工学科

揺蕩う、余白の時間
書にもとづく流動的建築

書は墨の点画と余白のバランスで構成され、意味を示す文字と余白が書を豊かにする。日常を豊かにするのは、非日常(余白)の時間をいかに過ごすか、なのではないか。揺蕩いながら、余白の時間を過ごす場所を建築する。

175 河合 容子 かわい ひろこ
関西大学　環境都市工学部　建築学科

防災地区ターザン計画
吉阪隆正にみる「スキ」のある建築
Y SD F

近代の建築は合理的で機械のような姿をしている。ターザンが横切る街並みには、人々に愛される可能性があるスキ(隙)がある。人のスキが入り込んだような「かたち」を生み出すことが、感情を持つ人間にとって必要不可欠な建築本来の姿だ。

177 櫻井 友美 さくらい ともみ
千葉工業大学　工学部　建築都市環境学科

CINEMACAVE
Y

映画と我々を結び付ける空間、シネマコングロマリット＝屋根部と地域と映画を結び付ける空間、シネマアグロマリット＝地下部の2つで構成される映画空間。2つの空間に接点を与えることで相乗効果が生み出される。

178 植月 京甫 うえつき きょうすけ
工学院大学　建築学部　建築デザイン学科

空間のコーディネート

服と建築の関係性は以前から注目されてきた。本設計では、服の「日常性」や「コーディネート」といった特徴を、「織る」「編む」という操作を通して建築に取り込み、日常生活と連動した建築を提案する。

179 谷越 楓 たにこし かえで
東北大学　工学部　建築・社会環境工学科

ほんやら洞
積雪荷重により変化する空間
Y

雪で埋もれて冬季に活用できない農用施設を、積雪荷重でたわむ格子状の屋根を中心にデザインし直す。夏は広く室内に風が通り、冬はヒューマンスケールの空間となる、雪国の特性を肯定的な構成要素とした新しい提案である。

182 稲田 浩也 いなだ こうや
京都大学　工学部　建築学科

銭湯的都市空間
様々な人が活動をし、その空間に居合わせる商業建築

物理的空間を通してパーソナル・スペースを「破り」、さまざまな人々が居合わせることで、人や環境の偶発的な出会いが得られる建築を提案する。

183 加藤 真璃子 かとう まりこ
日本女子大学　家政学部　住居学科

Plant Plant Plant
Y

人の生きる意味を考え続けた4年間だった。得た結論は、人は地球の一部であるということ。地球体としての子孫繁栄、持続可能な社会をつくることである。

184 田中 俊平 たなか しゅんぺい
東京造形大学　造形学部　デザイン学科

都市の超克と成長

 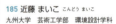

原爆スラムの解消のために、建築家、大高正人が設計した広島市の基町アパート。呼吸をするように周辺のプログラムや大地を吸い込み、住民の生活や都市を変化させる建築。大高が建築に残した遺言を再解釈し、この地区を新陳代謝させる計画。

185 近藤 まいこ こんどう まいこ
九州大学　芸術工学部　環境設計学科

鐵都市

転換アプローチによるコンバージョン(用途転換)により、地域の人々がこれまで忘却していたテクノスケープ(工業施設や土木構造物による景観)を見つめ直すことで、村民たちによって村全体が再構築され、村民のアイデンティティおよび資源循環システムが誕生する。

186 田渕 輝 たぶち ひかる
島根大学　総合理工学部
建築・生産設計工学科

共生への架橋
トニー・ガルニエ『工業都市』より
Y

土地の拡大とともに工業の合理化を図ってきた工業地域を、100年前、都市計画家のガルニエが唱えた「工業都市」を下敷きに、縮小時代に適した、工業地と街が共生する1つの「都市」として再考するための劇場計画。

187 江頭 樹 えとう いつき
　　阿南 朱音 あなん あかね
　　柳生 千晶 やぎゅう ちあき
早稲田大学　創造理工学部　建築学科

家跡の町
木質住宅過密地域における新しい継承のありかた

跡形もなく壊してしまうのではなく、家の骨格を残すことでさまざまな可能性を引き出す「家跡」を提案する。高齢化の進む地域に新たなつながりが生まれ、街が寂れることなく次世代へと引き継がれることを願って。

188 粟野 創 あわの つくる
関東学院大学 建築・環境学部
建築・環境学科

Layered Arena
都市型アリーナの提案

アリーナはその規模の大きさから郊外に立地している。そこで、アリーナを都市の一等地に建てることで、スポーツを中心とした都市を形成する。積層されたアリーナは、都市機能を纏うことで、都市の賑わいを可視化する。

189 山岡 恭大 やまおか やすひろ
名古屋大学 工学部 環境土木・建築学科

「ひとり」空間の創造
自己-他者の境界を表出させて意識の上に建築する

人が「都市」に集まると、同時に「ひとり」の状態が人に生み出される。そんな「ひとり」を肯定する空間はないだろうか。「野生」的な方法で創造した空間は必ず「都市のひとり」を癒してくれるはずだ。

190 泉本 淳一 いずもと じゅんいち
大阪大学 工学部 地球総合工学科

まちが避難解除されて一年　ぼくがまちと関わって半年

「まちのアイディア、かけがえのないものを共有できる空間」。この作品は、全く接点のなかった自分がこの街と関わってきた記録であり通過点でもある。また、この街に対しての決意にも似た自分の想いなのかもしれない。

191 畦上 駿斗 あぜがみ たかと
大阪大学 工学部 地球総合工学科

姫路市駅前町再編計画

本計画は、姫路城に至る大街路に隣接する商店街を含む街区の再編計画である。姫路城へのアプローチ空間としての顔と、既存商店街の活性化との両立を主眼とし、減築によって来訪者にとって魅力的な空間の創出を図る。

192 清水 伶 しみず れい
北九州市立大学 国際環境工学部
建築デザイン学科

影の領域
沖縄原風景との対話

沖縄の建築を作ることは影をつくることである。建築により均質化した通りから人々が解放される影をつくり、無限に多様な場をつくり出す提案。

193 塩真 光 しおま ひかる
九州産業大学 工学部 建築学科

水と共に生きる

2015年、平成27年9月関東・東北豪雨による洪水で甚大な被害を受けた茨城県常総市。「水害常襲地域」にもかかわらず市庁舎が水没し街全体が孤立した。再び起こるかもしれない洪水のために水害常襲地域における孤立しない市庁舎を提案する。

194 細野 拓哉 ほその たくや
東京理科大学 理工学部 建築学科

「間にある都市」の表現方法について
微細な都市から見えない纏まりを再定義し都市の描く余地を考える

「名もなき都市（都心の郊外）」の消失を止めることは可能か。強い特徴同士がぶつかる「差」ではなく、微細な個性が均衡を保つ「間」を探し、はっきりとは見えない都市を再定義する。これらは私たちが再び都市を描く余地となる。

196 藤本 佳奈 ふじもと かな
明治大学 理工学部 建築学科

昨日の拠り所
鉄道空間の潜在価値

今日の建築には、人が懐かしむ遺構物のような力はない。この力は、建築のデバイスとして使われていた電車という「場所」にこそある。日常の空白地帯に過ぎなかった鉄道体験を変え、将来、人々が懐かしさを想起できる「きっかけ」を提案する。

197 岡部 敬太 おかべ けいた
千葉工業大学 工学部 建築都市環境学科

まちの〇〇寺
白金台の子供・犬寺

日本全国にコンビニより多い寺を、都市のオープンスペースとして再考する。一例として、東京都港区白金台の瑞聖寺を「白金台の子供・犬寺」にし、その地域に合った新しい寺のあり方「まちの〇〇寺」を提案する。

198 鈴木 由貴 すずき ゆき
東京理科大学 理工学部 建築学科

触楽浄土
肌理のフロッタージュによる記憶の集積・千住柳原の高齢者施設

人は「触る」ことで、自分自身と世界の関係を紡ぎ出し、記憶する。建築をアウトラインとしてとらえるのではなく、部位ごとに独立したオブジェクト群と見做し、対峙する肌理への人の意識を促すことで、人々を触楽浄土へと導く。

199 岡本 結里子 おかもと ゆりこ
芝浦工業大学 工学部 建築・土木学群
建築学科

丸亀ぶうたんたん
商店街裏温泉計画

現代における癒しの空間は、高層ビルの立ち並ぶ都会にではなく、昔ながらの小さな店が並ぶ商店街にあるのがふさわしいのではないか。香川県丸亀市の中心地にある商店街の裏側に、癒しの空間である温泉を計画する。

200 青木 希 あおき のぞみ
工学院大学 建築学部 建築デザイン学科

一石の祈り
子どもたちが紡ぐ未来

この地では古くから石が子供の象徴とされており、子供たちの未来を祈願して作られた石積みがある。そこに社会的養護が必要な子供が自分の境遇を乗り越えていける、子供のための大家族住宅を提案する。

201 田中 勇気 たなか ゆうき
立命館大学　理工学部　建築都市デザイン学科

Biome
京野菜総合研究所

再整備化が進む京都の梅小路公園において、都市農業の研究開発・人材育成・交流創出・情報発信を目的とした、都市植物工場システムを備えた農業拠点を提案する。

202 安田 茉友子 やすだ まゆこ
立命館大学　理工学部　建築都市デザイン学科

「ti」縁
血がめぐり、地に根付く、新しい縁の社会

日本は深刻な血液不足を迎えている。そこで社会で集まった献血量を、人が誰かの命を思った「こころの量」ととらえる。さらに血と伝統の語源の「土」から導かれた「地の食」により、血が必要な人々に巡り、地に根付く新しい縁の社会を提案する。

203 小泉 菜摘 こいずみ なつみ
芝浦工業大学　工学部　建築・土木学群
建築学科

LINKING HOUSE
「ハコ」による住まいの転換

単身者世帯や高齢者、シングルマザーなど、生活上、他者とのつながりを求める人々が増えてきている。しかし、今の集合住宅は住戸ごとに閉鎖的である。団地をリノベーション（改修）し、人々がつながりを持てる街のような住宅を提案する。

204 木下 亮 きのした りょう
名古屋大学　工学部　環境土木・建築学科

Polaris.
おすそわけで繋がる、持続的発展を可能とした地域創生の提案

地域の産物を駅前に「おすそわけ」する。駅前という道標となる中心拠点と人々のつながりは、人とモノが行き交う流れをつくり出し、そこから広がっていくつながりは、生業や伝統の継承を促し、周辺地域に活気を生む。これは復興ではない、発展の物語。

206 熊坂 和則 くまさか かずのり
山形大学　地域教育文化学部
地域教育文化学科　生活環境科学コース

失明した文明
アンリアルなリアリティが現す、時代の表層

情報化が進行している現代社会は、私たちの生活だけでなく考え方までも変容させている。目に見えない情報構造が建築へと置き換わった時、私たちはそれをどう感じるのか。可視化から始まる建築と人間と情報のこれから。

207 北沢 汐瀬 きたざわ しおせ
日本大学　工学部　建築学科

Drift Park
人と落ち葉のサードプレイス

都内の戸建住宅街における公園の提案。地域の緑地から捨てられるはずの落ち葉を集め、腐葉土化することで公園内に微気候を生み出し、人の居場所をつくり出す。住宅街に居場所のない人と落ち葉のサードプレイス。

208 湯川 洸平 ゆかわ こうへい
首都大学東京　都市環境学部　都市環境学科
建築都市コース

「私」という家

「住まうことは、自分がどこに、いかに存在するかを知ることである」。建築批評家、クリスチャン・ノルベルク・シュルツは言う。自己という人の内面から住まうことをつくる。その家を、「私」という家、と呼ぶことにする。

211 鳥海 沙織 とりうみ さおり
東京理科大学　工学部　第二部　建築学科

糸雨と紙片
錦ヶ丘複合施設計画

空間：住民の交通や交流の拠点であり、街の顔の役割を果たす。家族世帯と、本と自転車に興味のある層をメイン・ターゲットとしている。
形態：全体が緩やかに傾いた薄い床を、無数の細い柱で支える構成である。

212 葛西 瑞季 かさい みづき
昭和女子大学　生活科学部　環境デザイン学科

回天する余白
都市部における高層ビルの建替計画

現代の日本では、都市に人口が集中し高層ビルが林立していることによって、都市部では平面的にも立体的にも建築が高密度化している。都市の余白を利用した建替え計画を提案する。

213 細浪 哲也 ほそなみ てつや
立命館大学　理工学部　建築都市デザイン学科

目であるく、かたちを聞く、こころで感じる

建築と人と文学の関係性に興味をもった。建築と文学の関係性だけに着目し、文学作品を建築化する方法を練習（エチュード）的に模索する。

214 堀金 照平 ほりがね しょうへい
東北工業大学　工学部　建築学科

すれ違う人々に「気づき」を
これからの都市の公共性

敷地は、東京の池袋、池袋西口公園広場の地上と地下。本計画は、現代の公共開発に対して、都市の権利を訴える計画である。すでに多様な価値観や行為が同居する都市の広場に、人々の要求に応えて現れる仮設の建築と、その要求を支える地下の準備施設と倉庫を提案する。

215 西田 安里 にしだ あさと
　　 渡邉 陽介 わたなべ ようすけ
早稲田大学　創造理工学部　建築学科

STOMACH COMPLEX

現在の映画館は、映画を観る空間と都市の空間があまりにも近い距離で隣接してしまっている。2つの異なる空間同士の軋轢が、映画のあり方すら変容させているのではないか。映画と都市を緩やかにつなげる映画館を提案する。

Y S

216 加藤 弦生 かとう げんせい
北海学園大学　工学部　建築学科

湯郷細解発
衰退した温泉街の再生

福島県の飯坂温泉には、乱開発によって廃墟化した温泉街の姿が残されている。旅館が集約して引き受けてきた役目を街に還元する。街と断絶した温泉旅館を細かく解きほぐし（分析し）、街とつなげる開発である。

224 福田 晴也 ふくだ せいや
日本大学　工学部　建築学科

眠らない水門
陸と運河の乗り換え口

東京の東雲水門を改築し、船着場と娯楽施設を導入する。1965年に竣工してから水を堰き止めてきた東雲水門は、街と市場、水と陸、豊洲と東雲、住民と観光客をつなぐ中枢となる。

217 澤田 悠生 さわだ ゆうせい
東京理科大学　工学部　第一部　建築学科

いままでのまち　これからのいえ

前橋市の商店街に、認知症の人々のためのケア環境を計画する。従来の均質的な治療を見直し、人々に多様性のある暮らしを実現するため、空き店舗や空き地を使って、古い商店街の「まち」を、認知症の人々の「いえ」へと変換する。

Y

226 矢尾 彩夏 やお あやか
　　木内 星良 きうち せいら
　　鈴木 奈実 すずき なみ
早稲田大学　創造理工学部　建築学科

Park(ing) city
建築の自動走行化による駐「者」場の提案

Y

未来の建築は自動走行するようになる。内向的になっていく東京、渋谷の営みを離散させることで、未来のボイド(空白)駐車場は時間単位でライフスタイルの変化に対応する。再び渋谷を雑多さがあふれ出る街にするための提案。

218 稲垣 知樹 いながき ともき
法政大学　デザイン工学部　建築学科

モヤイの航海
塩から始まる島の未来

Y S F SP

現在、日本に421島ある有人離島の内、約9割が人口減少にあり、中には、近い将来、無人化が懸念される島もある。島々のネットワークにまで広がる塩を通した人々の営みを再考することで、塩田が織りなす建築の可能性を提案する。

227 柳沼 明日香 やぎぬま あすか
日本大学　工学部　建築学科

アグリカルチャー・リサーチコンプレックスセンター
築地市場跡地計画として食文化発信施設群提案

和食の中心地として常に日本を支えてきた東京の築地市場。その歴史に幕を閉じ、築地から食の中心地が失われようとしている。本計画では新たな食の中心となる施設を築地市場跡地に設け、和食を発信、発展させる複合施設を提案する。

219 藤山 翔己 とうやま しょうき
日本大学　理工学部　海洋建築工学科

Update Offices
これからの働き方とオフィス街空間

ICT（情報通信技術）の進展や働き方改革により、既存のオフィスビルは時代遅れのものとなる。既存の賃貸オフィスの低層部を減築、増築することで公共空間を拡大し、これからのオフィスを再構築する。

228 西 昭太朗 にし しょうたろう
首都大学東京　都市環境学部　都市環境学科
建築都市コース

街を結わう桶酒蔵

酒造文化により発展してきた街、兵庫県の西宮。昔ながらの酒造と桶作りにおける職人技術の観点から酒造文化を再解釈することにより、文化の継承を行なう提案。

220 金井 里佳 かない りか
九州大学　工学部　建築学科

TOWN to town

ニュータウン造成によって生まれた急斜面地は、隣り合う2つの街を完全に分断している。不可侵領域として存在するこの場所に、街と街をつなぐ新たなコミュニティの提案。

230 中野 美咲 なかの みさき
大阪市立大学　工学部　建築学科

小さくて大きい

単一化された空間に、ひとまわり小さな単位の空間を交錯させる。それは、時に空間を分け、時に周辺環境を引き込み、時に空間を拡張させる。なくてもいいがあったほうがいい、そんな小さな余白が生み出す関係性は大きい。

223 姫野 晃一朗 ひめの こういちろう
東京理科大学　理工学部　建築学科

この世は舞台であり、
人はみなその役者にすぎない

人生という演目の1幕として起こる無数の「出来事」。本提案は、「建築」がその「出来事」の輪郭を構成し、無数の「出来事」を創出する役割を持つものであるという可能性を「劇場」になぞらえて追求したものである。

Y S

231 朝永 詩織 とものが しおり
大阪工業大学　工学部　建築学科
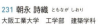

重なりゆく空間
Hamamatsu Music Inovation Platform

集積した仮想境界による多義的な空間をもとに、人々の主体性を引き出し、さまざまなアクティビティ(活動)を許容するような多義的な解釈を持ち合わせた空間群としての建築を提案する。

233 有吉 泰洋 ありよし やすひろ
東京理科大学 理工学部 建築学科

墻・壁
多文化共存を多文化共生に

異文化に対する偏見と不理解により、異なる文化の人々の間に無形の墻壁(しょうへき)が生じ、グローバル社会における多文化共生の実現を妨げている。これは多文化共生社会の形成を促進するための設計である。

234 龍 駒敏 りゅう くびん
名古屋工業大学 工学部 第一部
建築・デザイン工学科

水と共に生きる
分散型インフラを核としたコミュニティの提案

集中型インフラにより乖離した生活と水と人を、植物浄化という分散型インフラで再びつなぎ合わせる。敷地は熊本県南阿蘇村。生業と一体となるインフラを挿入し、新しいコミュニティ、現代的な生活を提案する。

236 山口 裕太郎 やまぐち ゆうたろう
東京工業大学 工学部 建築学科

旅路を知る場
SAと漁港の複合提案

近年、単なる休憩施設から活気のある場へと変化している、自動車高速道路のサービスエリア(SA)。そこに漁港という地域ならではのコンテクスト(背景)を複合させ、新たな形態のサービスエリアを提案する。

237 川島 達也 かわしま たつや
首都大学東京 都市環境学部 都市環境学科
建築都市コース

ニュータウンで、生きる

東京の多摩ニュータウンでは、歩車分離の計画によって生まれた斜面「ぶあつい境界」が、人々のエリアと交通のエリアを分断している。この境界上に、人口減少時代の人々の居場所となるとともに、移設・合体によってなくなった多くの建物の記憶を集積する小さな交通拠点を提案する。

238 長根 乃愛 ながね のあ
東京大学 工学部 建築学科

阿佐ヶ谷住宅再計画案
(Y)

建築家、前川國男による集合住宅が解体され、跡地には空虚な豊かさを備えた高級集合住宅が建った。歴史・文化的な価値は継承されなかった。そのため過去のモノではない幻影、雰囲気の部分を強く表現する再計画案を考えた。

239 細谷 メリエル ほそや めりえる
京都造形芸術大学 芸術学部通信教育部
デザイン科 建築デザインコース

キメラ建築の生成
名作住宅の建築的操作のデータバンク化を基にした建築設計
(Y)(S)

これから創造すべき新しい建築は、体系化された建築的操作を配合することにより生成されるのではないかと考える。名作住宅の建築的操作を収集して体系化し、それをもとに配合を繰り返し、まだ見ぬ建築を生成する。

242 奈木 仁志 なぎ ひとし
大同大学 工学部 建築学科

知と地の巡環
メガフロートの保小中一貫校で沖島を活性化する
(Y)

過疎化が進む、滋賀県の琵琶湖に浮かぶ沖島。ここに、若者を引きつけ育てる場としての、保小中一貫校を新設する。湖の上を移動するメガフロートの上に建ち、変化するこの学校は、湖、島を巡り島の新たな地域拠点となる。

243 福井 美瑳 ふくい みさ
富山大学 芸術文化学部 芸術文化学科

コの器
個と孤の社会×まちを纏う器

多様化する「コ」を考える。「戸」の中で「個」となる人々、「故」ゆえに「孤」となる人々……。これは集合する居場所の提案。「居する領域を汲む器」と「零れる生活」によって、やっと建築となる。

244 小西 隆仁 こにし たかひと
千葉大学 工学部 建築学科

川辺の民になる

治水事業や住宅街の集団退去によって、人々は川に近づくきっかけを失った。魅力を持て余した川辺に、地域の養殖場やレストランといった機能を集約する。川辺の猛威と恵を知り、私たちはもう一度、この場所で、川辺の民になる。

246 杉本 晴香 すぎもと はるか
工学院大学 建築学部 建築デザイン学科

うつろう情景
自然を纏い、記憶を繋ぐ建築

建築を取り囲む環境とともに移ろい変化していくシステムを計画する。自然環境を理解することで生態系との共生を図り、減築や増築を経て実現した周辺環境と共生する建築が、世代を超えた人々の居場所となることを期待する。

247 大野 翔馬 おおの しょうま
工学院大学 建築学部 建築デザイン学科

都市に残る酒蔵
(Y)

昔から地域の中心であり、設備環境では最先端をいく酒蔵。消費と生産が資本主義によって分断され、人々は酒蔵の存在を感じずに、ただ酒を消費し酔う。そんな消費都市に、地域の関係性をつくる新しい酒蔵の姿を提案する。

249 木下 規海 きのした のりみ
慶應義塾大学 理工学部
システムデザイン工学科

身体投影夢幻遊戯
宮本武蔵の身体性を空間化することは可能か

今はなき身体的感覚、文化的性質を持った空間を建築化することで、現代の日本人が失った感覚、他者との距離を改めて定義する。

250 渡辺 琢哉 わたなべ たくや
東北工業大学 工学部 建築学科

祭りに触れる隙

街の中で偶然に生まれる空き地や駐車場などの「隙」空間。そこは、時には祭を受け入れ、また、ある時は子供の遊び場として機能する。「隙」空間の形状から生まれる、人と衰退する祭をつなぐ場としての建築。

252 金井 亮祐 かない りょうすけ
日本大学 理工学部 海洋建築工学科

死離滅裂
死者と自然と生きる都市

土地の記憶を消してしまう建築の建て方は間違っている。これからの時代は、多くのものを自然に還していくべきだ。ゼロからではなく破壊から建築を生み出す。人々に自然の恐怖を、死の身近さをこの建築は教えてくれる。

253 松本 悠以 まつもと ゆい
滋賀県立大学 環境科学部
環境建築デザイン学科

工自混同

断絶した生活空間と工業地帯をつなぐ建築を提案する。敷地内に存在する水引工場と公園内の丘を起点に2つのチューブを編み込むように建築を構成する。そして、多様な半屋外空間が人々の居場所を創出する。

254 酒井 禄也 さかい ろくや
信州大学 工学部 建築学科

Market Innovation
繋がりを生む新たな中継点の提案

近年、市場外流通が拡大し、市場の価値が失われている。そこで市場を改修し、街に開く。市場は青果を中継するだけでなく、街と市場、都市と地方、人と人とをつなぐ新たな拠点へと変化し、市場と周辺地域は再び新たな価値を持つ。

256 西村 陽太郎 にしむら ようたろう
東京工業大学 工学部 建築学科

街の虚像

統一感のない雑多な街並み。醜くもあり、美しくもある、それらを描く。人にとって新しい発見や交流をもたらす、素材が主役の建築空間になる。既存の都市を反映した、空間創造の1つの解として提案する。

258 齋藤 秀 さいとう すぐる
東北工業大学 工学部 建築学科

街を紡ぐマーケット
その街らしさを紡ぐ都市での新しい暮らし

都市の中のバラバラで互いに関わりがないものや人々、街にもともとある大きなvoid(空白)と通りを引き込みながら新しい中心をつくる。そこは、街の新しいアイデンティティとなり、人々の生活感が外にあふれ出す暮らしがその周囲に広がっていく。

261 服部 絵里佳 はっとり えりか
横浜国立大学 理工学部
建築都市・環境系学科

日本平丘陵都市計画

地方都市の地域拠点の存在意義を変えるべく、土地に残る歴史文化や自然美を後世に伝え、体験的に学ぶための複合施設を構想。地域住民の憩いの場所として土地に馴染んでいく建築のあり方を提案する。

262 渡邊 望 わたなべ のぞみ
信州大学 工学部 建築学科

明日の廃墟

廃墟化した遊園地。今もまだ残るアトラクションの造作物の数々は、時間の経過とともにその土地に根付くことになる。意味のなくなったそれらを活用することで、人々を無意識的に縛られている建築のプログラムから解放する。

265 奥山 晃平 おくやま こうへい
東北大学 工学部 建築・社会環境工学科

和風解体新書

現代の建築的な和風とは、障子や畳などの部品によって人々に認識されていて、そこには日本的な空間性が含まれていない、と考えられる。そこで、日本的な空間性を探ることにより、現代にあるべき建築的な和風空間を見つけていく。

268 筒井 魁汰 つつい かいた
東京都市大学 工学部 建築学科

ラングとパロール

「ソリッド・オブジェクト」に覆われた都市、窮屈な「ラング」の重層への警鐘。「ソリッド」の解体、ブラックボックスの解放から、立体的な「ポーラス」として浮かび上がる都市を提案する。そしてこの中では多種の「パロール」が活きる。

269 北村 政尚 きたむら まさなお
大阪大学 工学部 地球総合工学科

6話の狩猟物語

中山間地域を悩ます獣害。山地に立つ木造建築の解説をもとに、山地に立つ建築と害獣が共生するための手法を明らかにし、それらをもとに獣害対策の一助となるシシ垣と狩猟施設の融合を考える。人と獣の境界となる境界建築がつくり出す6話の狩猟物語。

272 斉藤 知真 さいとう ちま
信州大学 工学部 建築学科

133

継鐘の小径
鐘つきの文化継承がもたらす境内のウラミチ

金沢市の寺町寺院群には、かつて時を告げる鐘の音が鳴り響く文化があった。今、鐘の撞き人は減少し、寺と町の関係性も希薄になっている。そこで、寺町の象徴となる地域活動に関わる新たな鐘楼を3つ設計し、寺の境内空間に再編をもたらす。

273 能村 嘉乃 のむら かの
京都工芸繊維大学　工芸科学部
造形科学域　デザイン・建築学課程

こどもたちの場

日本には「生命を脅かされる病にある」子供が約2万人とも言われる（2014年、TURUMIこどもホスピス調べ）。難病の子供たちがその子らしく過ごせる場となる「こどもホスピス」。そこに地域の子供が利用できるこども図書館を融合させる。子供たちの自由に振る舞う風景がそこに広がる。

274 福永 有花 ふくなが ゆか
東京理科大学　理工学部　建築学科

0.15の境界

東京の生活では、人々は多くの時間を移動に費やしている。東京に張り巡らされた鉄道の線路を環境ととらえ、電車が通り過ぎる「まち」との関係を考えた。

277 井嶋 裕子 いじま ゆうこ
桑沢デザイン研究所　昼間部
スペースデザイン科

はじまりとおわりのじかん

生者と死者のつながりは、生者と生者のつながりによって後世へと引き継がれる。家族のつながりが希薄化している今、他者を巻き込み引き継いでいかなければいけない。他者同士が家族のようになれる群居を提案する。

280 谷浦 脩斗 たにうら しゅうと
北海学園大学　工学部　建築学科

風景と生きる

敷地は北海道の北の海に浮かぶ利尻島。漁業が盛んなこの島に漁師と島民、島外の人々をつなぐ集落を築く。屋根が折り重なる集落では、漁師たちの各々の生活の気配が周囲ににじみ出し、賑わいのある新たな風景をつくりだす。

281 岩木 智穂 いわき ちほ
北海学園大学　工学部　建築学科

解体の庭
家の集合体から部屋の集合体へ

Y S

1住戸1家族の仕組みが崩壊し、空き家の発生により、近隣の人との関わりがなくなっている。家単位から部屋単位へ、景観を壊さずに住区画の内側から「居ながら改修」を行なう。既存の部屋は離れとなり、解体された場所は新たな住人との関わりの場となる。

282 松井 勇作 まつい ゆうさく
日本大学　生産工学部　建築工学科

共創街彩

780年とも言われる刃物の歴史を誇る岐阜県関市。街には多くの工場が存在しているが、街に対して閉鎖的な空間である。閉鎖的な工場を街に開き、人々の活動場所と共存させ、新たな街の風景をつくる。

284 遠藤 大輔 えんどう だいすけ
名古屋工業大学　工学部　第一部
建築・デザイン工学科

鳥の栖
人と野鳥のアーケード

「九州の陸路交通の要衝」として知られる佐賀県鳥栖市。その発展の中で、街の中心から消えつつある「鳥の栖（すみか）」の風景。そこで、地名の由来の風景を顕在化し継承する建築の提案。

285 長家 徹 ながいえ とおる
九州産業大学　工学部　建築学科

残郷がこだまする
人々の対話を機能とする建築

Y

疑問を持たずに発展し続ける現代社会の荒波は、私の故郷、青森県弘前市にも押し寄せる。自分の欲望をただ叶え続けてくれる社会は、本当に豊かな社会と言えるのだろうか。孤独を抱え始めた市民にはまだ、手間を惜しまない習慣があった……。

286 工藤 滉大 くどう こうだい
芝浦工業大学　工学部　建築・土木学群
建築学科

清澄の散策路

通過動線でしかなくなった現代の橋を、昔のように多様性や賑わいのあった場所に戻す。2つの地域、陸上と水上、人と人の結節点となるような建築を作りたい。

287 小野 裕介 おの ゆうすけ
慶應義塾大学　理工学部
システムデザイン工学科

都市を縫う駅
地形の延長としての立体交差

日常に埋もれた都心のローカル駅において、重層するインフラを結ぶ計画。さまざまなスケールのものや動線が立体的に混ざり合った空間は、人々が日常とは少し違うものに出合う場として、日常の中に存在する。

288 金田 駿也 かねた しゅんや
首都大学東京　都市環境学部　都市環境学科
建築都市コース

淵源の壁
Provenance Wall

愛知県の半田ソーラー発電所。かつて空襲で大きな被害を受けた場所にある。しかし、約270万m²の面積の太陽光パネルが覆うこの敷地からは、土地の記憶が窺えない。これは記憶をつなぎ、人をつなぐ、人の居場所を取り戻していく提案である。

289 髙岡 遥樹 たかおか はるき
日本福祉大学　健康科学部　福祉工学科
バリアフリーデザイン専修

界隈をつなぐチカミチ
エスニック・タウンの再定義

街同士があらゆる交通でつながることで都市の可能性が広がる現代。そのシステムにより、都市空間構築により分断された地域同士を地下道でつなぐ。すべての人が境界なく生活できる新たなエスニック・タウンを提案する。

290 大井 彩有里 おおい さゆり
芝浦工業大学　システム理工学部
環境システム学科

商店街÷美術館
商店街におけるアーティストとの寄生生活

店舗の住宅化や高層マンションの介入により、街並みの連続性が失われた商店街。旧・建築基準法で建てられた店舗の間口は非常に広く、隙間が少ない。隙間をつくり、空間を商品化することで、住民間のコミュニケーションを創発する。

291 巽 祐一 たつみ ゆういち
慶應義塾大学　理工学部
システムデザイン工学科

変貌する建築、標榜する広場
健康的民主主義国家を目指して

経済的に成熟した日本では社会に対する国民の不満も少なく、メディアが伝えるのは政治のゴシップ:ネタばかり。日本全体が政治そのものに無関心になってしまった。政治を可視化した建築と政治に対して国民の主体性を喚起する舞台をつくる。

293 河野 祐輝 こうの ゆうき
芝浦工業大学　工学部　建築・土木学群
建築学科

積土成山
残土を用いたサードプレイス的複合施設の提案

建設工事や土木工事の際に建築副産物として発生する残土を、建築という形で都市に還元する。再開発される地域に、残土を用いた新たなサード・プレイス的複合施設を提案する。

294 杉谷 剛弘 すぎたに たけひろ
名城大学　理工学部　建築学科

Feed Forward
風土を育む建築的災害レジリエンス

民俗学の視点から敷地を調査して見えてきたものは、自然災害と信仰の関係であった。非常時に人の身体を守り、常時は地域の拠点となる、宿泊機能を持つ公共空間を提案する。原始から学び、現代における建築の本質を問う。

296 白石 カヤ しらいし かや
芝浦工業大学　システム理工学部
環境システム学科

無宗教の肖像
MUSYUKYO PORTRAIT

Y　S

「選択なしの無宗教」はその特性ゆえに宗教施設を持たず、必要となれば他宗教から借りるといった具合である。宗教性を感じさせない、自然に生まれたかのような無宗教のための宗教施設を設計する。「建築は宗教だ」。

297 藤城 太一 ふじしろ たいち
名城大学　理工学部　建築学科

大学都市をつくる複合交通施設

郊外の大学において大学関係者と地域住民をつなぎ、大学都市を形成していくための複合交通施設。キャンパス内に小さな街をつくり、その上に、かつて大阪の千里丘陵にかかった大阪万博の大屋根を再現する。

298 吉村 孝基 よしむら こうき
大阪大学　工学部　地球総合工学科

そっと都市に水を注げば
銀座における水都の再構

東京、銀座の暗渠と化した三十間堀川に再び水景をつくる。新たな装置として圧縮された自然を配置することで、水辺を蘇らせ、自然と銀座の関わり方を問い直す。

299 石井 結実 いしい ゆうみ
慶應義塾大学　理工学部
システムデザイン工学科

アサクサノクボミ
浅草における半地下街計画

東京、浅草寺に隣接して、観光客・地元住民・ビジネス客向けの複合施設を計画する。地下を掘り下げることにより、敷地は襞のように表面積を広げていく。本建築は、表面積から生まれる空間の活用と、庇の可能性を追求した。

301 熊村 祐季子 くまむら ゆきこ
昭和女子大学　生活科学部　環境デザイン学科

花葬壇地
生と死の共存

少子高齢化を経て多死社会を迎えることとなる日本において、都市の中で時代に取り残された「生」と「死」を象徴する団地と墓地を、「花」と「根」をコンセプトに再構築する。

302 入部 寛 いりべ ゆたか
東京理科大学　理工学部　建築学科

町に咲く産業の塔
亜炭鉱跡における醸造所の提案

Y

岐阜県御嵩町。この街の地下には亜炭産業による空洞が残っている。その空洞に醸造所を挿入することで地盤を補強し、新たな産業をつくることで街に賑わいをもたらす。産業の遺産を活用し、後世に歴史を伝えていく。

303 山本 帆南 やまもと ほなみ
名城大学　理工学部　建築学科

相対する指標
茶室的構築により現代建築を再構築する

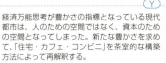

Y

経済万能思考が豊かさの指標となっている現代都市は、人のための空間ではなく、資本のための空間となってしまった。新たな豊かさを求めて、「住宅・カフェ・コンビニ」を茶室的な構築方法によって再解釈する。

306 大杉 亮介 おおすぎ りょうすけ
千葉大学　工学部　建築学科

囲郭の奥

迷路とは、私たちを無意識にひきつける「奥性」を志向する空間である。本来は明解性を重視する商業施設を壁の操作により迷路化することによって、そこで人は偶然の出会いを求め、巡る行為それ自体を楽しむ。

308 瀬下 友貴 せしも ゆうき
東京理科大学　工学部　第一部　建築学科

空白を紡ぐ街上都市
(Y)

東京の高密度な都市の代名詞「銀座」に、ブロック状の大型複合商業施設が建てられ、伝統的な建物の形が失われていく。都市の上部に「服」を彷彿とさせる空間をつくり、過去の建物をやさしく守りつつ、未来への新たな複合施設を提案。

309 汪 芸佳 わん げいか
慶應義塾大学　理工学部　システムデザイン工学科

となりのミニダム
(Y)

木造住宅密集地域に小さな防災拠点であるミニダムを提案する。ダムという見えない巨大設備から身近なミニダムに、インフラを細分化する。雨水を貯え、構造と設備が一体化したシステムをつくり出す。

310 中村 靖怡 なかむら やすえ
芝浦工業大学　工学部　建築・土木学群　建築学科

振る舞いを紡ぐ
変わりつつある商店街の未来
(Y)

観光地化によりテーマパーク化が起こる街にとって、住民の生活と観光は対立する問題としてとらえられることが多い。住民と外部資本と観光客の振舞いを調査し、互いに寄り添うことで観光地の新たな形を提案する。

311 石井 康平 いしい こうへい
千葉大学　工学部　建築学科

いまのカタチ

老朽化した公共施設にはこれから改修や建直しが必要だが、社会構造や市民のニーズは建設当時とは異なる。そこで、今の公共施設のニーズに応えたカタチを提案する。

313 漆畑 幸樹 うるしばた こうき
信州大学　工学部　建築学科

家具と建築のあいだ
(Y)

入力される「かち」から生成される「かたち」から発見される「かち」から新たな「かたち」を生成する。

316 吉川 新之佑 よしかわ しんのすけ
慶應義塾大学　環境情報学部　環境情報学科

SPACE for SPACE
宇宙環境と居住空間
(Y)

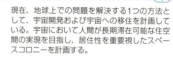

現在、地球上での問題を解決する1つの方法として、宇宙開発および宇宙への移住を計画している。宇宙において人間が長期滞在可能な住空間の実現を目指し、居住性を重要視したスペースコロニーを計画する。

317 鶴田 叡 つるた あきら
東京都市大学　工学部　建築学科

私たちの居場所

墓地や寺社の存在意義は、死者を追悼するためだけではない。生者が死者と再会することによって皆で楽しむ場所でもある。死者との再会の場を、都市における生活に再統合する提案。

320 盛田 瑠依 もりた るい
東京理科大学　理工学部　建築学科

ふるまいを纏うマンション
都市におけるオープンスペースの再考

マンションの廊下という、建物の主要採光面に利用されていない壁面に対する提案。多様な空間が広がる都市の裏側に対して、周囲へあふれ出す住民の所作をもとに新たなコミュニティの創出を狙う。

321 樋渡 聖 ひわたり ひじり
近畿大学　建築学部　建築学科

アジアンタウン構想
移民2000人の営みでできた建築
(Y)(S)

移民をテーマに卒業設計を行なった。計画敷地は東京の新大久保地域。昔からコリアンタウンとして有名であり、近年はアジア各国からの移民が集まりつつある地域に、移民の器となる建築を提案する。

322 本田 偉大 ほんだ たけひろ
日本大学　理工学部　建築学科

アニメソッドのすゝめ

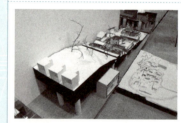

更新を控える学校建築。子供たちの「動き」に着目するアニメーションのメソッド(方法)を使い、物語を紡ぐ小学校が立ち上がる。

323 畑崎 萌笑 はたさき もえみ
関西大学　環境都市工学部　建築学科

共鳴都市三宮
言説的都市から詩的都市へ

兵庫県神戸市、6つの三宮駅を含む250m圏内の都市再開発計画。リズムをキーワードとして、詩のように共鳴する体験のできる街を目指す。

325 石井 一貴 いしい かずたか
京都大学　工学部　建築学科

話クワッティ

場所を方言から知る。沖縄でこの思想が必要である。

330 笹谷 匠生 ささたに たくみ
関西大学 環境都市工学部 建築学科

廃屋の記憶

瀬戸内の島にて、人口減少とともに残された家々について考える。

331 島田 広之 しまだ ひろゆき
大阪市立大学 生活科学部 居住環境学科

切断され、更新する商店街

廃れた商店街の建築群を切断し、シェアハウスを中心とした生活の場へ更新する。商店街は、小さな要素の集積に分解され、個々の生活が絡み合う、1つの大きなシェアハウスへと変化する。

332 中島 生幸 なかしま たかゆき
九州大学 芸術工学部 環境設計学科

壁間の棲家

家を「つくる」のではなく「買う」ことが主流になっている現代。ヒトの本能に従うのであれば「家づくり」は誰もがやりたいことのはずだ。みんなが気軽に楽しむことのできる新しい「家づくり」を提案する。

333 丸山 郁 まるやま かおり
愛知淑徳大学 メディアプロデュース学部
メディアプロデュース学科

つなぐ
カコとイマをつなぐ美術館の設計提案

近年、シャッター通り化する商店街が増え、和歌山市のぶらくり丁商店街も昔の賑わいを失っている。そこで、ここに和歌山のシンボルとなるような美術館を挿入して再び人々の注目を集めることで、過去の賑わいを今につなぐ。

334 岡崎 雅 おかざき もと
帝塚山大学 現代生活学部
居住空間デザイン学科

ひゅーがもん
踏襲と継承

福岡市の屋台の実測調査から「屋台らしさ」の要素を見つけ、それを残しつつ、新たな屋台を作る。屋外で客が調理場を囲んで食事するという特殊な空間を継承した新しい屋台を提案する。

337 橋元 一成 はしもと いっせい
東京都市大学 工学部 建築学科

あるもの、なかったもの。
これからの雑賀崎

和歌山県の雑賀崎漁村において、「アルベルゴ・ディフーゾ」（地域で営む宿泊施設）が行なわれた際、雑賀崎を訪れた人々に、雑賀崎の歴史や、文化、景観がさらに伝わるように、資料館・テルマエ・レセプションを提案する。

338 木下 義浩 きのした よしひろ
東京理科大学 工学部 第一部 建築学科

Incubation Terminal
都会から農村へと向かう中継所

移住者に対してのインキュベーション（事業の創出や創業を支援するサービス、活動）の拠点を提案する。この地への移住を志す人たちが集い、自然や地域とのふれあいを体感し、そして田舎へと旅立つまでの過程を設計する。

340 鳥羽 慶征 とば よしゆき
東洋大学 理工学部 建築学科

終末に生きる

社会から居場所を失っていくモノたち。居場所を失ったモノたちが自分たちの居場所を守るため、つくるため、すべてのモノを受け入れるマチをつくる。そのマチでモノは生きて逝く。

342 本野 晴也 もとの はるや
愛知淑徳大学 メディアプロデュース学部
メディアプロデュース学科

hospital=complex

人が必ず世話になる病院建築を再考する提案。病院の過剰な機能をテーマに、機能のカタマリと化した病院にメスを入れ、再構築することで、あらゆるビルディングタイプが集合した複合施設のような構えとなった。

343 伊藤 昌志 いとう まさし
東京理科大学 理工学部 建築学科

下町ローライン
高架下空間の提案

長年、駅の高架化計画が挙げられている東京の京成高砂駅は、街の中心であると同時に、交通の要所でもある。巨大な高架が街に与える悪影響を、人間に近い建築的スケールを使った工夫によって和らげ、駅が街と一体となって街に開いていくような空間を提案する。

344 寺田 遥平 てらだ ようへい
前橋工科大学 工学部 建築学科

野島掩体壕博物館
山に刻まれた戦争遺産は再生する

太平洋戦争末期に建設された戦争遺産、横浜市にある野島掩体壕。戦後70年が経つ。人々が、掩体壕をきっかけに改めて戦争について考え直す場を提案する。

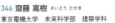

346 齋藤 高樹 さいとう たかき
東京電機大学 未来科学部 建築学科

浦賀再賑
産業の抜け殻の再編で描く未来の浦賀

かつて造船で栄えた神奈川県の浦賀では、現在は使われなくなった造船工場跡地によって海が完全に見えない。海が近くて遠い、そんな浦賀の未来を考える。浦賀の未来は再び海に開かれるべきである。

Y

347 原 寛貴 はら かんき
東京電機大学　未来科学部　建築学科

創作の街に住まう

商店街に作品や商品の並ぶ見世の部分だけでなく、製作や生活の様子が感じられる住職一体のクリエーター向けの集合住宅を作り、入居者の活動を中心とした新たな地域コミュニティづくりを提案する。

348 川村 修平 かわむら しゅうへい
東京理科大学　理工学部　建築学科

漁村スラムノ築キカタ

スラムの建築に可能性を感じている。生活、生業、土地、生態系が絡まり合うような風景。2016年エクアドル地震被災地の漁村スラムにおいて、トップダウン的ではない、生業と空間性を保持したスラムの再建を試みる。

Y S

349 筒井 伸 つつい しん
信州大学　工学部　建築学科

城から人へ

兵庫県にある姫路城の裏手にあり、土塁と堀に囲まれたこの場所は、時代の流れとともに変わりゆく周囲の街に取り残され、機能を失ったまま時が過ぎた。城のためにつくられた場所を人のための場所として、この場所にもう一度役割を与える。

350 松本 健一郎 まつもと けんいちろう
大阪大学　工学部　地球総合工学科

町の結び場
祖父の家を解き結び直すこと

祖父が亡くなり、人が住まなくなった祖父の家はこの春から学童保育所として使われる。祖父の家は、「町の結び場」へと変わり始める。

351 鈴木 康平 すずき こうへい
青山製図専門学校　インテリア学部
インテリア工学科

ひしめく空箱
市庁舎跡地活用と都市緑化から試みる市街地活性化

岐阜市街地の中心部に位置する現・市庁舎跡地が対象敷地。人々の多様な活動を受け止める公園のように、都市に開かれた劇場空間を提案する。そして、周辺施設との関係、広場の特性を活かしながら、中心市街地の活性化を考える。

352 松本 健太郎 まつもと けんたろう
信州大学　工学部　建築学科

新宿ゴールデン街保存計画

東京、新宿ゴールデン街の持続可能な保存計画を提案する。ゴールデン街の複雑な人間関係を根底で維持するシステムとして、複雑な土地の利権関係に注目した。利権関係を維持しながら、新宿の街と共生するシステムを設計した。

355 加藤 嵩貴 かとう たかき
　　大山 周吾 おおやま しゅうご
早稲田大学　創造理工学部　建築学科

継承する建築
「學(まなびや)」から「社(もり)」へ

「道の建築化」と「空間の神聖化」によって「古代から100年先を見通した次世代に継承する建築」を設計する。

356 内藤 杏美 ないとう あみ
武庫川女子大学　生活環境学部　建築学科

Windscape Architecture
風の空間変容体

建築空間が風のように軽やかで、時に移ろう状態になるWindscape Architectureを設計した。それは、建築空間の従来のつながりや関係性を変え、新たな都市の交流の場であるイベントスペースとなる。

359 鈴木 貴晴 すずき たかはる
慶應義塾大学　環境情報学部　環境情報学科

建築の生命化

Y S F N

人工的な生命体の中に建築のアクティビティ(活動)が入ることで、自然環境そのもののように自律的に移ろう建築を思考した。アップデート、進化、情報空間、作品を通してデジタルデザインによる建築の可能性を考えたい。

360 渡辺 顕人 わたなべ けんと
工学院大学　建築学部　建築デザイン学科

心象の庭

Y

単身者のための住まいを設計した。都市と住宅の境界が曖昧で流動的になっている現代において、各々が自身の領域を自由に定義することのできる住宅である。建築が存在してはじめて、生まれてくる「働き」を信じようとした。

361 百武 天 ひゃくたけ てん
　　大木 玲奈 おおき れいな
　　路 越 ろ えつ
早稲田大学　創造理工学部　建築学科

嶽(ガク)
富士山をリノベーションする

Y S F

これは富士山のディテール(細部)から富士山全体を揺るがす物語である。

363 山本 黎 やまもと れい
明治大学　理工学部　建築学科

祀りのために pour la fête
誓いを祝う空間と、故人を偲ぶ空間

瀬戸内海に浮かぶ犬島の地域資源が、人が生きるための儀式によって再発見される。新しい世代を迎えて島が持続する。

364 三浦 健 みうら けん
京都大学　工学部　建築学科

台風の目
地方中心市街地における新たな公共インフラストラクチャーの提案

さびれゆく前橋市の中心市街地に、広場を内包した公共インフラストラクチュアを挿入することで、新しい風景をつくる。

365 太田 孝一郎 おおた こういちろう
東京理科大学　理工学部　建築学科

記憶の紐帯
Ties of memory

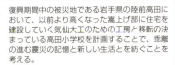

復興期間中の被災地である岩手県の陸前高田において、以前より高くなった高上げ部に住宅を建設していく気仙大工のための工房と移転の決まっている高田小学校を計画することで、乖離の進む震災の記憶と新しい生活とを紡ぐことを考える。

369 齋藤 隼 さいとう しゅん
　　　斉吉 大河 さいよし たいが
　　　小嶋 諒生 こじま りょうせい
早稲田大学　創造理工学部　建築学科

呼応する逆旅

旅館という宿泊施設を、パブリック・スペースとプライベート・スペースの関係性から再構築する。

375 高橋 遼平 たかはし りょうへい
東京理科大学　理工学部　建築学科

Happy End

かつてその場所にあった風景、行為、モノが人々の心の中に刻んだ思い出は、産業廃棄物として埋められてしまう。それらを再び、新たな形や空間体験として地上へと呼び戻す建築を紡ぐ物語。

377 山本 生馬 やまもと いくま
東京電機大学　未来科学部　建築学科

情報過多の時代を生き抜くために
現代版最小限住宅について考える

僕の提案するものは、現代社会にあふれている情報を自ら取捨選択できずに苦しむ現代人が豊かな生活を送れるように、自らの力で情報の取捨選択ができる住宅である。これは居住者にとって、必要最小限の情報のみが入ってくる、いわば情報最小限住宅である。

378 深津 聡 ふかつ さとし
明治大学　理工学部　建築学科

根付く居場所
品川宿におけるパブリックスペースの在り方

高齢化による一人暮らしや空き店舗の増加により、失われた地域商店街のコミュニティ。商店が有する機能を来訪者に開放し、来訪者と地域住民が互いを意識しながら共存できるパブリック・スペースを提案する。

382 矢島 俊紀 やじま としき
東京電機大学　未来科学部　建築学科

街を更新するヴォイド・エコロジー

ニュータウンの造成とともに生み出された紋切り型の住宅群。しかし街は、社会背景に応じて建築の隙間を埋めながら更新されてきた。そして、住宅内部がボイド（空白）化する今、郊外におけるボイド・エコロジーを設計する。

383 田中 一輝 たなか かずき
大阪大学　工学部　地球総合工学科

on(in) the borderline
行徳国際交流センター

千葉県市川市行徳にある、水路に挟まれた7m×400mの細長い敷地の中で、歴史と現在、そして異文化が融合、交流するような建築を考えた。

384 湊崎 由香 みなとざき ゆか
東京藝術大学　美術学部　建築科

3+1町家
地方中心市街地における町家の再編

かつて城下町として栄えた福島県白河市の旧・奥州街道に、街に埋もれた職人を招集する町家を提案する。4間の敷地割りを3間＋1間ととらえ直し、複数の町家を左右につなぐことで、新しい職住一体型の暮らしをつくる。

385 丸山 泰平 まるやま たいへい
法政大学　デザイン工学部　建築学科

SMART MOBILITY CITY
パーソナルモビリティと建築の複合

交通システムの発展が今後の建築のあり方を変えると予想される。また自動車のEV化が進めば、蓄電池は多様な目的に利用可能となる。こうした背景からパーソナルモビリティ（次世代小型電動自動車）がビルトインされた新しい建築の可能性を提案する。

386 東角井 雅人 ひがしつのい まさと
日本大学　理工学部　海洋建築工学科

pray
都市に潜む教会

生きるということは、祈ることだ。街は呼吸し、人々の生活は豊かになる、都市における教会のあり方。

387 東瀬 由佳 とうせ ゆか
東京都市大学　工学部　建築学科

記憶の継承
産業遺産の再生と死者への寄り添い (Y)

火葬場は死に寄り添う場である。採掘所は死んでいる。両者には「生」「死」の関係性があり、それによって各空間を構成している。私は「生の軸」「死の軸」のシークエンス（連続）を設計した。そこは死を再構築化する想いの場である。

388 池田 匠 いけだ たくみ
工学院大学　建築学部　建築デザイン学科

送材所
家墓という文化創造

愛情がなくなり忘れ去られ、廃墟と化した空き家が存在していることに問題意識を持った。製材所、墓所を備えた送材所を計画する。人が愛情を持つ間に家をたたみ、墓を建てるという文化が生まれることを望む。

389 井上 和樹 いのうえ かずき
福井大学　工学部　建築建設工学科

さりげない日常を共に生きる
障害児施設の地域における共生をめざして

さりげない日々の暮らし。心身の発達に遅れのある障害児たちも、そんな日常を生きている。地域から切り離されてきた彼らも、境界のない私たちの1人。ここは、すべての人が、さりげなく共に生きるための場所。

390 吉田 聖 よしだ たから
東京大学　工学部　建築学科

Patch them on the new road!
東京都都市計画道路上における空き地の利活用と新しい街並みの提案 (Y)

東京の都市計画道路予定地のどこにでも起こっている「塩漬けの期間」。時間の経過に伴って徐々に現れては消える空白の時間と空間とその周辺をデザインする。

391 長谷 光 ながや ひかり
東京藝術大学　美術学部　建築科

大山詣、再。
(Y)

利便性や快適性を求め、自然環境から次第に人々が遠ざかっている今、江戸時代に流行した大山詣（神奈川県）という山岳信仰を再編し、自然環境に人が順応して生活していく必要があるということを再び人々に気づかせるための提案。

392 青山 実樹 あおやま みき
東京電機大学　未来科学部　建築学科

月島的変化

幼い頃から親しんだ街の、まわりに住人の生活の断片を滲み出していた風景が、高層化に取って代わられている。急速に都市開発が行なわれる地域で、高層マンションと対峙可能かつ現在の生活を後世に残せる建築の提案。

393 小山 竜二 こやま りゅうじ
東京電機大学　未来科学部　建築学科

小さなベクトルの交流
大都市におけるOSの形成

機械技術の発達により、人々の行動は大きなベクトルへと変換され、制限されるようになった。それは、高密度な都市においてはなおさらである。そこで、「高密度」に相反するOSを大阪の大都市、梅田に提案し、人間の身体を解放する。

394 海本 芳希 うみもと よしき
大阪市立大学　工学部　建築学科

堆積の器
身体や時間のものさしとなる建築 (Y)(S)

建築の持つ時間的・物質的スケールを行き来する形態について考える。地球に対しては海水の器でありながら、人間にとっては博物館のようで、そして小さな生物に対しては時間をかけて住み処にできる建築。

395 殿前 莉世 とのまえ りせ
日本女子大学　家政学部　住居学科

みらい

福祉施設は、建物の中で完結している印象があり、地域や多世代の人々との交流が希薄に感じられる。高齢者、地域の人々、若者の拠り所を考え、高齢化社会のニーズに合わせて、次世代につながるハイブリッドな空間を提案する。

397 徳嵩 諒 とくたけ りょう
日本福祉大学　健康科学部　福祉工学科
バリアフリーデザイン専修

41番目の坂
(Y)

東京のカルチャーの発信地「渋谷」は、乱立する超高層ビルで埋め尽くされる無味乾燥とした近代都市の様相を呈し、文化を発信する場所から文化を消費する場所へ。土木構造物をフレームとした地下空間の提案。

400 杉山 拓哉 すぎやま たくや
千葉大学　工学部　建築学科

スラムに住まう。

スラム。地域全体が家族のような関係を構築し、助け合いながら住民は暮らしている。集落は共有の庭であり、問題もまた共有される。この地に、住民自らが作り運用する「地域の拠り所」と、人々が暮らすことで拓かれる未来を提案する。

401 塩原 拓 しおはら たく
日本福祉大学　健康科学部　福祉工学科
バリアフリーデザイン専修

漂う大地

郊外における「通過点」の上に新たな領域を重ねる。異種様々な人が孤独に集まることで、ここにもう1つの都市ができる。

404 髙橋 あかね たかはし あかね
京都大学　工学部　建築学科

事変-友愛-重奏
民泊を介した愛のつなぎ替え

観光都市であり、学生都市である京都において、民泊と住むことのあり方を提案する。生活インフラが公共化することで地域住民と学生、観光客が絡まり合う、屋根が立体積層した空間を設計する。

408 多田 翔哉 ただ しょうや
京都大学　工学部　建築学科

豊かなエレメントの集合体を探す
素形による多義的な空間の提案

ある空間にいる時やそこで過ごす時、空間の雰囲気によって、気持ちや考えていた行動が変わってしまった経験はないだろうか。私が提案するのは、人々にそのような体験を誘発する、複数の使い方を持つ多義的な空間である。

410 丹 紀子 たん のりこ
宮城大学　事業構想学部　デザイン情報学科

月浪街
埼玉ベッドタウン再計画

平板化した郊外の都市空間を考える。大きな箱の中に閉じこめられた商業を箱から解放すると、商業は街へと流れ出していく。街に展開していく。建築と街が一体となり、街に開かれた新たな消費の場を夢想する。

413 小坂 知世 こさか ともよ
京都大学　工学部　建築学科

西成る

阿倍野再開発は大阪市阿倍野区の人たちのためではないと気づいた。新今宮を中心に西成が変わろうとしている今、同じことの繰返しにならないように……。3つの装置を西成に置いてくるお話。

414 加賀 精一 かが せいいち
京都大学　工学部　建築学科

夢工房
デザイン系学生のための共同制作施設の提案

デザイン系の学生が集まり、制作活動に集中できる場を提案。共同で生活し作品を制作することにより互いを高め合える場と、その活動を外部に公表する場を併せ持つことによって、外部との交流や街全体へ働きかけを行なえるようにした。

416 熊谷 慧 くまがい さとし
文化学園大学　造形学部
建築・インテリア学科

森と住む

莫大な可能性を持つ森林を50%も失った。森林保全のための答えは、直接、木々を、森を、生活の一部に取り込み、人の意識を変えること。すなわち、森と住むことに成功すれば、このプログラムは完成するのである。

417 粟野 陽 あわの あきら
大阪大学　工学部　地球総合工学科

融和する谷

都市の表と裏の関係が移り変わる中で、永続的に変わらず残されてきた自然地形に着目した。敷地は、東京都港区の愛宕山。本計画では、移り変わる都市の境界の魅力を高め、それらを都市へと還元することを目的とする。

419 山本 圭太 やまもと けいた
　　　菅野 颯馬 すがの そうま
　　　薮下 玲央 やぶした れお
早稲田大学　創造理工学部　建築学科

よりみちの課外授業
通学路のある集合住宅

住宅密集地にある家と家の間の「隙間」に着目して、日常の動線とはスケール感の変わる「みち」を計画する。その「みち」の中に子供から高齢者までが交流できる場を創造する。

422 青木 茂久 あおき しげひさ
ICSカレッジオブアーツ
インテリアアーキテクチュア＆デザイン科

がらんどう

それはきっと、全体が境界の中にいるような、ないところにあるような、本当は点なんじゃないかって疑いたくなるような、ブラックホールみたいな次元のゆがんだとこ。

425 濱田 叶帆 はまだ かほ
京都大学　工学部　建築学科

街の接続詞
高齢化するニュータウンのこれから

ニュータウンは竣工時が最も美しく、理想的だ。しかし、人がかつて夢を抱いて購入した家は、いつのまにか家族の身の丈に合わない大きな檻となる。人を街のコンテクスト(背景)として扱い、リ・ニュータウンとしての未来を示す。

427 岡倉 慎乃輔 おかくら しんのすけ
金沢工業大学　環境・建築学部
建築デザイン学科

都市の牧道、学び育つ場
ランドスケープと建築の融合

生産と消費が乖離した現在の都市部において、人々の食農に関する興味や関心は低い。既存建築と牧道、敷地全体をランドスケープ(地形)でつなぎ、そこに人と動物が交流し、空間体験や風景を通して人々が学び、育つ場を提案する。

428 中村 諒 なかむら りょう
東京理科大学　理工学部　建築学科

Cultivate an "Essence" Dig up "Site" Implant an "Architecture"

目に見える建築的な回答はしない。これまでの建築的行為は、過去とは分断され未来にもつながっていないように見える。積層された敷地に建築を植える。いつの日か、この建築によって周辺が見直されることを期待して。

429 石沢 英希 いしざわ ひでき
金沢工業大学　環境・建築学部
建築デザイン学科

直線状のヘテロトピア、見えない都市の軸線

抑圧された人々の逃げ場としての地下都市の設計および、それによって変わりゆく地上の風景。

431 中西 亮介 なかにし りょうすけ
東京大学 工学部 建築学科

居久根小径
IGUNE-COMICHI

高齢化の進む農村の1つである宮城県、小野田の行政地区、雷を敷地とし、高齢化に伴い変化してきたコミュニティのあり方を再考する。地域資源であるイグネを用いて、高齢者の自立した暮らしを支援する空間構成を目指す。

432 松川 真子 まつかわ まこ
宮城大学 事業構想学部 デザイン情報学科

やさかガッコウ
縮小する町で最後まで存続するガッコウの提案

子供たちと街の人たちが通う、小さな街にふさわしい「ガッコウ」を提案する。これは、建築の視点からデザインした、人口減少が進む社会の中で子供たちと街の人たちが新たな関係を構築する場である。

435 前田 真里 まえだ まり
名城大学 理工学部 環境創造学科

都市に滲む
東京に点在する建築群

東京には人も建物もあふれ、街は目的地同士をつなぐ通過地点に過ぎない。日々の生活では、人々は、ほとんど街に溶けていて生活の中にわずかに滲み出しているだけの東京の魅力に気づけない。大都市東京が内包する都市の魅力を、浮き立たせるための建築群である。

436 中田 晃子 なかた ひかるこ
東北芸術工科大学 デザイン工学部
建築・環境デザイン学科

Out of Frame

鉄道の駅は元来、さまざまな活動が集積する場であったが、近代に空間と機能は1：1の対応となってしまった。写真構図から設計を組み立てることにより、連続する体験や見えない部分同士のつなぎ合わせが多様な空間を生み出す。

437 木村 太亮 きむら ひろあき
東京大学 工学部 建築学科

間が舞化く
Community Driveとなる劇場

日本の劇空間の根元である「日常がソフトの変化で劇空間と化す空間」を概念的な劇場の形として提案する。防災公園に隣接させることで、多くの人々に情報発信の場が開かれ「Community Drive」となる。

438 坂梨 桃子 さかなし ももこ
法政大学 デザイン工学部 建築学科

暴れ橋

橋は、目的地に至るための手段の空間であり、橋そのものは目的にはならない。にも関わらず、橋は古来より神聖視され、意匠を凝らして設計されてきた。橋には、手段としての空間以上に、特別な魅力があるのではないか。

439 高山 三佳 たかやま みか
奈良女子大学 生活環境学部 住環境学科

名古屋競馬場移設計画
競馬場の新たな形と地域との繋がり

競馬場は、人工的な部分と自然的な部分を併せ持った「半自然」の場所であるとも言える。そんな競馬場が都市の中に存在することで、地域住民にとっての「第2の自然」となり得るのではないだろうか。

440 成富 悠夏 なりとみ ゆか
奈良女子大学 生活環境学部 住環境学科

Cha-no-Kyo-kai

「茶道」とは日本の究極の美学であり誇りである。あなたは五感のすべてで茶を感じたことがあるだろうか？ 心を清め、五感を研ぎ澄まし露地と茶室を都市空間との境界として、そして文化のシンボルとして提案する。

442 稲見 雄太 いなみ ゆうた
東京電機大学 未来科学部 建築学科

カバタのすゝめ

滋賀県の針江集落。そこには豊富な湧き水を利用した「カバタ文化」がある。水と生き、水への感謝が根付いている。提案するのは、針江集落に住む人と訪れる人とが共存する「カバタ文化」伝承のための建築。

443 吉田 夏稀 よしだ なつき
名古屋工業大学 工学部 第一部
建築・デザイン工学科

始終の学び

私の故郷、大阪府池田市に住む子供たちと年老いた大人のために、学びの別荘を作る。ここは、子供とともに年老いた大人も夢を抱く街。祖母は今一度、小さな私と学校に通う。

444 伊藤 誉 いとう たかし
名古屋工業大学 工学部 第一部
建築・デザイン工学科

まちに棲む家

大阪市内の商業施設、小さな工場、オフィスビルが混在する2km四方を対象地とし、さまざまな立場の人が棲む家を提案する。

446 速水 麻衣 はやみ まい
京都造形芸術大学 芸術学部
環境デザイン学科

守破離
現代の住宅街における町道場の建ち方

住宅街の中に建つ町道場の計画。まわりの変化に順応し、街の人々に、その場所のアイデンティティになっていると認められるような建ち方を考える。

447 中井 紘之 なかい ひろゆき
関西大学　環境都市工学部　建築学科

海上のオープンスペース
防波堤の新たなあり方と潮吹き防波堤の空間

巨大な壁である防波堤は、三重県の重要文化財である「潮吹き防波堤」を模して工夫することで、陸から海に突き出す人々の居場所となる。海と人を隔絶していた構造物が海と人を近づけ、海の上に新たなオープンスペースを生み出す。

448 樋口 圭太 ひぐち けいた
名古屋大学　工学部　環境土木・建築学科

純粋

都市の隙間に、色のない、人の居場所をつくるために建築を挿入する。隙間内部の環境を決定要素として、最低限の操作で人の拠り所をつくる。

449 吉田 穂波 よしだ ほなみ
北海道大学　工学部　環境社会工学科

追憶の街

福島県の浜通りに位置するJR富岡駅。帰還困難区域の規制が解除されて1年のこの街に、追憶の墓地とそのための駅を作る。

450 藤生 貴子 ふじう たかこ
東京大学　工学部　建築学科

くらしを分つムラ

「人が集まって住む」という生きる上で原始的かつ最も豊かな「くらし」について改めて考えてみたいと思った。人々が互いに干渉し合う時、そこには従来の家族の単位を超えた関係性を構築することができるのではないか。

451 奥村 健一朗 おくむら けんいちろう
名古屋工業大学　工学部　第一部
建築・デザイン工学科

ずれてゆく
第四次産業革命に向かうためのアゴラ

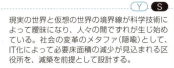

現実の世界と仮想の世界の境界線が科学技術によって曖昧になり、人々の間でずれが生じ始めている。社会の変革のメタファ（隠喩）として、IT化によって必要床面積の減少が見込まれる区役所を、減築を前提として設計する。

454 児玉 美友紀 こだま みゆき
芝浦工業大学　工学部　建築・土木学群
建築学科

境界に芽吹く町

宮城県仙台市東部の農村、南蒲生には「居久根」という伝統の屋敷林があった。しかし、東日本大震災の津波で失われてしまった。被災後、緑の再生がままならぬ中、次々に防災インフラが立ち上がった。この街の、これからに合う風景をつくる。

455 中村 圭佑 なかむら けいすけ
日本大学　理工学部　海洋建築工学科

瑞雪のクレバス
雪の堆積場をキャンバスとしたアートプレイス

負の存在として扱われてきた雪の堆積場を、アートと融合することでポジティブな存在に転換する提案。堆積場に挿入した「補助線建築」によって、都市の中に起伏豊かな雪山をつくり、クレバスのような空間を形成した。

456 宮﨑 昂太 みやざき こうた
立命館大学　理工学部　建築都市デザイン学科

MIYAZU Well-being Base ⇔ Sights Gallery
宮津の活性化に向けて地域の人と考えること

「地方の建築の歩き方」：京都府、宮津で、地域の声から福祉コミュニティ（必要とされる）を抽出し、観光ギャラリー（恣意的に与える）とのバランスを設計する。地域の境界となり、絡み合う建築は歩き続ける宮津をつくる。

457 吉川 紳 よしかわ しん
京都工芸繊維大学　工芸科学部
造形科学域　デザイン・建築学課程

EXHIBITOR 2018

Photos by Toru Ito.

INDEX

SDL2018 ID_5F

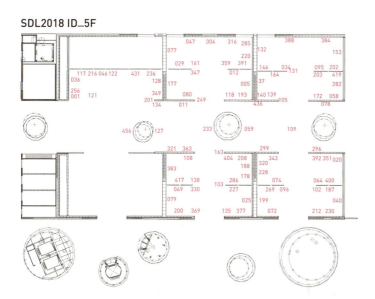

SDL2018 ID_6F

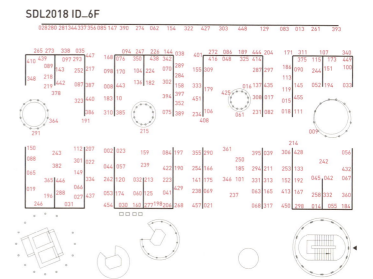

INDEX_Name
出展者名索引

よみがな	氏名	ID
あ		
あおき しげひさ	青木 茂久	422
あおき のぞみ	青木 希	200
あおやま みき	青山 実樹	392
あぜがみ たかと	畦上 駿斗	191
あなん あかね	阿南 朱音	187
あらい いくみ	新井 育実	083
ありた かずたか	有田 一貴	121
ありよし やすひろ	有吉 泰洋	233
あわの あきら	粟野 陽	417
あわの つくる	粟野 創	188
い		
いおか あきと	井岡 晃人	068
いけだ たくみ	池田 匠	388
いけだ ひかる	池田 光	145
いしい あきかず	石井 亨和	113
いしい かずたか	石井 一貴	325
いしい こうへい	石井 康平	311
いしい ゆうみ	石井 結実	299
いしぐろ だいき	石黒 大喜	034
いしざわ ひでき	石沢 英希	429
いじま ゆうこ	井嶋 裕子	277
いずもと じゅんいち	泉本 淳一	190
いせ なおふみ	伊勢 尚史	039
いたべ れいこ	板部 玲子	067
いちじょう たけひろ	一條 武寛	159
いちりやま けん	一里山 健	166
いで あやの	井出 彩乃	044
いとう かつゆき	伊藤 克敏	019
いとう きょうへい	伊藤 匡平	160
いとう たかし	伊藤 誉	444
いとう つばさ	伊藤 翼	172
いとう まさし	伊藤 昌志	343
いながき ともき	稲垣 知樹	218
いだ こうや	稲田 浩也	182
いなみ ゆうた	稲見 雄太	442
いのうえ かずき	井上 和樹	389
いのうえ まさや	井上 雅也	087
いのうえ りょうせい	井上 凌成	154
いのかわ けんた	猪川 健太	048
いりべ ゆたか	入部 寛	302
いわき ちほ	岩木 智穂	281

よみがな	氏名	ID
いわた しょうや	岩田 昇也	056
いわなみ ひろか	岩波 宏佳	122
う		
うえつき きょうすけ	植月 京甫	178
うちやま だいき	内山 大輝	150
うの やすひろ	宇野 泰弘	119
うみもと よしき	海本 芳希	394
うめもと せいじ	梅本 晟司	079
うるしばた こうき	漆畑 幸樹	313
え		
えぐち かなこ	江口 哉子	023
えとう いつき	江頭 樹	187
えばし もわ	江端 木環	108
えんだ しょうた	円田 翔太	064
えんどう だいすけ	遠藤 大輔	284
お		
おおい さゆり	大井 彩有里	290
おおおか あやか	大岡 彩佳	032
おおき れいな	大木 玲奈	361
おおさわ まきこ	大澤 真生子	010
おおすぎ りょうすけ	大杉 亮介	306
おおた こういちろう	太田 孝一郎	365
おおたけ すぐる	大竹 俊	098
おおぬま けんたろう	大沼 謙太郎	120
おおぬま りょうたろう	大沼 亮太郎	062
おおの しょうま	大野 翔馬	247
おおやま しゅうご	大山 周吾	355
おかくら しんのすけ	岡倉 慎乃輔	427
おかざき もと	岡崎 雅	334
おかだ だいき	岡田 大樹	042
おかべ けいた	岡部 敬太	197
おかもと ゆりこ	岡本 結里子	199
おくむら けんいちろう	奥村 健一朗	451
おくやま こうへい	奥山 晃平	265
おせ ゆかり	尾瀬 優香理	146
おち まこと	越智 誠	001
おの ゆうすけ	小野 裕介	287
おのうえ かずき	尾上 一輝	076
か		
かが せいいち	加賀 精一	414
かがみ りょうた	鏡 亮太	049
かくだ ゆい	角田 悠衣	152
かさい みづき	葛西 瑞季	212
かじや さよこ	梶谷 紗世子	170

よみがな	氏名	ID
かつやま こうた	勝山 滉太	027
かとう げんせい	加藤 弦生	216
かとう たかき	加藤 嵩貴	355
かとう たかや	加藤 隆也	117
かとう はやと	加藤 颯斗	135
かとう まりこ	加藤 真璃子	183
かない りか	金井 里佳	220
かない りょうすけ	金井 亮祐	252
かなだ しゅんや	金田 駿也	288
かばしま ゆうた	椛嶋 優太	165
かみや まさひろ	神谷 将大	040
かわい ひろこ	河合 容子	175
かわしま たつや	川島 達也	237
かわた なつみ	川田 夏実	104
かわばた じゅんこ	河畑 淳子	147
かわむら しゅうへい	川村 修平	348
き		
きうち せいら	木内 星良	226
きくち たかひろ	菊地 崇寛	041
きくち もえ	菊池 文江	074
きし はるか	岸 晴香	133
きしだ じゅんのすけ	岸田 淳之介	094
きたざわ しおせ	北沢 汐瀬	207
きたむら まさなお	北村 政尚	269
きのした のりみ	木下 規海	249
きのした よしひろ	木下 義浩	338
きのした りょう	木下 亮	204
きむら しんたろう	木村 愼太朗	085
きむら ひろあき	木村 太亮	437
く		
くさか あすか	日下 あすか	082
くどう こうだい	工藤 滉大	286
くどう たかふみ	工藤 崇史	015
くまがい さとし	熊谷 慧	416
くまさか かずのり	熊坂 和則	206
くまだ つばさ	熊田 翼	151
くまむら ゆきこ	熊村 祐季子	301
こ		
こいけ まお	小池 真央	173
こいけ まさお	小池 正夫	164
こいずみ なつみ	小泉 菜摘	203
こうの ゆうき	河野 祐輝	293
こさか ともよ	小坂 知世	413

145

よみがな	氏名	ID
こじま かずあき	小嶋 一耀	004
こじま りょうせい	小嶋 諒生	369
こたに はるか	小谷 春花	060
こだま みゆき	児玉 美友紀	454
ごとう まほ	後藤 眞晧	066
ごとう ゆきな	後藤 夕希奈	060
こにし たかひと	小西 隆仁	244
こばやし りょうじ	小林 稜治	080
こひるいまき ようた	小比類巻 洋太	057
こむろ たかひさ	小室 昂久	107
こやま りゅうじ	小山 竜二	393
こんどう たろう	近藤 太郎	078
こんどう まいこ	近藤 まいこ	185
こんの あゆみ	今埜 歩	129
さいとう しゅん	齋藤 隼	369
さいとう しょうた	齋藤 翔太	052
さいとう すぐる	齋藤 秀	258
さいとう たかき	齋藤 嵩樹	346
さいとう ちま	斉藤 知真	272
さいとう ゆたか	齋藤 裕	047
さいよし たいが	斉吉 大河	369
さかい ゆうき	堺 由輝	139
さかい ろくや	酒井 禄也	254
さかなし ももこ	坂梨 桃子	438
さきもと まこと	﨑元 誠	033
さくらい ともみ	櫻井 友美	177
さくらもと あつし	櫻本 敦士	111
ささたに たくみ	笹谷 匠生	330
さめじま たくおみ	鮫島 卓臣	077
さわだ ゆうせい	澤田 悠生	217
しおはら たく	塩原 拓	401
しおま ひかる	塩真 光	193
しばた たつと	柴田 樹人	086
しまだ ひろゆき	島田 広之	331
しまだ ゆうた	島田 悠太	011
しみず れい	清水 伶	192
しむら よう	紫村 耀	112
しもだ さやか	下田 彩加	167
しらいし かや	白石 カヤ	296
しらいし ゆうや	白石 雄也	016
すがぬま きょうこ	菅沼 響子	035
すがの そうま	菅野 颯馬	419
すぎうら ごう	杉浦 豪	132
すぎたに たけひろ	杉谷 剛弘	294
すぎもと はるか	杉本 晴香	246
すぎやま たくや	杉山 拓哉	400
すずき こうへい	鈴木 康平	351
すずき たかはる	鈴木 貴晴	359
すずき たくみ	鈴木 巧	158
すずき なみ	鈴木 奈実	226
すずき ほずみ	鈴木 保澄	163
すずき まゆ	鈴木 麻夕	136
すずき ゆき	鈴木 由貴	198
すとう ゆうか	須藤 悠果	174
すみし りょう	住司 崚	031
せしも ゆうき	瀬下 友貴	308
せんば ひろあき	仙波 宏章	100
たかおか はるき	髙岡 遥樹	289
たかぎ しゅんすけ	高木 駿輔	008
たがしら ゆうこ	田頭 佑子	095
たかはし あかね	高橋 あかね	404
たかはし まりえ	髙橋 万里江	168
たかはし りょうへい	高橋 遼平	375
たかふじ ともお	高藤 友穂	037
たかやま みか	高山 三佳	439
たけくに りょうた	竹國 亮太	017
ただ しょうや	多田 翔哉	408
たつみ ゆういち	巽 祐一	291
たていし ありさ	立石 愛理沙	046
たなか かずき	田中 一輝	383
たなか しゅんぺい	田中 俊平	184
たなか ちえり	田中 千江里	013
たなか ゆうき	田中 勇気	201
たにうら しゅうと	谷浦 脩斗	280
たにこし かえで	谷越 楓	179
たにしげ れお	谷繁 玲央	036

よみがな	氏名	ID
たぶち ひかる	田渕 輝	186
たむら はやと	田村 隼人	053
たん のりこ	丹 紀子	410
つだ かなこ	津田 加奈子	038
つつい かいた	筒井 魁汰	268
つつい しん	筒井 伸	349
つづき みお	都築 澪	161
つるた あきら	鶴田 叡	317
てらだ あきら	寺田 晃	153
てらだ ようへい	寺田 遥平	344
とうせ ゆか	東瀬 由佳	387
とうやま しょうき	藤山 翔己	219
とおにし ゆうや	遠西 裕也	014
とくたけ りょう	徳嵩 諒	397
とのまえ りせ	殿前 莉世	395
とば よしゆき	鳥羽 慶征	340
ともなが しおり	朝永 詩織	231
とやま じゅんき	外山 純輝	101
とよ やすのり	豊 康範	012
とりうみ さおり	鳥海 沙織	211
ないき みゆう	内貴 美侑	029
ないとう あみ	内藤 杏美	356
なかい ひろゆき	中井 紘之	447
ながいえ とおる	長家 徹	285
なかざと ゆうき	中里 祐輝	103
なかしま たかゆき	中島 生幸	332
なかた ひかるこ	中田 晃子	436
なかにし りょうすけ	中西 亮介	431
ながね のあ	長根 乃愛	238
なかの みさき	中野 美咲	230
なかばやし けんと	中林 顕斗	061
なかむら あつし	中村 篤志	134
なかむら けいすけ	中村 圭佑	455
なかむら やすえ	中村 靖怡	310
なかむら りょう	中村 諒	428
ながや ひかり	長谷 光	391
なぎ ひとし	奈木 仁志	242
なまい としき	生井 俊輝	147
なりとみ ゆか	成富 悠夏	440
にかみ かずや	二上 和也	022
にし しょうたろう	西 昭太朗	228
にしだ あさと	西田 安里	215
にしまる けん	西丸 健	131
にしむら ようたろう	西村 陽太郎	256
にしもと ひかる	西本 光	155
ねもと ゆうき	根本 悠希	147
のむら かの	能村 嘉乃	273
はが こうすけ	芳賀 耕介	089
はしづめ しゅんや	橋詰 隼弥	002
はしもと いっせい	橋元 一成	337
はせがわ きよと	長谷川 清人	045
はたさき もえみ	畑崎 萌笑	323
はっとり えりか	服部 絵里佳	261
ばとり なつみ	馬鳥 夏美	143
はまだ かほ	濱田 叶帆	425
はやかわ けんたろう	早川 健太郎	106
はやし かずのり	林 和典	065
はやし やすひろ	林 泰宏	102
はやみ まい	速水 麻衣	446
はら かんき	原 寛貴	347
はらだ いおり	原田 伊織	125
ひがしつのい まさと	東角井 雅人	386
ひぐち けいた	樋口 圭太	448
ひしだ ごろう	菱田 吾朗	055
ひめの こういちろう	姫野 滉一朗	223
ひゃくたけ てん	百武 天	361
ひらい みお	平井 未央	115
ひらおか かずま	平岡 和磨	005
ひらおか まきし	平岡 蒔士	018
ひらまつ けんと	平松 建人	141
ひわたり ひじり	樋渡 聖	321
ふぁん りの	黄 起範	171
ふかつ さとし	深津 聡	378
ふくい みさ	福井 美瑳	243
ふくだ せいや	福田 晴也	224
ふくどめ あい	福留 愛	025

よみがな	氏名	ID
ふくなが ゆか	福永 有花	274
ふじう たかこ	藤生 貴子	450
ふじしろ たいち	藤城 太一	297
ふじもと かな	藤本 佳奈	196
ほしの さとみ	星野 智美	075
ほそなみ てつや	細浪 哲也	213
ほその たくや	細野 拓哉	194
ほそや めりえる	細谷 メリエル	239
ほりがね しょうへい	堀金 照平	214
ほりば りく	堀場 陸	138
ほんだ けい	本田 圭	021
ほんだ たけひろ	本田 偉大	322
まえだ かの	前田 佳乃	096
まえだ まり	前田 真里	435
まつい ゆうさく	松井 裕作	282
まつうら こうだい	松浦 航大	070
まつかわ まこ	松川 真子	432
まつもと けんいちろう	松本 健一郎	350
まつもと けんたろう	松本 健太郎	352
まつもと ゆい	松本 悠以	253
まるの ゆうた	丸野 悠太	069
まるやま かおり	丸山 郁	333
まるやま たいへい	丸山 泰平	385
みうら きょうすけ	三浦 恭輔	105
みうら けん	三浦 健	364
みうら ももこ	三浦 桃子	090
みさわ はづき	三澤 葉月	020
みなとざき ゆか	湊崎 由香	384
みやざき こうた	宮﨑 昂太	456
もうり ゆきの	毛利 友紀野	088
もとの はるや	本野 晴也	342
もとやま まさひと	元山 雅仁	063
ももか ゆうき	百家 祐生	128
もり しゅうへい	森 周平	149
もりした けいたろう	森下 啓太朗	109
もりた るい	盛田 瑠依	320
もろはし かつや	諸橋 克哉	140
やお あやか	矢尾 彩夏	226
やぎぬま あすか	柳沼 明日香	227
やぎゅう ちあき	柳生 千晶	187
やじま としき	矢島 俊紀	382
やすだ まゆこ	安田 茉友子	202
やだ ひろし	矢田 寛	072
やぶき たくや	矢吹 拓也	097
やぶした れお	薮下 玲央	419
やまおか やすひろ	山岡 恭大	189
やまぐち だいき	山口 大輝	118
やまぐち ゆうたろう	山口 裕太郎	236
やまだ さやか	山田 清香	137
やまみち りょうすけ	山道 峻介	059
やまもと いくま	山本 生馬	377
やまもと けいた	山本 圭太	419
やまもと ほなみ	山本 帆南	303
やまもと れい	山本 黎	363
やん こうよう	楊 光耀	009
ゆかわ こうへい	湯川 洸平	208
よう よくてい	楊 翌呈	144
よこた えみか	横田 笑華	058
よしかわ しん	吉川 紳	457
よしかわ しんのすけ	吉川 新之佑	316
よしかわ だいすけ	吉川 大輔	060
よしだ あや	吉田 亜矢	127
よしだ たから	吉田 聖	390
よしだ ともひろ	吉田 智裕	084
よしだ なつき	吉田 夏稀	443
よしだ ほなみ	吉田 穂波	449
よしむら こうき	吉村 孝基	298
よねくら りょうすけ	米倉 良輔	030
りゅう くびん	龍 駒敏	234
ろ えつ	路 越	361
わたなべ けんと	渡辺 顕人	360
わたなべ たくや	渡辺 琢哉	250
わたなべ のぞみ	渡邊 望	262
わたなべ ようすけ	渡邉 陽介	215
わん げいか	汪 芸佳	309
いあ りむせあん	Ea Limseang	028

INDEX_School
学校名索引

	学校名	ID
あ	愛知淑徳大学	333 342
	青山製図専門学校	351
お	大阪大学	064 065 066 095 108 166 190 191 269 298 350 383 417
	大阪工業大学	231
	大阪市立大学	046 061 068 230 331 394
か	神奈川大学	097 140 143 150
	金沢工業大学	155 427 429
	関西大学	175 323 330 447
	関東学院大学	188
き	北九州市立大学	149 192
	九州大学	033 125 128 185 220 332
	九州産業大学	012 193 285
	京都大学	002 019 055 102 106 152 163 182 325 364 404 408 413 414 425
	京都建築大学校	076 135
	京都工芸繊維大学	041 112 273 457
	京都造形芸術大学	239 446
	近畿大学	013 015 016 017 018 037 078 079 109 118 127 153 321
く	熊本大学	025
	桑沢デザイン研究所	277
け	慶應義塾大学	004 035 063 077 249 287 291 299 309 316 359
こ	工学院大学	082 111 165 178 200 246 247 360 388
	神戸大学	001 030 154
	神戸芸術工科大学	087
し	滋賀県立大学	253
	芝浦工業大学	090 131 132 133 138 164 199 203 286 290 293 296 310 454
	島根大学	186
	首都大学東京	208 228 237 288
	昭和女子大学	212 301
	信州大学	005 047 121 158 254 262 272 313 349 352
せ	仙台高等専門学校名取キャンパス	062
た	大同大学	242
ち	千葉大学	020 083 151 160 173 244 306 311 400
	千葉工業大学	042 134 177 197
て	帝塚山大学	334
と	東海大学	048 103
	東京大学	009 022 036 238 390 431 437 450
	東京藝術大学	384 391
	東京工業大学	139 236 256
	東京造形大学	184
	東京電機大学	113 346 347 377 382 392 393 442
	東京都市大学	008 011 014 031 059 070 072 094 098 104 168 170 268 317 337 387
	東京理科大学	010 027 032 034 084 096 129 136 137 144 161 194 198 211 217 223 233 274 302 308 320 338 343 348 365 375 428
	東北大学	021 039 040 141 146 174 179 265
	東北学院大学	172
	東北芸術工科大学	089 436
	東北工業大学	057 058 159 214 250 258
	東洋大学	119 340
	富山大学	243
	豊田工業高等専門学校	028
な	名古屋大学	086 189 204 448
	名古屋工業大学	234 284 443 444 451
	名古屋市立大学	049
	奈良女子大学	023 439 440
に	新潟工科大学	117 122
	日本大学	053 075 085 100 101 105 107 120 145 171 207 219 224 227 252 282 322 386 455
	日本工業大学	056
	日本女子大学	038 067 115 167 183 395
	日本福祉大学	289 397 401
ふ	福井大学	389
	文化学園大学	416
ほ	法政大学	074 218 385 438
	北海学園大学	216 280 281
	北海道大学	449
ま	前橋工科大学	344
み	宮城大学	410 432
む	武庫川女子大学	356
	武蔵野美術大学	044 069
め	明治大学	196 363 378
	名城大学	294 297 303 435
や	山形大学	206
よ	横浜国立大学	261
り	立命館大学	029 052 080 088 201 202 213 456
	琉球大学	045
わ	早稲田大学	060 147 187 215 226 355 361 369 419
I	ICSカレッジオブアーツ	422

| Exhibitors' Data |　出展者データ2018

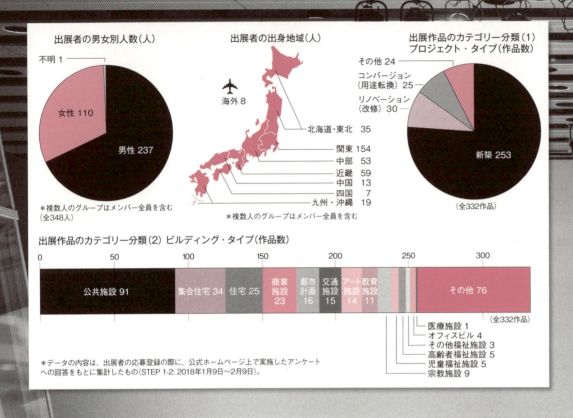

APPENDIX 付篇

Exhibitors' Data　出展者データ2018
Finalist Q&A　ファイナリスト一問一答インタビュー
表裏一体
　──特別講評会企画「エスキス塾」
　──「建築系ラジオ」連動トーク企画「建築学生サミット」
Program　開催概要2018
関連企画やイベントに参加して　SDL2018をもっと楽しむ──仙台建築都市学生会議とは
Award Winners　過去の入賞作品2003-2017

登録作品数：458作品　出展作品数：332作品

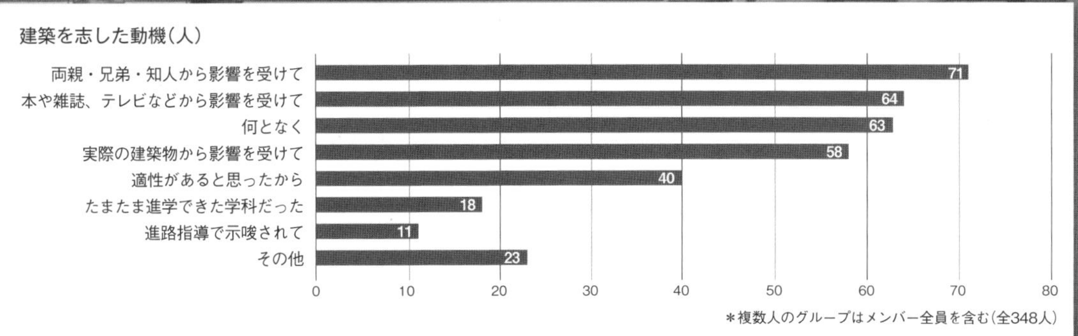

建築を志した動機（人）

動機	人数
両親・兄弟・知人から影響を受けて	71
本や雑誌、テレビなどから影響を受けて	64
何となく	63
実際の建築物から影響を受けて	58
適性があると思ったから	40
たまたま進学できた学科だった	18
進路指導で示唆されて	11
その他	23

＊複数人のグループはメンバー全員を含む（全348人）

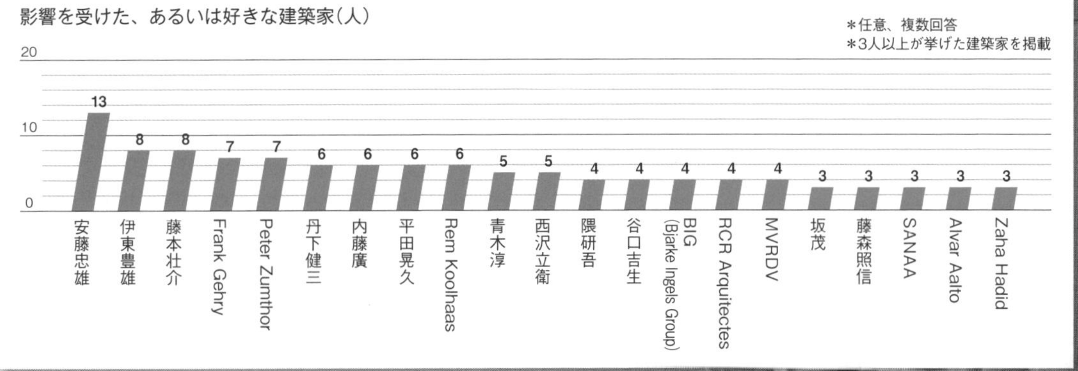

影響を受けた、あるいは好きな建築家（人）

＊任意、複数回答
＊3人以上が挙げた建築家を掲載

建築家	人数
安藤忠雄	13
伊東豊雄	8
藤本壮介	8
Frank Gehry	7
Peter Zumthor	7
丹下健三	6
内藤廣	6
平田晃久	6
Rem Koolhaas	6
青木淳	5
西沢立衛	5
隈研吾	4
谷口吉生	4
BIG (Bjarke Ingels Group)	4
RCR Arquitectes	4
MVRDV	4
坂茂	3
藤森照信	3
SANAA	3
Alvar Aalto	3
Zaha Hadid	3

＊アドバイザリーボード＝本書5ページ編註1参照
Photos except as noted by Toru Ito, Izuru Echigoya.

| Finalist Q&A | ファイナリスト一問一答インタビュー

Answer [答]

日本一 ID360 渡辺 顕人
(A型・天秤座)

①素直にうれしい。
②制作を支えてくれた人。
③強調しないこと。
④新しさがあったこと。建築を少しはみ出したこと。
⑤今後のためにどこかで結果を残す必要があった。
⑥建築を生命的に動かすこと。
⑦30選。
⑧建築とテクノロジー。
⑨工学院大学大学院修士課程。
⑩新幹線→タクシー。
⑪つくりたいという衝動から。
⑫大きいところ。
⑬ペーター・ツムトー（Peter Zumthor）、豊田啓介。
⑭メディアアート。
⑮Windows。
⑯卒業設計に意味や意義を見出してくれる場。

日本二 ID168 髙橋 万里江
(O型・射手座)

①受賞できたことに驚きでいっぱいです。
②今まで支えてくれた恩師たち、友人たち、後輩、そして家族のみんな、ありがとうございました。
③物語をどう建築化したのか。
④でき上がった空間だと思います。
⑤学外での評価を見てみたかったので。
⑥プレゼンテーションで自分の作品をしっかりと説明すること。
⑦ありがたいことに蔵田賞(学内1位)をいただきました。
⑧なし(書きませんでした)。
⑨留学を考えています。
⑩夜行バス。
⑪小学生の頃、自分で忍者屋敷を建てたいと思ったことです。
⑫芸術でもあり文学的でもあり、いろいろな学問領域とつながるところです。
⑬O.M.Ungers。
⑭スケートボード。
⑮Macです。Ai、Ps、Id、Vectorworks、Rhinoceros。
⑯学生主体なのにとても体制の整っているすばらしい大会だと思っています。スタッフのみなさん、本当にありがとうございました。

日本三 ID036 谷繁 玲央
(A型・射手座)

①大変光栄です。ありがとうございました。
②父母。エスキスしてくれた人々。
③空間概念に対抗すること。メタ（俯瞰的）なシステムの設計者という立場をとること。
④青木淳審査委員長には「潔い」と言ってもらいました。
⑤審査員（特に門脇審査員）に自分の案について意見を聞きたかったから。
⑥タスクマネジメント(苦手)。
⑦辰野賞(最優秀)には届かず、奨励作でした。
⑧ダダイズムなどの前衛芸術や現代アートにおける建築的なコラージュについて。
⑨東京大学大学院で建築理論の研究と、実体として作品を制作したいです。
⑩夜行バス(東京-古川・仙台19号)。
⑪5歳の時に好きになった建築を安藤忠雄作と父親に教えられました。のちのち中学生の時、無名の建築家の作品だったことを知るのですが、その間違いがきっか

Question [問]

①受賞の喜びをひとことでお願いします。
②この喜びを誰に伝えたいですか？
③プレゼンテーションで強調したことは？
④勝因は何だと思いますか？
⑤応募した理由は？
⑥一番苦労したことは？
⑦大学での評価はどうでしたか？
⑧卒業論文のテーマは？
⑨来年の進路は？
⑩どうやってこの会場まで来ましたか？
⑪建築を始めたきっかけは？
⑫建築の好きなところは？
⑬影響を受けた建築家は？
⑭建築以外に今一番興味のあることは？
⑮Mac or Windows？　CADソフトは何？
⑯SDL（せんだいデザインリーグ　卒業設計日本一決定戦）をどう思いますか？

けで作品集や著作を買ってもらったのが始まりです。
⑫形而上のさまざまな問題と関連し、また断絶しながら、形而下に存在してしまうところ。
⑬ゴードン・マッタ＝クラーク、カルロ・スカルパ、鈴木了二、内田祥哉。
⑭アート、美学、文化人類学。
⑮Windows、Rhinoceros、AutoCAD。
⑯相対化のための場所。SDLは僕を含め大喜利的な設計が浮かび上がりやすいですが、展覧会場ではたくさんの古典落語の名席（多義的で精緻な設計）と出会い勉強になりました。

特別賞 ID115 平井 未央
(O型・牡牛座)

①まさか選ばれると思っていなかったので、驚きましたが、素直に、とてもうれしいです。
②応援してくれた家族、友だち、先輩、たくさん助けてくれた後輩、そして篠原教授に伝えたいです。
③基礎の再解釈の部分です。
④諦めないでぎりぎりまで粘ったところです。
⑤自分の大学の枠を超えて、学外のはじめて見る人たちにどう評価されるのかを知りたかったからです。
⑥基礎を意匠的に扱いつつも、既存住宅の構造要素として破綻しないように設計していくことが難しかったです。
⑦学内コンペでは選定委員特別賞をいただきました。
⑧地方で使いこなされているコミュニティ施設の研究です。
⑨日本女子大学大学院。
⑩新幹線。
⑪幼い頃の落書き帳に間取り図のようなものを描いていたことに気づいたからです。
⑫自分の思いや考えを言葉だけではなく、形として他者に伝え、感じさせることができるところです。
⑬フランク・ロイド・ライト。
⑭アジア料理。
⑮Windows、Vectorworks です。
⑯他大学生の作品をたくさん見ることができ、多くの建築家や建築学生とふれ合うことができる素敵な大会だと思います。卒業設計の祭みたいな感覚です。

特別賞 ID227 柳沼 明日香
(O型・牡羊座)

①大変ありがたいです。
②私1人の卒業設計ではありません。家族、先輩、島の人々、浦部教授、啓大、梱包のふじこう、ビジネスパートナーの晴也くん、カップ麺を分け合った同盟の人々、一緒に設計した浦部研究室のみんなに。心から感謝しています。
③この建築の楽しさ！を、伝えればよかったなと後悔しました。航海だけに。
④所属する研究室で、提出直前まで意見を交わしながら設計したこと。私1人では、ここまで来られませんでした。浦部研究室だったからできた建築です。SDLでの敗因は、最後の最後までアピールできなかったことです。
⑤自分たちの建築と、（後輩が）頑張った模型を、もっと大きい舞台に連れて行きたかったからです。
⑥私ではなくて後輩が苦労したと思います。
⑦ありがたいことに、ほめていただきました。
⑧なし。
⑨大学院に進学します。
⑩新幹線Wきっぷで。
⑪大好きな俳優の阿部寛さんのドラマの影響です。
⑫よくわかりません。探してみます。
⑬SANAA、Frank Lloyd Wright、Peter Zumthor、RCR、Mies van der Rohe。
⑭早く新居を探さなくては。
⑮Mac、ArchiCAD 21。
⑯一言で答えるのは厳しいですが、楽しかったです。

FINALIST ID118　山口 大輝
（AB型・獅子座）

①うれしいです。
②卒業設計で関わった人々。
③本計画は、思考実験の結果として提示しているということ。
④勝っていないので何とも。
⑤どんな議論に発展していくのだろうという興味から。
⑥設計。
⑦なし。
⑧老舗ホテルが持つロビー空間における人の行為と構成要素についての研究。
⑨京都工芸繊維大学大学院長坂研究室。
⑩飛行機。
⑪建築が楽しそうに見えたから。
⑫奥行き。
⑬小嶋一浩、松岡聡。
⑭ラジオ。
⑮Mac、AutoCAD。
⑯祭。

FINALIST ID177　櫻井 友美
（？型・獅子座）

①まさか。
②頑張っている妹に。
③スキです。
④提案にスキがあったこと。
⑤合理的な世界に爆弾を落としたかったのかもしれないです。
⑥大きな模型を運ぶことです。
⑦ちゃんとプレゼン（プレゼンテーション）しろ、と。
⑧やっていないです。
⑨同大学院でさらに学ばせていただきます。
⑩ターザンで、と言いたいところですが、人工的な物に頼ってきました。
⑪当たり前に家を作る住宅メーカーに疑問があったこと。
⑫人を楽しくさせるところ。
⑬吉阪隆正、象設計集団、オンデザイン。
⑭『ユリゴコロ』。
⑮Mac、Vectorworks。
⑯自分を信じていくきっかけになるのかもしれません。

FINALIST ID253　松本 悠以
（A型・双子座）

①とても良い経験をさせてもらい感謝でいっぱい。
②この作品に関わってくれた人々。
③自分の中にある想いを素直に伝えること。
④魂を込めた断面図のドローイング。
⑤どこか1つでも外部の審査会に卒業設計を出してみたいと考え、せっかくなら日本一決定戦に出してみようと思った。
⑥「お手伝いさん」とイメージを共有することと、自分が本当にやりたいことは何なのか考えること。
⑦優秀賞をいただいた。
⑧都市の破壊について。
⑨就職せずに旅をする予定。
⑩バス。
⑪小学校低学年ぐらいから建築家になりたいとなんとなく思ったのがきっかけ。
⑫人がわくわくするような空間を生み出せるし、世界を変えていく力があるところ。
⑬毛綱毅曠さんのドローイング。
⑭オリジナル・キャラクターを作ったり、イラストを描いたり、マンガを描くこと。
⑮Windows。ソフトは使わず、手描き。
⑯「日本一決定戦」というところが熱い。動画なども配信されるため、より自分の考えを多くの人に知ってもらえるところも熱い。
そして、自分の力を試すことができる場所であり、同世代の人々の思考に触れることができる貴重な場所だと思う。

FINALIST ID330　笹谷 匠生
（O型・射手座）

①これからも建築で言いたいことを言いたい、ゆくゆくは市民権を得たい。
②母と祖母、方言を教えてくれた人々、力を貸してくれたみなさん。
③シナリオ。
④好きというよりは得意なテーマだったこと。
⑤みなさんの批評とのズレを知りたかったため。
⑥炎天下での方言収集、難解な方言分析、先人の少ない表現、進んでいるかわからない作業など。
⑦選外。
⑧沖縄県本島中南部における方言の継承。
⑨小山隆治建築研究所。
⑩飛行機。
⑪建築を始めた頃、自我はありませんでした。
⑫底なしで、やさしくて、隙のあるところ。
⑬父。
⑭みなさんが考えていること。HPでお待ちしています。
⑮模型での作業が中心ですが、必要に応じていろいろなOSとソフトウェアを使用しました。
⑯初恋。これからも誠実であり続けてください。

FINALIST ID363　山本 黎
（B型・魚座）

①素直に、うれしいです。
②支えてくれた研究室のみなさん、家族、手伝ってくれた後輩たち。
③富士山。
④戦略を練ったこと。
⑤学校の枠を超えて評価してもらえる場が貴重だと思ったから。
⑥完成させること。
⑦堀口賞、生陵賞。
⑧卒業論文は行なっていません。
⑨大学院進学。
⑩自動車。
⑪はっきりと覚えていませんが、もともと興味がありました。
⑫終わりがないところ。
⑬bjarke ingels。
⑭自転車でスイスを走ること。
⑮Mac、Rhinoceros。
⑯実行委員の多大な努力と運営力によって成り立っているすばらしい大会。

表裏一体──SDL連動特別企画 01

特別講評会企画「エスキス塾」

選外の出展者にも講評がもらえる場

＊SDL＝せんだいデザインリーグ 卒業設計日本一決定戦

本選との垣根が揺らいだエスキス塾

五十嵐 太郎（講評者、アドバイザリーボード）

エスキス塾とは、オルタナティブな（既存のものとは違う）卒業設計（以下、卒計）の議論の場を設けることを目的に開始した企画であり、今年で3回めを迎えた。基本的な方針は、ファイナリスト10選に残らなかった学生をなるべく多く引き受けること、そして終了後に懇親会を行なうことである（講評を受けた学生だけでなく、聴講者も参加可能）。エスキス塾はファイナルの翌日に開催され、朝10時30分から約5時間かけて、40人の学生が発表し（参加したくても抽選に漏れた学生が多数いたことを想像すると、当日、3人ほど辞退者が出たのは残念だった）、それぞれの案に対してクリティック（講評）がなされた。今年は筆者と堀井義博の他、ファイナルの審査員でもある門脇耕三、また飛び入りで福島市の建築家、佐藤敏宏も講評者を務めた。

あらかじめ希望者を募り、抽選で事前にある程度は参加者を確定させているが、これ以外に筆者と堀井が会場で展示された作品を見て、追加で候補者を決め、招聘している（推薦枠）。初回は、連絡した際に、追加枠の学生がほとんど仙台を離れていたが、3年めの今回はかなり残っていた。また以前はファイナリストとエスキス塾の参加学生があまりかぶらなかったのに対し、今回は抽選枠や推薦枠にファイナリストになった学生が数人いたことが印象的である（櫻井友美〈177〉のターザンや松本悠以〈253〉の霞が関ビルディングの破壊など）。ファイナルに残った学生は、公式な枠ではエスキス塾に参加できなくなるが、それでも講評を受けたいということで、講評会が始まる前の前座として特別賞の平井未央〈115〉、講評会の終了後に日本三の谷繁玲央〈036〉のクリティックが行なわれた。また崎元誠〈033〉、鮫島卓臣〈077〉、藤本佳奈〈196〉、葛西瑞希〈212〉、朝永詩織〈231〉、筒井伸〈349〉、殿前莉世〈395〉など、セミファイナルでセリの俎上に載った学生も複数いた（表1参照）。

今年のファイナルは、ずば抜けた作品がなく混戦状態だっただけに、当然、エスキス塾を通じて、ファイナリスト10作品の入替えの可能性をいろいろ感じた。むろん、なぜ落ちたのか、何が足りなかったのかを説明するケースも少なくない。個人的に、福留愛〈025〉による詩人の世界を体感するミュージアム『窓の宇宙』には、周辺との関係や円という輪郭への疑問を差し引いても、一般的につまらないインテリアになりがちな文学館に対し、空間の新しい形式を生み出そうという、作者の強い気概を感じた。やはり、こうした本選とは違う作品に逢えることが、エスキス塾の醍醐味である。なお、懇親会は2次会まで行なわれ、参加した学生には、むしろこちらの場こそが、議論の本番だったことに気づいてもらえたと思う。

■ 選外の出展作品を公開の場で講評

SDL2017で好評を博した仙台建築都市学生会議[*1]の企画運営する「特別講評会企画：エスキス塾」の第3回。SDLでは毎年、全国から約400前後という多数の作品が出展されるが、ファイナリスト10組以外の出展者には自作をアピールする場がない。そこで、ファイナリスト以外の出展者が、自作について発言し議論できる場を設けることを目的としてこの企画は誕生した。

例年どおり、建築学生にとって身近な「エスキス（建築の構想段階に設計案を練るために下図を作成し検討する作業）」という形式で、出展者と講評者が出展作品について対話する。発表者ごとに展覧会場に展示された模型を撮影した映像がスクリーンに映写され、講評者はポートフォリオを見ながら各発表に耳を傾けた。質疑応答では、大学生活最後の設計作品について活発な議論が交わされる様子を、出展者や一般市民など、多くの人々が観覧していた。

今年の「エスキス塾」も講評者、参加者、観覧者が出展作品についてより深く知り、学生と講評者、学生同士が語り合うという、有意義な場となった。

編註
＊1 仙台建築都市学生会議：本書5ページ編註2、156〜157ページ参照。

■ 開催概要
日時：2018年3月5日（月）10:30-12:35／13:30-15:45
会場：せんだいメディアテーク7階 スタジオb
講評者：五十嵐 太郎、堀井 義博、門脇 耕三、佐藤 敏宏
発表者（参加出展者）：40作品40人（表1参照）
応募者：136組
募集：30人（SDL2018出展登録STEP2〈2018年1月9日〜2月9日〉での申込みにより抽選で選出する抽選枠）＋10人（講評者により選出する推薦枠）。
講評者選出10作品（推薦枠）は、講評者2人が候補作品を事前（堀井は3月2日、五十嵐は3月4日）に定員数より多めに選出し、上位から順に連絡して了解が取れた人を発表者に決定（今年は14作品）。発表者に辞退者やファイナリストが出た場合は、原則として、抽選により落選した応募者や推薦枠から繰り上げ。
講評会：［発表（1作品2分×5組＝10分）＋質疑応答18分］×8グループ
原則として、作品ID順（到着出発時間に制約のある発表者の順序は調整）に発表者5組（作品）を1単位とする8グループに分け、グループ順に進行。発表者が順次、出展したパネルを使って自作を説明した後、講評者による質疑応答。観覧者からの質疑は受け付けない。全参加者の講評終了後、講評者全員より総評。
来場者数：約120人（出展者：約100人、一般来場者：約20人）

表1 参加者一覧

グループ	作品ID	氏名	学校名	応募	選出の枠
1	048	猪川 健太	東海大学	○	□
	077	鮫島 卓臣	慶應義塾大学	○	◆
	220	金井 里佳	九州大学	○	□
	347	原 寛貴	東京電機大学	○	■
	437	木村 太亮	東京大学	○	□
	440	成富 悠夏	奈良女子大学	○	□
2	019	伊藤 克敏	京都大学	○	■
	213	細浪 哲也	立命館大学	○	□
	294	杉谷 剛弘	名城大学	○	◆
	349	筒井 伸	信州大学	○	□
	429	石沢 英希	金沢工業大学	○	□
3	033	崎元 誠	九州大学	○	◆
	041	菊地 崇寛	京都工芸繊維大学	○	□
	109	森下 啓太朗	近畿大学	○	□
	212	葛西 瑞季	昭和女子大学	○	□
	231	朝永 詩織	大阪工業大学	○	□
4	196	藤本 佳奈	明治大学	○	□
	378	深津 聡	明治大学	○	◆
	408	多田 翔哉	京都大学	○	□
	449	吉田 穂波	北海道大学	○	□
5	025	福留 愛	熊本大学	○	□
	038	津田 加奈子	日本女子大学	○	□
	250	渡辺 琢哉	東北工業大学	○	■
	274	福永 有花	東京理科大学	○	□
	395	殿前 莉世	日本女子大学	○	△
6	047	齋藤 裕	信州大学	○	◆
	063	元山 雅仁	慶應義塾大学	○	□
	120	大沼 謙太郎	日本大学	○	■
	285	長家 徹	九州産業大学	○	□
	391	長谷 光	東京藝術大学	○	□
7	083	新井 育実	千葉大学	○	□
	136	鈴木 麻夕	東京理科大学	○	■
	249	木下 規海	慶應義塾大学	○	□
	310	中村 靖怡	芝浦工業大学	○	□
	439	高山 三佳	奈良女子大学	○	◇
8	040	神谷 将大	東北大学	○	■
	288	金田 駿也	首都大学東京	○	□
	359	鈴木 貴晴	慶應義塾大学	○	□
	377	山本 生馬	東京電機大学	○	□
	404	高橋 あかね	京都大学	○	◆

凡例：
◆は推薦枠。五十嵐推薦
■は推薦枠。堀井推薦
◇は推薦枠。五十嵐・堀井の推薦
□は応募による抽選枠
△は、当日辞退者が出たため、本人の希望により参加

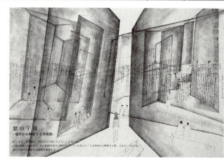

『窓の宇宙』(025)

■ 講評者プロフィール

五十嵐 太郎　いがらし・たろう
建築史家、建築評論家／東北大学大学院教授
第11回ヴェネツィア・ビエンナーレ建築展日本館コミッショナー（2008年）、あいちトリエンナーレ2013芸術監督（2013年）を務める。第64回芸術選奨文部科学大臣新人賞（2014年）を受賞。主な著書に『被災地を歩きながら考えたこと』（みすず書房刊、2011年）、『忘却しない建築』（春秋社刊、2015年）ほか。

堀井 義博　ほりい・よしひろ
建築家
東海大学、慶應義塾大学、東北大学大学院、宮城大学、宮城学院女子大学などで非常勤講師を務める。2012年、小島善文、福屋粧子とAL建築設計事務所を共同設立。

門脇 耕三　かどわき・こうぞう
建築家、建築学者／明治大学専任講師
SDL2018セミファイナル＆ファイナル審査員（本書108ページ参照）

佐藤 敏宏　さとう・としひろ
建築家、「建築主義者」
1951年、福島市生まれ、在住。1970年、福島県立福島工業高等学校卒業。一級建築士取得。1982年よりTAF設計と「建築あそび」を始める。

Photos except as noted by Izuru Echigoya.

表裏一体──SDL連動特別企画 02

「建築系ラジオ」連動トーク企画「建築学生サミット」
全国の建築学生設計イベントを運営側の視点で切る

「建築学生サミット」が開催された意義

松田 達（司会、建築系ラジオ共同主宰者、武蔵野大学専任講師）

「せんだいデザインリーグ2018 卒業設計日本一決定戦」（以下、SDL2018）に合わせ、新企画「建築学生サミット」が開催された。全国の建築学生設計展を運営する8つの学生団体が一堂に会し、その代表者らが意見を交わすというイベントである。これは建築系ラジオ[*1]の公開収録でもあり、後日同サイトからイベントの内容が配信された。

プログラムは3部構成で、プログラムAでは、全国の卒業設計展の現状や、各団体における共通点と相違点が議論された。特に目的、規模、日数、団体のメンバー構成や運営方法などの違いから、イベントや団体の多様性が明確となり、各団体間で熱い議論が展開された。プログラムBでは、各団体での講評会における審査方法や卒業設計の傾向が問われるとともに、収録中に発表されたSDL2018のファイナリスト10作品に対するコメントが述べられた。プログラムCでは、SDL2018ファイナル（公開審査）の中継を見ながら、Google Driveのスプレッドシート[*2]を利用して、各団体が時系列に沿ってそれぞれのコメントを並列的に述べていった。イベント中継で多用されるTwitterよりも、記録性と一覧性が高い方法だったと言えよう。

総じて、議論は想像以上に盛り上がり、マイクが、次から次へと手渡され、議論が流れるように展開していった。各団体の交流も促進されたようだ。もともと企画段階では「会議」だった名前を「サミット」という名前に学生が変えた時、本当にそれに値するイベントになるのだろうかと一瞬不安がよぎったものの、学生たちのネーミングを信じてみたいと思った。そして、この1日を終えて、見事にその名前に値する内容のイベントになったと感じた。

今後は、継続することが大切である。始めることよりずっと、継続することが難しい。SDLという全国の学生が集まる機会に、このようなイベントがぜひまた開かれてほしい。もちろん「サミット」だから、全国各地でも開かれていけばよいのだ。それぞれのイベントを背負う学生たちの熱い議論に肌で触れ、群雄割拠状態の卒業設計および関連展の、新たな動きが始まっているような気がした。

註
*1 建築系ラジオ：建築に関するさまざまな話題を音声という形で発信する、インターネットラジオによる新しい建築メディアの試み。五十嵐太郎、南泰裕、倉方俊輔、北川啓介、松田達、天内大樹をコアメンバーとして、収録内容を不定期配信。
http://architectural-radio.net/
*2 スプレッドシート：グーグルが開発した、インターネット上で複数人が共有しながら使うことのできる表計算ソフトウェアの一種。ここでは、文字を打ち込むセルのマトリクスとして利用した。

■開催概要
日時：2018年3月4日（日）11:00-20:30
会場：ファイナル中継サテライト会場「青葉の風テラス」（宮城県仙台市青葉区青葉山2-1）
司会：松田 達
参加者：8団体24人（表1参照）
プログラム：
プログラムA（11:00-13:00）：「建築系ラジオ」公開収録「建築学生サミット開幕／全国vs.せんだい」
プログラムB（13:00-15:00）：「建築系ラジオ」公開収録「SDLファイナル直前討議／2018年の卒業設計を考える」
プログラムC（15:00-20:30）：テキスト並列型議論によるファイナル（公開審査）中継

松田 達　まつだ・たつ
建築家／建築系ラジオコアメンバー、武蔵野大学専任講師
1975年石川県生まれ。1997年東京大学工学部都市工学科卒業。1999年同大学院工学系研究科建築学専攻修了。隈研吾建築都市設計事務所を経て、2005年パリ第12大学パリ都市計画研究所DEA課程修了。吉村靖孝建築設計事務所を経て、2007年松田達建築設計事務所設立（東京、金沢）。主な建築作品に「第1回リスボン建築トリエンナーレ帰国展会場構成」（2007年）など。主な共著書に『ようこそ建築学科へ！──建築的・学生生活のススメ』（共編著、学芸出版社刊、2014年）など。

プログラムA。

プログラムB。

プログラムC。向かって右画面がスプレッドシート。

Photos by Akashito Iwabuchi.

表1　参加団体、参加者一覧

団体名	運営イベント名(2017年度)	開催都市	会期(2017年度)	「建築学生サミット」参加者名			
SNOU	歴史的空間再編コンペティション2017	金沢	2017年11月18日〜19日	味岡 佑真	利根川 瞬		
新潟建築学生フォーラム.n	新潟建築卒業設計展session!2018	新潟	2018年2月23日〜25日	宮澤 啓斗	佐々木 夏穂	畠山 亜美	梁取 高太
全国合同卒業設計展「卒、18」実行委員会	全国合同卒業設計展「卒、18」	東京	2018年2月24日〜26日	大沼 謙太郎	増野 亜美	槌田 美鈴	
京都建築学生之会	Diploma×KYOTO '18	京都	2018年2月24日〜26日	石井 一貴	菱田 吾朗	小坂 知世	
仙台建築都市学生会議	せんだいデザインリーグ2018　卒業設計日本一決定戦	仙台	2018年3月5日〜11日	佐藤 徹哉	小杉 直大	志村 環太	
デザインレビュー2018実行委員会	Design Review 2018	福岡	2018年3月10日〜11日	出口 貴太	藤井 日向子	舛友 飛斗	川添 純希
NAGOYA Archi Fes 2018 中部卒業設計展実行委員会	Nagoya Archi Fes 2018──中部卒業設計展	名古屋	2018年3月13日〜15日	森本 創一朗	山口 裕太	池本 祥子	
赤レンガ卒業設計展2018実行委員会	赤レンガ卒業設計展2018	横浜	2018年3月22日〜26日	工藤 浩平	水沢 綸志		

| Program | 開催概要2018

せんだいデザインリーグ2018 卒業設計日本一決定戦

■・「卒業設計日本一決定戦」のコンセプト
「公平性」=
学校の枠や師弟の影響を超えて、応募した学生の誰もが平等に立てる大きなプラットホーム(舞台)を用意すること。
◇学校推薦、出展料不要
◇学生による大会運営

「公開性」=
誰もが見ることができる公開の場で審査すること。
◇広く市民に開かれた場での審査
◇書籍、展覧会(メディアミックス)による審査記録を含む大会記録の公開/アーカイブ化

「求心性」=
卒業設計大会のシンボルとなるような、誰もが認める建築デザインの拠点となり得る会場を選ぶこと。
◇せんだいメディアテークでの開催
◇世界的に活躍する第一線級の審査員

■・開催日程
予選　2018年3月3日(土)11:00〜18:00
セミファイナル　2018年3月4日(日)9:00〜13:00
ファイナル(公開審査)　2018年3月4日(日)15:00〜20:00
作品展示　2018年3月4日(日)〜11日(日)10:00〜19:00(初日は9:00開場、最終日は15:00まで)

■・会場
予選/セミファイナル/作品展示:
せんだいメディアテーク(5階ギャラリー3300/6階ギャラリー4200)
ファイナル(公開審査):
せんだいメディアテーク　1階オープンスクエア

■・審査方法
1. 予選
全出展作品から上位100作品を選出。審査員が展覧会場を巡回しながら審査する。各審査員は100票をめやすに投票。学生スタッフが投票された目印のシールを展示キャプション(作品情報を表示する札)に貼り付ける。得票数をもとに、協議の上で100作品をめやすに予選通過作品を決定する。
◆予選審査員
五十嵐 淳/磯 達雄/小野田 泰明/門脇 耕三/小杉 栄次郎/齋藤 和哉/櫻井 一弥/佃 悠/辻 琢磨/土岐 文乃/中田 千彦/西澤 高男/福屋 粧子/本江 正茂

2. セミファイナル
①グループ審査
審査員を2人ずつに分けた3グループと審査員長、計4グループに分かれて、展覧会場を巡回しながら審査する。先の3グループは、予選通過100作品(100選)を3分割し、それぞれ1/3ずつの作品を分担して審査し、各10作品を選出。各グループごとの選出作品には、上から松竹梅の3段階で評価を付ける。審査員長は100選を中心に審査し、10作品をめやすに選出。
②ディスカッション審査
◎審査員プレゼンテーション
各グループごとに、各選出作品の評価点を解説。
◎ディスカッション
グループ審査での選出作品を対象に、協議の上でファイナリスト10組および補欠3組を決定する。以下の条件を満たせない場合、補欠作品が繰り上げでファイナリストとなる。
◇現地で本人と連絡がとれること
◇指定時間までに本人がファイナル公開審査会場に到着できること

◆セミファイナル審査員
審査員長　青木 淳
審査員　赤松 佳珠子/磯 達雄/五十嵐 淳/門脇 耕三/辻 琢磨/中田 千彦
司会　本江 正茂

3. ファイナル(公開審査)
①ファイナリスト10組によるプレゼンテーション(各5分) + 質疑応答(各8分)。
②追加の質疑応答、ディスカッション(70分)により各賞を決定。
◆ファイナル審査員
審査員長　青木 淳
審査員　赤松 佳珠子/磯 達雄/五十嵐 淳/門脇 耕三/辻 琢磨/中田 千彦
進行役　櫻井 一弥
コメンテータ(下記の中継会場で、審査の実況解説)
せんだいメディアテーク(7階スタジオシアター):佃 悠/西澤 高男/福屋 粧子/本江 正茂
国際センター駅市民交流施設「青葉の風テラス」:松田 達(「建築系ラジオ」連動トーク企画「建築学生サミット」)

■・賞
日本一(盾、賞状、賞品 Herman Miller「Aeron Chair Remastered Graphite」〈提供:株式会社庄文堂〉)
日本二(盾、賞状、賞品 ACTUS「タブテーブルスタンド」〈提供:株式会社北洲「FOLKS」〉)
日本三(盾、賞状、賞品 書籍『Herman Miller: The Purpose of Design』、ポスター〈提供:株式会社庄文堂〉)
特別賞　2点(賞状)

■・応募規定
1. 応募方法
「せんだいデザインリーグ2018　卒業設計日本一決定戦」公式ウェブサイト上の応募登録フォームにて応募(2段階)を受付。
*各STEPの締切までに応募登録が完了していない場合は出展不可。
2. 応募日程
応募登録　STEP1:メンバ登録　2018年1月9日(火)〜2月2日(金)
　　　　　STEP2:出展登録　2018年1月9日(火)〜2月9日(金)
作品運送料入金:2018年2月22日(木)
作品搬入:2018年2月28日(水)〜3月2日(金)
会場設営:2018年3月1日(木)〜3月2日(金)
3. 応募資格
大学または高等専門学校、専門学校で、都市や建築デザインの卒業設計を行なっている学生。共同設計の作品も出展可能(共同設計者全員が応募資格を満たすこと)。
*出展対象作品は2017年度に制作された卒業設計に限る。
4. 必要提出物
◇パネル
A1判サイズ1枚、縦横自由。スチレンボードなどを使用し、パネル化したもの(5mm厚)。表面右上に「出展ID番号」(STEP1登録時に発行)を記載。
◇ポートフォリオ2冊(内容は同一)
卒業設計のみをA3判サイズのポケットファイル1冊にまとめたもの。表紙(1ページめ)に「出展ID番号」を記載のこと。
◇模型(任意)
卒業設計用に作成したもの。
*1人あたりの作品の展示可能面積は「幅1m×奥行2m」まで。
*梱包物の総重量は、原則「50kg」まで。
*パネル、ポートフォリオがそろっていない場合は、審査対象外。
*ポートフォリオ1冊とファイナリストのパネルは返却しない(アーカイブ用に保管)。その他は原則返却する。

■・主催
仙台建築都市学生会議
せんだいメディアテーク

関連企画やイベントに参加して **SDL2018をもっと楽しむ**──仙台建築都市学生会議とは

全国の建築学生が卒業設計日本一をめざし、白熱した議論を繰り広げる審査と並行して、
会期中、会場の随所では来場者をもてなす企画が、学生会議によって実施されている。
こちらにもぜひ立ち寄ってSDLを満喫してほしい。

*smt＝せんだいメディアテーク
*SDL＝せんだいデザインリーグ 卒業設計日本一決定戦
*学生会議＝仙台建築都市学生会議

梱包日本一決定戦　　　　　　　　　　　　本選連動企画

SDLにおいて、繊細かつ巨大な模型を無事、仙台に送り届ける鎧である梱包。その梱包を「作品」として、強度、運びやすさ、取り出しやすさ、機能美の4つの観点から評価し、表彰するのが、梱包日本一決定戦である。今年も学生会議の企画運営局が展覧会場の設営時に上記の4つの観点においてすぐれている梱包を選出した。

今年の審査を通して感じたことは、梱包そのものの強度だけではなく、見た目や機能美に富んだものが多いという点である。その中で私たちが日本一に選んだのは、首都大学東京の川島達也さん(237)の梱包だ。この梱包の特徴は、シンプルなのにさりげない工夫がちりばめられている点である。

審査基準に沿って解説していくと、「強度」において、無理なスペーサー(空間を確保するために間にはさむ器具)を入れずとも梱包箱の中央部にたわみがない点。「運びやすさ」において、引出しとは別に、運搬用の持ち手が付いている点。「取り出しやすさ」において、模型に合ったサイズの引出しとたわみのないことによって、模型をスムーズに梱包から取り出すことができる点。「機能美」において、模型が梱包箱の外に飛び出さないためのストッパーが付いている点などが挙げられた。全体として、機能的で無駄がなく洗練された外観に仕上がっていることも高評価となり、日本一に選ばれた。

日本二に選ばれたのは京都大学の三浦健さん(364)の梱包だ。この梱包は、一見して誰もが模型のパーツを把握することのできる「見せる収納」である点が評価された。展覧会終了後に「元通りの形で出展者へ送り返す」という私たちの課題に対してとても親切な梱包だった。

日本三に選ばれたのは東京電機大学の矢島俊紀さん(382)の梱包だ。この梱包は何といっても「キャスターが付いている」ところが高評価だった。正確さとていねいさを求められる展覧会場の設営において、キャスター付きの梱包は安定した運搬につながるものであった。

（穴戸 千香）

梱包日本一＝川島 達也(首都大学東京、ID237)

梱包日本二＝三浦 健(京都大学、ID364)　　梱包日本三＝矢島 俊紀(東京電機大学、ID382)

審査日時：2018年3月2日(金)15:00-15:40
審査場所：smt 6階ギャラリー4200 南側ホワイエ
展示日時：2018年3月5日(月)-10日(土)10:00-19:00　3月11日(日)10:00-15:00
展示場所：smt 6階ギャラリー4200 南側ホワイエ
審査員：学生会議企画運営局
受賞：梱包日本一＝川島 達也(首都大学東京、ID237)
　　　梱包日本二＝三浦 健(京都大学、ID364)
　　　梱包日本三＝矢島 俊紀(東京電機大学、ID382)
賞品：梱包日本一＝画材セット(提供：仙台建築都市学生会議)

Cafe yomnom　　　　　　　　　　　　　カフェ企画
カフェ ヨム ノム

今年もsmt7階にてCafe yomnomをオープンした。カフェでは、コーヒーと「40計画」*1のおいしいマフィンを販売。SDL2018の会期中、来場者が飲食しながら読書や建築講義を楽しむことができる場所である。ファイナル審査時には屋台横のモニタで中継映像やSDL2017の映像企画「ファイナリスト──栄光のその先」を観覧できるスペースとなった。ファイナルの翌日からは6階展覧会場脇に場所を移動。ここでは、過去のSDL出展作品のポートフォリオも見られるなど、展覧会への来場者がくつろげる空間となった。

恒例になりつつある、SDL公式グッズの販売もカフェ屋台にて行なった。今年のグッズは3種類で、オリジナルデザインのコースターをはじめ、スタッフTシャツに合わせて「定禅寺通り」を模したデザインのしおりやカレンダーを販売した。

（穴戸 千香）

日時：2018年3月4日(日)10:00-19:30　3月5日(月)-10日(土)10:00-19:00
3月11日(日)10:00-15:00
場所：smt 7階スタジオa(4日)／smt 6階ホワイエ(5-11日)
メニュー：コーヒー(100円)、マフィン6種類(各300円、350円)、クッキー(1個230円)
販売グッズ：定規(1個200円)、コースター(2個100円)
協賛：株式会社シェルター　協力：40計画
＊価格はすべて税込

註
*1 「40計画」：仙台市青葉区本町にある洋菓子屋さん。「マフィンならここ！」と言われるほど人気のマフィンを手作りしている。仙台市営地下鉄 広瀬通駅「東2」出口から徒歩約2分。広瀬通駅から144m。

SDL 歴代STAFF Tシャツ(過去3年)

2016

2017

2018

SDLの会期中に学生会議のメンバーとお手伝いスタッフがユニフォームとして着用するSTAFF Tシャツは、学生会議のメンバーが毎年デザインしている。各メンバーが冬休み中にデザインを考え、大会直前の1月に学生会議の通常会議でTシャツコンペを行ない、最多得票数のデザイン案が採用される。毎年数多くのデザイン案が集まり、そのどれにも作成者それぞれのSDLに向けた強い思いが込められているのだ。
私たちにとってSTAFF Tシャツは、学生会議という団体としての、SDLへの意気込みを表現する数少ない機会であり、私たち自身のデザイン力、プレゼンテーション力を磨く場でもある。本書中にもTシャツを着たスタッフが写っているので、ぜひ注目してみてほしい。
普段あまり注目しない視点での新しい大会の楽しみ方をしていただければうれしい。

(浅倉 雪乃)

協賛：株式会社庄文堂／HermanMiller

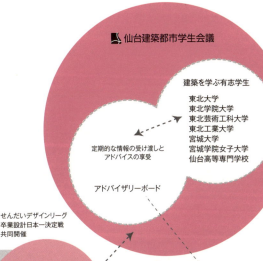

団体名　仙台建築都市学生会議
設立年度　2001年
活動拠点　せんだいメディアテーク
毎週水曜日に通常会議を開催
2017年度代表　山口 智弥(東北大学3年)
　　　副代表　中谷 圭佑(東北大学3年)
団体HP　http://gakuseikaigi.com/index.html
団体✉　info@gakuseikaigi.com

仙台建築都市学生会議とは

仙台建築都市学生会議とは、仙台を中心に建築を学ぶ有志の学生が大学の枠を超えて集まり、せんだいメディアテークを拠点として活動している建築学生団体である。2001年のせんだいメディアテーク開館を機に設立された。
私たち学生会議は、建築やそれを取り巻くデザインに関しての活動を行なっている。主な活動として、社会に対する問題提起からテーマを設定し設計を進めるテーマ設計をはじめ、メンバー自らプレゼンテーションをする建築に関する勉強会、各大学の課題講評会、建築家を招いたレクチャー、即日設計、建築ツアーなどが挙げられる。
そして毎年3月には、せんだいデザインリーグ卒業設計日本一決定戦(SDL)をせんだいメディアテークと共同開催している。

(穴戸 千香)

| Award Winners | 過去の入賞作品 2003-2017

2003
日本一	庵原義隆	東京大学	『千住百面町』
日本二	井上慎也	大阪大学	『hedora』
日本三	秋山隆浩	芝浦工業大学	『SATO』
特別賞	小山雅由	立命館大学	『軍艦島古墳』
	納見健悟	神戸大学	『Ray Trace...』

審査員長　伊東豊雄
審査員　塚本由晴／阿部仁史／小野田泰明／仲隆介／槻橋修／本江正茂
登録作品数232　出展作品数152
展示3/7-9・公開審査3/9
会場　せんだいメディアテーク 1階オープンスクエア

2004
日本一	宮内義孝	東京大学	『都市は輝いているか』
日本二	永尾達也	東京大学	『ヤマギハ／ヤマノハ』
日本三	岡田朋子	早稲田大学	『アンブレラ』
特別賞	稲垣淳哉	早稲田大学	『学校錦繍』
	南俊允	東京理科大学	『OVER SIZE BUILDING──おおきいということ。その質。』

審査員長　伊東豊雄
審査員　阿部仁史／乾久美子／小野田泰明／竹山聖
登録作品数307　出展作品数207
展示3/10-16・公開審査3/14
会場　せんだいメディアテーク 6階ギャラリー4200

2005
日本一	大室佑介	多摩美術大学	『gernika "GUERNIKA" museum』
日本二	須藤直子	工学院大学	『都市の原風景』
日本三	佐藤桂火	東京大学	『見上げた空』
特別賞	石沢英之	東京理科大学	『ダイナミックな建築』
	藤原洋平	武蔵工業大学	『地上一層高密度日当たり良好(庭付き)住戸群』

審査員長　石山修武
審査員　青木淳／宮本佳明／竹内昌義／本江正茂
登録作品数523　出展作品数317
展示3/11-15・公開審査3/13
会場　せんだいメディアテーク 6階ギャラリー4200

2006
日本一	中田裕一	武蔵工業大学	『積層の小学校は動く』
日本二	瀬川幸太	工学院大学	『そこで人は暮らせるか』
日本三	大西麻貴	京都大学	『図書×住宅』
特別賞	三好礼益	日本大学	『KiRin Stitch──集合住宅再開発における森林共生建築群の提案』
	戸井田雄	武蔵野美術大学	『断面』

審査員長　藤森照信
審査員　小川晋一／曽我部昌史／小野田泰明／五十嵐太郎
登録作品数578　出展作品数374
展示3/12-16・公開審査3/12
会場　せんだいメディアテーク 6階ギャラリー4200

2007
日本一	藤田桃子	京都大学	『kyabetsu』
日本二	有原寿典	筑波大学	『おどる住宅地──A new suburbia』
日本三	桔川卓也	日本大学	『余白密集体』
特別賞	降矢宜幸	明治大学	『overdrive function』
	木村友彦	明治大学	『都市のvisual image』

審査員長　山本理顕
審査員　古谷誠章／永山祐子／竹内昌義／中田千彦
登録作品数708　出展作品数477
展示3/11-15　会場　せんだいメディアテーク 6階ギャラリー4200
公開審査3/11　会場　せんだいメディアテーク 1階オープンスクエア

2008
日本一	橋本尚樹	京都大学	『神楽岡保育園』
日本二	斧澤未知子	大阪大学	『私、私の家、教会、または牢獄』
日本三	平野利樹	京都大学	『祝祭都市』
特別賞	荒木聡、熊谷祥吾、平須賀信洋	早稲田大学	『余床解放──消せないインフラ』
	植村康平	愛知淑徳大学	『Hoc・The Market──ベトナムが目指す新しい国のスタイル』
	花野明奈	東北芸術工科大学	『踊る身体』

審査員長　伊東豊雄
審査員　新谷眞人／五十嵐太郎／遠藤秀平／貝島桃代
登録作品数631　出展作品数498
展示3/9-15　会場　せんだいメディアテーク 6階ギャラリー4200／7階スタジオ
公開審査3/9　会場　仙台国際センター 大ホール

2009
日本一	石黒卓	北海道大学	『Re: edit... Characteristic Puzzle』
日本二	千葉美幸	京都大学	『触れたい都市』
日本三	卯月裕貴	東京理科大学	『THICKNESS WALL』
特別賞	池田隆志	京都大学	『下宿都市』
	大野麻衣	法政大学	『キラキラ──わたしにとっての自然』

審査員長　難波和彦
審査員　妹島和世／梅林克／平田晃久／五十嵐太郎
登録作品数715　出展作品数527
展示3/8-15　会場　せんだいメディアテーク 6階ギャラリー4200／5階ギャラリー3300
公開審査3/8　会場　東北大学百周年記念会館 川内萩ホール

2010
日本一	松下晃士	東京理科大学	『geographic node』
日本二	佐々木慧	九州大学	『密度の箱』
西島要	東京電機大学	『自由に延びる建築は群れを成す』
特別賞	木藤美和子	東京藝術大学	『歌繝浮月──尾道活性化計画』
	齊藤誠	東京電機大学	『つなぐかべ小学校』

審査員長　隈研吾
審査員　ヨコミゾマコト／アストリッド・クライン／石上純也／小野田泰明

登録作品数692　出展作品数554
展示3/7-14　会場　せんだいメディアテーク 6階ギャラリー4200／5階ギャラリー3300
公開審査3/7　会場　東北大学百周年記念会館 川内萩ホール

2011
日本一	冨永美保	芝浦工業大学	『パレードの余白』
日本二	蛯原弘貴	日本大学	『工業化住宅というHENTAI住宅』
日本三	中川沙織	明治大学	『思考回路factory』
特別賞	南雅博	日本大学	『実の線／虚の面』
	大和田卓	東京理科大学	『住華街』

審査員長　小嶋一浩
審査員　西沢大良／乾久美子／藤村龍至／五十嵐太郎
登録作品数713　出展作品数531
展示3/6-11　会場　せんだいメディアテーク 6階ギャラリー4200／5階ギャラリー3300
公開審査3/6　会場　東北大学百周年記念会館 川内萩ホール

2012
日本一	今泉絵里花	東北大学	『神々の遊舞』
日本二	松井一哲	東北大学	『記憶の器』
日本三	海野玄陽、坂本和繁、吉川由	早稲田大学	『技つなぐ森』
特別賞	西倉美祝	東京大学	『明日の世界企業』
	塩原裕樹	大阪市立大学	『VITA-LEVEE』
	張昊	筑波大学	『インサイドスペース オブ キャッスルシティ』

審査員長　伊東豊雄
審査員　塚本由晴／重松象平／大西麻貴／櫻井一弥
登録作品数570　出展作品数450
展示3/5-10　会場　せんだいメディアテーク 6階ギャラリー4200／5階ギャラリー3300
公開審査3/5　会場　東北大学百周年記念会館 川内萩ホール

2013
日本一	高砂充希子	東京藝術大学	『工業の童話──バブりんとファクタロウ』
日本二	渡辺育	京都大学	『世界の終りとハードボイルド・ワンダーランド』
日本三	柳田里穂子	多摩美術大学	『遺言の家』
特別賞	田中良典	武蔵野大学	『漂築寄(ひょうちくき)──旅する建築 四国八十八箇所編』
	落合萌史	東京都市大学	『落合米店』

審査員長　高松伸
審査員　内藤廣／宮本佳明／手塚由比／五十嵐太郎
登録作品数777　出展作品数415
展示3/10-17　会場　せんだいメディアテーク 6階ギャラリー4200／5階ギャラリー3300
公開審査3/10　会場　東北大学百周年記念会館 川内萩ホール

2014
日本一	岡田翔太郎	九州大学	『でか山』
日本二	安田大顕	東京理科大学	『22世紀型ハイブリッドハイパー管理社会──失敗した郊外千葉ニュータウンと闇市から展開した立石への建築的転写』
日本三	市古慧	九州大学	『界隈をたどるトンネル駅』
特別賞	齋藤弦	千葉大学	『故郷を歩く』
	城代晃成	芝浦工業大学	『地景の未来──長崎と建築土木(ふうけい)の編集』

審査員長　北山恒
審査員　新居千秋／藤本壮介／貝島桃代／五十嵐太郎
登録作品数555　出展作品数411
展示3/9-16　会場　せんだいメディアテーク 6階ギャラリー4200／5階ギャラリー3300
公開審査3/9　会場　東北大学百周年記念会館 川内萩ホール

2015
日本一	幸田進之介	立命館大学	『都市の瘡蓋(かさぶた)と命の記憶──広島市営基町高層アパート減築計画』
日本二	鈴木翔之亮	東京理科大学	『彩づく連鎖──都市に棲むミツバチ』
日本三	吹野晃平	近畿大学	『Black Market Decipher』
特別賞	清水襟子	千葉大学	『未亡人の家』
	飯田貴大	東京電機大学	『杣(そま)ノ郷閣(きょうかく)──林業を再興するための拠点とシンボル』

審査員長　阿部仁史
審査員　山梨知彦／中山英之／松岡恭子／五十嵐太郎
登録作品数461　出展作品数350
展示3/1-6　会場　せんだいメディアテーク 6階ギャラリー4200／5階ギャラリー3300
公開審査3/1　会場　東北大学百周年記念会館 川内萩ホール

2016
日本一	小黒日香理	日本女子大学	『初音こども園』
日本二	元村文春	九州産業大学	『金魚の水荘──街を彩る金魚屋さん』
日本三	倉員香織	九州大学	『壁の在る小景』
特別賞	國清尚之	九州大学	『micro Re: construction』
	平木かおる	東京都市大学	『まなざしの在る場所──《写真のこころ》から読み解く視空間』

審査員長　西沢立衛
審査員　手塚貴晴／田根剛／成瀬友梨／乾方俊輔／小野田泰明／福屋粧子
登録作品数545　出展作品数385
展示3/6-13　会場　せんだいメディアテーク 6階ギャラリー4200／5階ギャラリー3300
公開審査3/6　会場　せんだいメディアテーク 1階オープンスクエア

2017
日本一	何競飛	東京大学	『剥キ出シノ生 軟禁都市』
日本二	加藤有里	慶應義塾大学	『Phantom──ミュージカル《オペラの座の怪人》の多解釈を誘発する仮設移動型劇場』
日本三	小澤巧太郎	名古屋大学	『COWTOPIA──街型牛舎の再興』
特別賞	大内渉	東京電機大学	『合縁建縁(あいえんけんえん)──海と共生する千人家族』
	森紗月	関東学院大学	『あたりまえの中で──このまちに合った、形式を持つ集落』

審査員長　千葉学
審査員　木下庸子／谷尻誠／豊田啓介／川島範久／浅子佳英／中田千彦
登録作品数511　出展作品数352
展示3/5-12　会場　せんだいメディアテーク 6階ギャラリー4200／5階ギャラリー3300
公開審査3/5　会場　せんだいメディアテーク 1階オープンスクエア

2003
千住百面町

2004
都市は輝いているか

2005
gernika"GUERNIKA" museum

2006
積層の小学校は動く

2007
kyabetsu

2008
神楽岡保育園

2009
Re: edit... Characteristic Puzzle

2010
geographic node

2011
パレードの余白

2012
神々の遊舞

2013
工業の童話
――パブりんとファクタロウ

2014
でか山

2015
都市の瘡蓋（かさぶた）と命の記憶
――広島市営基町高層アパート減築計画

2016
初音こども園

2017
剥キ出シノ生　軟禁都市

2003

2008

2013

2004

2009

2014

2005

2010

2015

2011

2016

2006

2007

2012

2017

Photos (2003-2005、2017) by the winners of the year.
Photos (2006-2011) by Nobuaki Nakagawa.
Photos (2012-2016) by Toru Ito.

159

せんだいデザインリーグ2018
卒業設計日本一決定戦
Official Book

Collaborator
[仙台建築都市学生会議アドバイザリーボード]
阿部 仁史(UCLA)／小杉 栄次郎(秋田公立美術大学)／堀口 徹(近畿大学)
五十嵐 太郎、石田 壽一、小野田 泰明、佃 悠、土岐 文乃、本江 正茂(東北大学大学院)
櫻井 一弥(東北学院大学)／竹内 昌義、西澤 高男、馬場 正尊(東北芸術工科大学)
福屋 粧子(東北工業大学)／中田 千彦(宮城大学)
厳 爽(宮城学院女子大学)／齋藤 和哉(建築家)

[仙台建築都市学生会議]
窪田 友也、中谷 圭佑、山口 智弥(東北大学)
関口 諒(東北学院大学)
伊藤 龍之介、大槻 駿斗、大村 崚斗、小山田 陽太、小松 拓弘、今野 琢音、
宍戸 千香、岩渕 明志人、田中 俊太朗、照井 隆之介、南城 力哉(東北工業大学)
浅倉 雪乃、泉 智佳子、小島 天祐、齋藤 真帆(宮城大学)
石原 静佳(宮城学院女子大学)

[せんだいメディアテーク]
清水 有、服部 暁典、林 朋子(企画・活動支援室)

伊東豊雄建築設計事務所

Editorial Director
鶴田 真秀子(あとりえP)

Co-Director
藤田 知史

Art Director & Designer
大坂 智(PAIGE)

Photographer
伊藤 トオル／越後谷 出

Editorial Associates
髙橋 美樹／長友 浩昭／宮城 尚子／山内 周孝／横橋 美奈子

Producer
種橋 恒夫(建築資料研究社／日建学院)

Publisher
馬場 圭一(建築資料研究社／日建学院)

Special Thanks to: the persons concerned

せんだいデザインリーグ2018
卒業設計日本一決定戦 オフィシャルブック
仙台建築都市学生会議 ＋ せんだいメディアテーク 編
2018年7月30日 初版第1刷発行
発行所：株式会社建築資料研究社
〒171-0014 東京都豊島区池袋2-38-2-4F
Tel.03-3986-3239 Fax.03-3987-3256
http://www.ksknet.co.jp
印刷・製本：図書印刷株式会社
ISBN978-4-86358-577-5
©仙台建築都市学生会議 ＋ せんだいメディアテーク 2018 Printed in Japan
本書の無断複写・複製・転載を禁じます。